国家社科基金
GUOJIA SHEKE JIJIN HOUQI ZIZHU XIANGMU
后期资助项目

国家社科基金后期资助项目(17FJL009)研

产业政策选择及效应研究

宋凌云 著

山东大学出版社
SHANDONG UNIVERSITY PRESS
·济南·

图书在版编目(CIP)数据

产业政策选择及效应研究/宋凌云著.—济南：山东大学出版社，2022.4

ISBN 978-7-5607-7409-1

Ⅰ.①产… Ⅱ.①宋… Ⅲ.①产业政策—研究—中国 Ⅳ.①F269.22

中国版本图书馆 CIP 数据核字(2022)第 056564 号

责任编辑 李艳玲
封面设计 王秋忆

出版发行 山东大学出版社
社　　址 山东省济南市山大南路 20 号
邮政编码 250100
发行热线 (0531)88363008
经　　销 新华书店
印　　刷 济南乾丰云印刷科技有限公司
规　　格 720 毫米×1000 毫米 1/16
　　　　 14.5 印张 270 千字
版　　次 2022 年 4 月第 1 版
印　　次 2022 年 4 月第 1 次印刷
定　　价 58.00 元

国家社科基金后期资助项目
出版说明

后期资助项目是国家社科基金设立的一类重要项目，旨在鼓励广大社科研究者潜心治学，支持基础研究多出优秀成果。它是经过严格评审，从接近完成的科研成果中遴选立项的。为扩大后期资助项目的影响，更好地推动学术发展，促进成果转化，全国哲学社会科学工作办公室按照“统一设计、统一标识、统一版式、形成系列”的总体要求，组织出版国家社科基金后期资助项目成果。

全国哲学社会科学工作办公室

前　言

长期的高污染、高能耗的粗放式增长方式使中国的资源环境约束日益强化。转变经济发展方式，促进产业结构转型升级已经成为中国经济可持续发展的必然选择。调结构，促转型，转换经济增长动力，促进高质量发展，已成为各级政府工作的重中之重。在国家产业规划的指引下，各级地方政府积极响应，纷纷制定地方产业政策，推出相应的产业政策手段和配套措施，以改造提升传统制造业、培育发展战略性新兴产业，推动辖区产业结构调整。可见，产业政策已经成为地方政府推动地方产业转型升级的重要抓手。优化产业政策效果，有赖于对现有政策效果的合理评估，以下问题也因此成为重要而迫切的研究课题：政府如何制定产业政策？作为产业政策制定主体的政府对产业结构变动产生了多大影响？产业政策对产业结构变动的影响如何？产业政策通过何种手段影响产业结构变动？产业政策是否促进了产业增长？产业政策通过何种手段推动产业增长？其资源配置效应如何？产业政策是否显著提升了产业生产率？产业政策影响产业生产率的途径有哪些？以上问题围绕政府产业政策的效应展开，对这些问题的正确回答有望为地方政府正确运用产业政策促进产业结构转型升级提供科学的理论和经验依据。针对上述问题，本书首先构建理论模型，厘清政府产业政策的选择机制，接着实证检验作为产业政策制定主体的政府及其补贴手段对产业结构变动的影响，进而考察产业政策的增长效应及其影响机制，最后分析产业政策对产业生产率的影响及其作用机制。具体而言，本书的主要内容如下：

在大量文献综述的基础上，本书对美国、日本和韩国的产业政策进行了历史考察，并从其成功经验中得到对中国产业政策运用实践的启示。接着对中国产业政策、政府补贴手段和产业结构变动幅度进行了测算及统计性描述，为整个研究奠定了理论基础和数据支持。

在理论上，通过构建政府与厂商之间的序贯博弈模型，厘清政府产业政策的选择机制，阐明政府如何内生地进行产业结构调整决策，以及对不同产业的干预程度应如何决定。模型的 MPE 求解结果表明，政府是否应该引入新兴产业，取决于经济体中新兴产业和传统产业的固有特征，也就是说，产业结构调整是内生于经济体自身特征的。另外，本书还发现，政府对产业的干预程度并非一成不变，而是应该随着产业中厂商隐瞒产出成本的变化进行调整。

在经验上，本书深入考察了中国制造业产业政策对产业结构变动、产业增长以及产业生产率的影响。具体而言，本书首先从省级官员更替的视角，实证分析了作为产业政策制定主体的政府在多大程度上对辖区产业结构变动产生显著的影响，然后实证检验了政府补贴手段对产业结构变动的影响。其次，以政府“五年规划”中鼓励发展的重点产业度量产业政策，考察产业政策的增长效应以及配套的财政手段如何促进产业增长，并识别财政手段的资源配置效应。最后，实证考察了产业政策对产业生产率的影响，并分析了其影响机制。在实证分析中，本书充分考虑到重点产业自选择问题，为它选取了合适的工具变量，避免了核心解释变量内生性问题带来的计量估计偏误，保证了实证分析结果的可信性。

本书的主要实证发现归纳如下：(1)省级官员对辖区产业结构变动产生了显著为正的影响，但是这种影响是短期性的；地方官员影响地方产业结构的动机可能源于政治激励，地方官员面临的政治激励越强，对产业结构变动的影响越显著。(2)地方政府通过补贴手段显著促进了地方产业结构变动；政府补贴仅产生了短期的产业结构变动效应，而且政府关注的是短期效应和产值效应，忽视了长期效应和就业效应；政府补贴的产业结构变动效应与行业特征密切相关。(3)地方产业政策总体上存在显著的产业增长效应；产业政策的增长效应因产业类型而异，政策效应的异质性可能是由政府在不同类型产业中的信息完备程度差异造成的。(4)财政手段能够通过资源补充机制和资源重置机制改变产业间和产业内资源配置，有效推动重点产业增长；政府信息完备性和产业竞争充分性对财政手段的资源配置效应具有显著的调节作用。政府信息越完备、产业竞争越充分，财政手段的资源配置效应越显著。(5)地方政府的产业政策总体上显著提高了地方产业的生产率；产业政策对产业生产率的影响程度在不同产业类型上具有显著差异；将资源导向生产率增长率更高企业的程度不同导致了产业政策的资源重置效应因产业类型而异。

本书的发现证明了中国制造业产业政策对产业结构、产业增长和产业生产率均产生了显著的影响，但是这种影响受到市场环境、宏观层面政治体制特征以及微观层面产业特征的影响。本书的上述发现具有以下政策含义：(1)中国目前正处于“调结构，转方式，提质量，增效益”的关键时期，有必要科学合理地制定和实施产业政策。(2)产业政策的制定和实施必须以市场机制为基础，尊重市场对资源配置的基础性作用。(3)为了提升中国产业政策的效果，必须逐步调整和改革现行的干部管理体制。(4)在产业政策手段的选择和运用上，要采取灵活的方针，因地制宜，因行业制宜，避免“一刀切”。

本书以政治经济互动的视角将已有关于中国产业政策效应的研究由定性分析延伸到定量分析，从理论分析和实证检验两大方面考察了中国制造业产业政策对产业结构变动、产业增长以及产业生产率的影响，并按照选择机制识别、结构效应及机制、增长效应及机制、效率效应及机制四个层次逐次推进，有望推进中国产业政策效应的量化研究。本书也从学术层面为党和国家关于政府与市场、产业政策与产业发展关系的论述提供了研究支撑。

作　者

2022年3月

目　录

第一章　导　论 …… 1

第一节　提出问题 …… 1
第二节　研究意义 …… 5
第三节　研究方法 …… 7
第四节　研究思路与内容 …… 7

第二章　文献综述 …… 11

第一节　产业政策的相关文献 …… 11
第二节　产业结构变动的相关文献 …… 17
第三节　产业增长的相关文献 …… 20
第四节　产业生产率的相关文献 …… 21
本章小结 …… 23

第三章　产业政策:历史考察与经验启示 …… 25

引　言 …… 25
第一节　中国产业政策演变及特点 …… 26
第二节　美国产业政策实践及其启示 …… 31
第三节　日本产业政策实践及其启示 …… 34
第四节　韩国产业政策实践及其启示 …… 39
第五节　国际经验与中国产业政策调整 …… 44

第四章　产业政策与产业发展的特征事实 …… 47

引　言 …… 47
第一节　数据来源说明 …… 47
第二节　产业政策的特征事实 …… 50
第三节　产业政策手段的特征事实 …… 55
第四节　产业发展的特征事实 …… 56

本章小结 …… 62

第五章　产业政策选择机制 …… 64

引　言 …… 64
第一节　模型设定 …… 66
第二节　求解马尔科夫完美均衡 …… 68
本章小结 …… 74

第六章　产业政策制定主体对产业结构变动的影响 …… 77

引　言 …… 77
第一节　理论假说 …… 79
第二节　数据与实证方法 …… 83
第三节　地方官员对产业结构变动的影响 …… 91
第四节　政治激励与市场约束 …… 97
本章小结 …… 101

第七章　政府补贴对产业结构变动的影响 …… 103

引　言 …… 103
第一节　理论假说 …… 104
第二节　数据与实证方法 …… 108
第三节　政府补贴对产业结构变动的影响 …… 109
第四节　基于微观体制特征的考察 …… 117
本章小结 …… 120

第八章　产业政策对产业增长的影响 …… 123

引　言 …… 123
第一节　理论假说 …… 124
第二节　数据与实证方法 …… 127
第三节　产业政策增长效应的存在性 …… 133
第四节　产业政策增长效应的异质性 …… 139
本章小结 …… 143

第九章　产业政策如何推动产业增长 …… 145

引　言 …… 145
第一节　理论假说 …… 147
第二节　数据与实证方法 …… 152

第三节　财政手段资源配置效应的存在性 …… 156
第四节　基于政府信息完备性的异质性 …… 165
第五节　基于产业竞争充分性的异质性 …… 169
本章小结 …… 174

第十章　产业政策对产业生产率的影响 …… 176

引　言 …… 176
第一节　理论假说 …… 178
第二节　产业政策对产业生产率的影响 …… 182
第三节　产业政策的生产率效应差异 …… 188
第四节　产业政策的资源重置效应差异 …… 191
本章小结 …… 198

第十一章　结语:以合理的产业政策促进结构转型 …… 201

第一节　边际贡献 …… 201
第二节　政策含义 …… 205
第三节　研究展望 …… 207

参考文献 …… 209

第一章　导　论

本书是一部关于产业政策效应评估的专著。本书研究了哪些问题？对这些问题的研究有什么理论与实践意义？研究中使用了什么研究方法？具体的研究思路和内容是什么？为了使读者对本书的总体框架有个全面认识，以便更好地理解和把握本书的内容，我们首先对上述问题进行简要的阐述。

第一节　提出问题

长期高污染、高能耗的粗放式增长方式使中国的资源环境约束日益强化。调整产业结构，转换经济增长动力，以创新驱动中国经济高质量发展，促进经济结构优化升级，是中国在新一轮工业和技术革命中面临的重大挑战，也是中国经济持续发展的必然选择。正因如此，中国政府在引领产业结构调整上不遗余力，"调结构，促转型，提质量，增效益"已成为各级政府工作的重中之重。21世纪以来，中国的历次"五年规划"均把推进产业结构优化升级列为重要目标，《国民经济和社会发展第十四个五年规划和2035年远景目标纲要》更是提出了要"加快发展现代产业体系，巩固壮大实体经济根基"。在国家规划的指引下，各级地方政府积极响应，纷纷提出改造提升传统制造业、培育发展战略性新兴产业，推动辖区产业结构转型升级，促进产业和经济高质量发展。

改革开放后，中国从计划经济向市场经济转轨，逐步摒弃了原来以强制性的行政手段配置资源的方式，转为采用各种经济手段来配置资源并对国民经济运行进行调控。在这个过程中，产业政策已经成为地方政府推动地方产业转型升级的重要抓手。如何提升产业政策效果成为中国各级政府在"调整产业结构，转变经济增长方式"中面临的重要问题。提升产业政策效果有赖于对已有产业政策效应的正确评估，因此，产业政策效应评估已成为当今中国"调结构，促转型，提质量，增效益"工作中一个亟待解决的重要实证问题。

产业政策是大多数市场经济国家普遍采用的一种公共政策，然而产业政策是否有效，是否应该实行产业政策，却是经济学界长期争论不休的问题。目前对于产业政策的有效性问题，存在两种相互对立的观点。一种观点认为，产业政策具有有效性，它一方面弥补了市场失灵，另一方面促进了产业成长，因而产业政策有其存在的必要性。另外一种观点却认为，产业政策无效，这是由政府自身能力所限或者政府官员作为“经济人”寻租导致的，因此没有必要制定和实施产业政策。国内外众多学者分别用产业政策成功或失败的案例支持各自观点。阿吉翁（P. Aghion）等直接指出，现在的问题已不是产业政策是否有存在的必要性，而是如何设计和实施产业政策以促进增长和提高福利。由此可见，产业政策效果的评估已成为产业政策研究的核心议题。

然而，中国产业政策效应评估的研究现状却令人担忧。正如克里斯库洛（C.Criscuolo）等所说，产业政策虽广泛存在和运用于各个国家和地区，但是采用严谨的微观计量方法对产业政策的效应进行合理评估的文献却是不多。在现有文献中，产业政策效应因时因地因条件而异，这使得产业政策效应评估及作用条件识别工作变得更为必要和重要。另外，在现有的文献中，针对国外产业政策的研究较多，这些研究较多地使用经济计量分析方法，通过构建数量分析模型，对政策方案和政策效果进行量化评估；而国外针对中国产业政策效应评估的研究极少，国内研究则多数通过对比产业政策实施前后的产业发展状况和宏观经济运行情况，对政策的效果作出判断，采用严谨的计量方法识别中国产业政策与政策效应之间因果关系的文献可谓凤毛麟角。因此，采用微观计量方法严谨评估中国产业政策效应变得极为重要和必要。

产业政策是指一国政府依据本国在一定时期内的具体情况，遵循产业结构演进的一般规律和一定时期内的变化趋势，制定并实施的有关产业部门之间资源配置方式、产业间及产业内部比例关系，以促进产业结构向协调化和高效化方向发展的一系列政策措施的综合，它旨在促进本国产业结构优化，进而推动经济增长。

提升产业政策效果，有赖于对现有政策效应的合理评估。在产业政策可能产生的诸多效应中，我们最为关注的是两大效应：第一，产业政策是否促进了产业结构向政策目标演化？第二，产业政策是否促进了相应产业的生产率提升？这两大效应是相辅相成、相互促进的。实施产业政策后，只有产业结构发生了预期的变动，才算实现了产业政策目标。但是，离开了产业生产率的提升,这样的产业结构变动是不可持续的。只有产业的生产率和竞争力在产业结构变动中得到提升,产业结构变动的效果才能内生地自我强化并长期有效。由此提出本书的研究课题:政府如何制定产业政策?作为产业政策制定主体的政府对产业结构变动产生了多大影响?产业政策通过何种手段影响产业结构变动?其影响如何?产业政策是否促进了产业增长?产业政策通过何种手段推动产业增长?其资源配置效应如何?产业政策是否显著提升了产业生产率?产业政策影响产业生产率的途径有哪些?以上问题围绕政府产业政策的选择及其影响展开,对这些问题的正确回答有望为政府正确运用产业政策促进产业结构转型升级提供科学的理论和经验依据。

因此,本书的出发点就是采用理论建模的方法厘清产业政策的选择机制并进一步用实证研究方法考察中国制造业产业政策对产业结构、产业增长及产业生产率产生了怎样的影响。

实证分析产业政策效应,需要将产业政策量化,这是产业经济学实证领域的难题。中国各级政府推动地方产业结构变动,一般是通过制定一系列的规划,确定政府产业发展的重点目标和方向以及产业政策手段,并按照规划实施具体的产业政策手段来实现的。本书将地方政府"五年规划"中鼓励发展的产业定义为重点产业,以重点产业度量地方产业政策,构造相应的重点产业虚拟变量,定量分析产业政策对产业结构、产业增长和产业生产率的影响。

研究政策的实施效应,离不开政策的制度背景。体制和制度约束是影响政策绩效的重要因素。因此,在总体上考察了政策的影响之后,有必要进一步探究政策背后的制度和体制特征对政策效应的影响。许成钢将中国的政治体制总结为一种"分权式威权制",具体包括两个方面:一是人事权力向中央集中,二是经济权力往地方下放(以下简称"中国宏观政治体制特征")。正是这样一种权力安排的制度组合,给予了地方政府适宜的激励,使得地方政府在中央政府的目标引导下,展开经济发展的地区竞争。已有众多研究考察中国的宏观政治体制特征对经济发展的影响,但是宏观政治体制特征对产业发展的影响,却是一个未得到充分研究的课题。

改革开放后,中国由计划经济向市场经济转轨,转轨体制特征决定了经济体中不同方面或主体受体制约束的程度不同。转轨体制最重要的特征是市场经济发育不充分,这一点在要素市场中表现更为突出。新古典经济学的一个重要假定是市场是完全竞争的,产品和要素均是自由流动的,市场能够出清。但在中国当时的转轨体制下,这一假定明显不成立。例如,针对产业的市场管制使得要素并不能在不同产业部门间自由转移,实现要素最优配置。因此本书在考察地方产业政策效应时，充分考虑到各地市场化程度的差异对政策效应的影响。

转轨体制区别于成熟市场经济的另一重要特征是二元结构。二元结构的主要表现为，经济中的不同方面和不同微观主体受体制约束的程度不同。[①] 在中国，微观经济主体方面的二元特征主要表现为不同所有制经济在融资成本方面的差异。这种微观经济主体的二元特征对产业政策效应也会产生一定影响。

因此，在总体上考察了产业政策效应后[②]，本书将从宏观政治体制层面和微观产业层面分别考察权力制度安排和转轨体制特征对产业政策效应的影响，并同时考虑各地市场发育程度差异对地方产业政策效应的约束作用。

中国地大物博，幅员辽阔，各地在地理条件、资源禀赋条件、经济发展水平和产业结构方面均存在巨大差异，这决定了中央不可能直接执行统一的产业政策。因此，在中国，中央政府是国家产业政策的制定者，而地方政府则是地方产业政策的制定者和实际执行者。因此，对中国产业政策效应的评估，重点应该放在地方产业政策上。另外，同为省级职能部门，经济发达的东部沿海地区、各个直辖市和计划单列市享有不同程度的高于其他省区的经济与行政事务管理权限。以上特征决定了地方政府在产业政策的制定和实施方面具有不同程度的自主性和能动性。因此，在具体考察产业政策的影响时，有必要充分考虑地方政府的这种自主性和能动性。

最后，本书并未涉及第一、第三产业，而是专门针对第二产业中的制造业，其主要原因有两个：第一，缺乏第一、第三产业的细分行业数据，使得本书无法对第一、第三产业内部结构变动进行细致深入的研究。第二，中国第二产业在国内生产总值（GDP）中占比很高，已经从中华人民共和国成立初的20%左右上升到近年来的近50%，因此第二产业对一个地区的经济发展起着举足轻重的作用。无论是从财政收入还是经济增长绩效考虑，第二产业，特别是其中的制造业代表着一个地区的经济实力，始终是地方政府关注的焦点。

因此，本书将利用中国工业企业数据库、中国“五年规划”中产业政策资料和省级官员信息等基础数据库，基于政治经济互动的视角，结合中国作为发展中大国的经济运行背景和政治体制约束，建立政府产业政策选择的理

---

① 城乡二元结构是二元结构的重要方面，但由于本书考察对象仅限于制造业内部产业，在此不予赘述。

② 为了表述方便，本书将产业政策对产业结构变动的影响定义为产业政策的产业结构变动效应（简称“结构效应”），将产业政策对产业增长的影响定义为产业政策的增长效应（简称“增长效应”），将产业政策对生产率的影响定义为产业政策的效率效应（简称“效率效应”）。

论框架,并严谨地实证分析中国制造业产业政策对制造业结构、增长和生产率的影响,为中国各级政府产业政策的制定和产业政策手段的选择实施提供科学有效的理论和经验依据。

第二节 研究意义

中国是较多使用产业政策的国家,为了科学地制定和实施产业政策,必须解决以下问题:厘清产业政策的选择机制;了解政府的产业政策对产业发展带来的是积极的效应还是消极的影响;政府在产业政策的运用实践中如何界定政府干预和市场机制的作用范围;针对不同类型的产业,政府的干预程度和干预方式应该如何把握。这些问题都关乎中国产业转型升级和经济长远发展,从而具有重要的理论与实践意义。

本书的理论意义主要表现在以下五个方面。

第一,定量识别政府产业政策对产业发展的影响,丰富了现有的产业政策的相关研究。现有关于中国产业政策的研究多是基于理论评述,系统的定量分析不足。本书可以作为这方面研究的有益补充,有利于我们从更深层次上解释中国各地区产业结构、产业发展模式和绩效的异同,为中国政府利用产业政策更快更好地促进经济结构转型提供科学的经验依据。

第二,本书对产业政策效应的研究贡献了一个新的视角——以政治和经济相结合的视角理解发展中转型大国产业政策调整的内在逻辑。传统的发展经济学往往注重从理论层面探讨怎样的产业结构转变是可行与有效率的,但是却没有研究发展中国家的政治体制约束会如何影响政府产业政策的制定和实施,更没有定量研究发展中国家实施的产业政策是否具有可行性与有效性。本书严谨地实证分析这种宏观政治体制特征对中国政府的产业政策实施效应的约束,有望丰富现有的产业结构变迁理论。

第三,从理论层面来看,研究中国产业政策对产业发展的影响,丰富了政府影响经济发展绩效的研究。以往关于政府影响经济发展绩效的研究主要分为两类:一类从宏观层面研究政府财政政策、货币政策等对经济增长的影响,另一类则从较为微观的视角研究官员对辖区经济增长的影响。以上研究的共同特点是考察政策或官员对经济增长整体绩效的影响,而未涉及经济结构。本书集中考察政府的产业政策对产业增长、结构变动及产业生产率的影响,可以视为是对以上研究的拓展,为政府影响经济发展提供一个可能的渠道——通过影响经济结构促进经济发展。

第四，本书加深了我们对产业结构变动中政府和市场作用的认识，为党和国家有关经济发展、产业发展战略和政策的制定实施提供了学术支撑。市场和政府是推动产业结构变动的两种基本力量。一批经济学家推动的第三波经济发展思潮将结构转变重新带回经济发展研究的核心，并强调市场和国家在促进经济发展中所扮演的重要角色。他们一致认同市场应该作为资源配置的基本机制，但政府也必须发挥积极的协调引导作用，以促进产业升级和多样化。我国《国民经济和社会发展第十四个五年规划和2035年远景目标纲要》明确指出要“坚持和完善社会主义基本经济制度，充分发挥市场在资源配置中的决定性作用，更好发挥政府作用，推动有效市场和有为政府更好结合”。有效市场和有为政府的结合，必定充分体现在产业政策和产业发展上。本书通过定量识别政府的产业政策在产业结构变动中的作用，为以上观点提供了经验证据。

第五，本书丰富了现有关于产业生产率的研究。已往的研究着眼于产业政策如何实施才能促进企业内部生产率的提高，本书认为，产业政策能够通过资源再配置，提高产业内部企业之间的资源重置效率，进而提高产业生产率，为产业生产率研究贡献了一个全新的视角。

本书也具有较强的实践意义，具体包括以下几个方面。

第一，本书为政府如何在产业结构优化与升级过程中发挥自身作用提供了一定经验证据。本书通过对地方政府产业政策的效应进行定量识别，发掘政策行之有效的条件与环境，从而为政府通过选择合适的产业政策工具影响产业结构变动、促进产业增长和提升产业竞争力提供了一定的经验依据。

第二，本书为政府在“调结构，促转型，提质量，增效益”工作中如何正确把握自身与市场的关系提供了一定的经验证据。本书认为，政府作为产业政策的制定主体，确实能够影响产业结构变动，但是这种影响是短期的，产业结构变动最终还是要靠市场。这为政府在经济转型时期正确界定自身职能范围，在产业多样化和产业升级中更好地发挥因势利导的作用，促进结构转型和经济发展提供了有益的启示。

第三，本书通过考察宏观体制特征对产业政策实施效应的影响，发掘出制约中国产业政策效应充分发挥的宏观体制因素，有望为体制改革的推进提供一定的经验依据。

第四，本书通过考察微观体制特征对产业政策效应的制约作用，为地方政府针对微观体制特征正确选择适宜的产业政策手段提供了经验依据，有利于产业政策效应的充分发挥。

第五，本书提出财政手段促进产业增长的资源补充与资源重置效应，对于中国经济步入“新常态”后如何提高财政资源利用效率具有一定的借鉴意义。

第六，本书为提升产业生产率提供了一个有效的途径——通过实施产业政策改善资源配置，提高产业内部企业之间的资源重置效率。这为产业政策的科学制定和合理实施提供了一定的经验依据。

第三节　研究方法

针对前面提出的问题，本书将主要采取理论分析和实证分析相结合的方法，首先通过理论模型厘清政府产业政策的选择机制，为政府通过实施产业政策促进结构调整提供理论依据；接着通过设定相应的计量模型来定量识别作为产业政策制定主体的政府及其补贴手段对产业结构变动的总体影响，并进一步检验产业政策自身及财政手段对产业增长的影响；最后考察产业政策对产业生产率的影响及其作用机制。在考察政府产业政策及其政策手段对产业结构、产业增长或生产率的影响时，本书充分考虑到产业政策变量自身可能存在的内生性问题，选取恰当的工具变量降低其内生性，以得到中国产业政策效应的正确估计。与此同时，本书还将辅以描述性统计法、事实分析法、比较分析法等，以清晰刻画中国不同时期产业发展状况以及政府产业政策全貌。

本书一方面以发展经济学理论、产业经济学理论和政治经济学理论为依据，对产业政策理论、产业结构变动理论、产业增长理论以及产业生产率理论等相关研究进行梳理阐述；另一方面以计量经济学的理论和方法为主要手段，以中国工业企业数据和产业政策数据为依据，从政治和经济互动的视角，对中国产业政策及其政策手段的效应进行实证分析研究并得出结论，在此基础上提出相应的分析建议。与国内当前产业政策研究仅有定性分析但少有量化研究不同，本书将中国地方政府“五年规划”中鼓励发展的产业设定为重点产业，构造重点产业虚拟变量度量产业政策，定量研究制造业产业政策对产业结构变动、产业增长及产业生产率的影响，为地方政府正确选择产业政策手段和有效提升产业政策效果提供了科学的经验依据。

第四节　研究思路与内容

本书围绕产业政策效应评估的主题，分别从产业政策制定主体、产业政策自身以及产业政策手段三个层面，实证检验它们对地区产业发展三个不同方面的影响——产业结构变动、产业份额增长以及产业效率变化。

具体而言，本书首先构建了理论模型，厘清政府产业政策的选择机制，接着实证检验了作为产业政策制定主体的政府（官员）及其政策手段对产业结构变动产生了多大影响，然后分别考察产业政策及其政策手段对产业增长的影响，最后分析了产业政策及其政策手段对产业生产率的影响。据此设定本书的研究框架如图 1-1 所示：

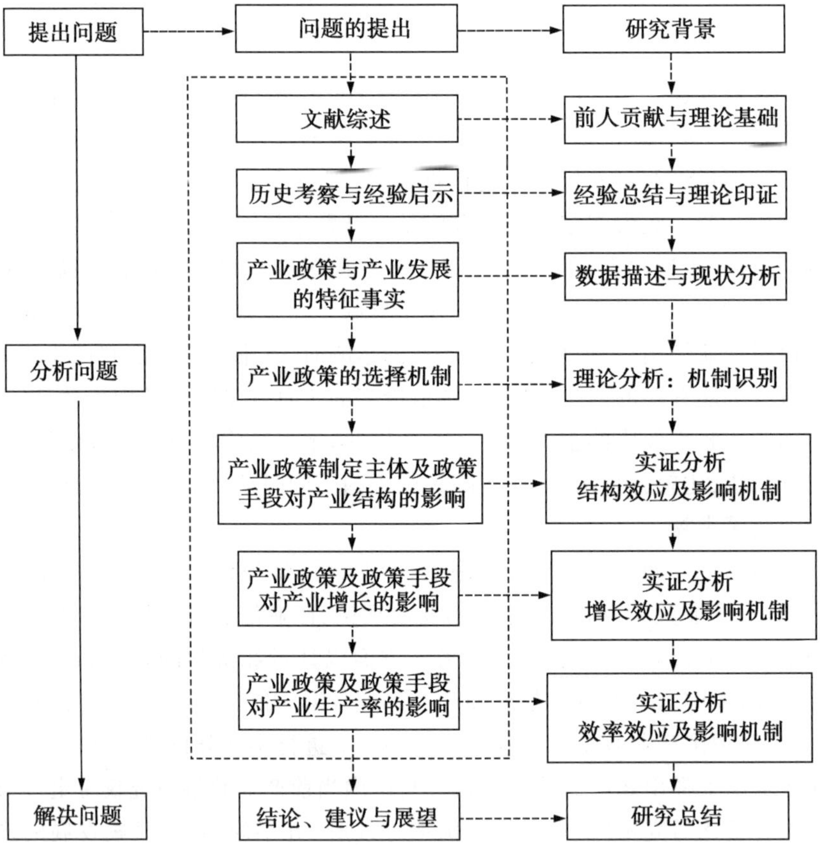

图 1-1　研究框架

根据以上研究设计，本书主要包括三部分内容。

第一部分包括第一至四章，这一部分是本书研究的基础和出发点，主要是提出本书研究的问题，总结前人的成果，呈现前人先进的经验与历史启示，对核心变量进行描述性统计，奠定全书的研究基础。具体而言，各章内容如下：

第一章是导论。该章阐述了研究背景并提出问题，接着阐明了研究的意义、研究方法和思路内容。

第二章是文献综述。针对本书研究的问题，该章分别从产业政策、产业结构变动、产业增长以及产业生产率四个方面进行文献回顾，以奠定本书的理论基础，并找到研究的切入点。

第三章是产业政策的历史考察及经验启示。该章对中国改革开放前后产业政策的历史演进进行了回顾，并通过对美国、日本和韩国产业政策的历史考察和经验总结，得出对中国产业政策运用的政策启示。

第四章是中国产业政策与产业发展的特征事实。该章分为以下几部分：第一，对本书的三大数据来源进行说明。第二，将从各省、自治区、直辖市（以下简称“省区市”）“九五”“十五”“十一五”规划中整理出来的制造业产业政策信息进行分类和归纳，并进行横向与纵向比较，提炼出各省区市“五年规划”中产业政策演变的特征事实，为下文实证分析奠定基础。第三，以政府补贴为例对产业政策手段的实施年度和行业分布情况进行统计分析。第四，对中国各省区市制造业产业结构变动程度进行测度，为读者呈现中国各省区市制造业产业结构变动状况的全貌。

第二部分包括第五至十章，是本书的核心内容。这部分首先构建了理论模型，厘清了政府产业政策的选择机制，接着实证分析作为产业政策制定主体的政府及政府补贴手段对产业结构变动的影响，然后分别考察产业政策及政策手段对产业增长的影响，最后实证检验产业政策对产业生产率的影响及其作用机制。各章之间前后关联，逻辑关系上逐层递进。

第五章通过构建政府和厂商之间的博弈模型，说明政府如何通过调整税率和公共品投资决策内生地进行产业政策选择以及政府对产业的干预程度如何因产业而异。

第六章拟回答本书的第一个实证问题：作为产业政策制定主体的政府在多大程度上影响了辖区产业结构变动。该章首先在理论述评的基础上提出理论假说，接着构造了中国省级官员与四位码制造业产业结构变动相匹配的面板数据，系统分析了地方政府对辖区产业结构变动的影响以及政治激励和市场发育程度的约束作用。

第七章是上一章内容的延伸，通过构造政府补贴与四位码产业结构变动指标相匹配的面板数据，考察政府补贴手段对产业结构变动的影响并进一步实证检验微观体制特征对政策效应的影响。

第八章实证分析地方产业政策是否具有显著的产业增长效应，并进一步考察政策效应在不同产业类型间是否存在显著差异。

第九章实证考察财政手段是否产生了显著的资源补充效应与资源重置效应，并进一步检验产业竞争充分性和政府信息完备性对财政手段的资源配置效应具有何种调节作用。

第十章描述了产业政策对产业生产率的影响。在考察了产业政策对产业结构和产业增长的影响后，该章通过构造各省区市产业政策与二位码产业全要素生产率相匹配的面板数据，实证检验产业政策对产业生产率的影响以及这种影响在不同产业类型上的差异，并且进一步分析了造成这种产业间差异的可能原因。

第三部分为第十一章。针对第二部分的理论模型及实证结果，本部分阐明了本书的边际贡献、政策含义与研究展望，是全书的总结。

第二章　文献综述

市场和政府是推动产业结构变动和产业发展的两股主要力量，政府推动产业结构变动和产业发展是通过制定和实施产业政策实现的。针对本书研究的主要问题，本章将从四个方面对相关文献进行回顾。第一，在研究产业政策前，有必要对产业政策的国内外研究现状进行详尽的回顾。因此，本书从产业政策实施的必要性及其效应评估两大方面进行文献综述，以全面了解产业政策的研究现状。第二，在研究产业政策对产业结构变动的影响前，有必要了解产业结构变动的相关研究进展。本书将从两大方面对产业结构变动的相关文献进行回顾：市场力量驱动产业结构变动的研究以及政府力量驱动产业结构变动的研究。首先，从供给和需求两个角度梳理产业结构变动的相关文献，从而对产业结构变动的内涵以及驱动产业结构变动的市场力量有个清晰的认识。其次，对政府在产业结构变动中作用的研究现状进行梳理，全面了解政府力量在推动产业结构变动中的主要作用。第三，对产业增长的相关文献进行梳理。第四，从两个方面简要回顾产业生产率的相关研究：一是产业生产率影响因素的研究，二是产业政策对生产率影响的研究。本章的主要目的在于通过对国内外相关研究现状的回顾，试图在总结前人贡献的基础上界定出本书的边际贡献，找到本书研究的切入点。

第一节　产业政策的相关文献

关于产业政策的研究众多，国内外学者基于不同分析视野对产业政策展开研究。总体来讲，这些研究主要分为两个方面：一是产业政策实施的必要性，二是产业政策效应评估。下文首先界定了产业政策内涵，接着从理论方面对产业政策实施必要性的国外相关研究进行回顾，最后从实证方面对产业政策效应的国内外相关研究进行梳理。

一、产业政策内涵界定

产业政策可以分为广义的产业政策和狭义的产业政策。本书中我们沿用狭义的产业政策定义。狭义的产业政策指产业部门的政策，即政府鼓励向一些行业或部门投资而不鼓励向其他行业或部门投资。

二、产业政策实施必要性的理论演进

是否有必要实施产业政策，是学界长期以来争论不休的话题。正面的观点认为产业政策有效，支持政府通过实施产业政策促进结构调整和经济发展；相反的观点则认为产业政策无效，它不但不能纠正市场失灵，可能还会由于政府失灵导致更大的“扭曲”。在不同的历史时期，这两种观点轮流占上风。

第二次世界大战结束后，一些发展中国家采取有针对性的部门产业政策的成功实践，使得支持产业政策实施的观点一度占优。一些发展中国家选择了旨在保护幼稚产业或保护当地产业免于与发达国家产业相竞争的政策。其中拉美国家实行的是进口替代策略，使得当地产业更多受益于本国需求。而包括日本和韩国在内的国家则是通过关税或非关税壁垒、汇率贬值推行出口导向策略。“二战”结束后的二三十年内，以上政策通常被称为“产业政策”，而且由于这些国家经济取得了快速增长而免受争议。

这一时期产业政策成功的实践也引发了一系列支持产业政策实施的理论研究，有代表性的研究学者包括格林沃尔德(B.Greenwald)、斯蒂格列茨(J.E.Stiglitz)、罗默(P.M.Romer)、霍伊特(P.Howitt)、赫希曼(A.Hirschmann)等。这些学者认为，由于动态规模经济、知识溢出、协调成本、信息外部性等会导致市场失灵，政府有必要实施产业政策干预结构调整和经济发展。

然而，20世纪70年代拉美国家以及90年代日本等国的经济减速，使得反对产业政策的呼声日益强烈。[①] 政府对特定企业或产业提供补贴或贸易保护的做法开始受到争议。其主要原因是这种做法妨碍公平竞争，允许政府有意识地挑选“赢家”，容易被利益集团“捕获”。这种反对产业政策的

---

① 古典经济学认为市场是实现资源最优配置的最佳机制，主张自由竞争，不主张政府实行干预政策。亚当·斯密在《国富论》中提出著名的“看不见的手”理论，认为政府干预经济往往不会取得好的效果。其后的萨伊、穆勒等古典经济学家也把政府职能限定在非常有限的范围内，主张实行自由竞争，反对政府干预。

观点似乎占了上风。其主要理论依据是布坎南的“政府失灵”理论。该理论将“经济人”假设引入政府活动,认为政府行为主体在政治市场中会追求个体效用最大化,使得公共选择的结果偏离公共目标,公共机构不再代表公共的利益,不再发挥公共的职能,从而导致“政府失灵”。

近年来,关于人类生存环境和经济发展的新的思考使得产业政策重新成为人们关注的焦点。首先,人们越来越意识到,如果没有政府有意识地鼓励清洁生产和清洁技术创新,气候变暖将会越来越严重,会在世界范围内产生诸如干旱、移民和冲突等多种负的外部性。其次,世界性的金融危机也使得包括美国在内的一些国家开始对特定产业提供支持。最后,越来越多的学者开始指责自由放任政策。这种政策的危险性在于它会导致发达国家专业化于上游研发和服务,而将制造活动外包给非技能劳动力成本相对较低的发展中国家,从而造成发达国家产业空心化。

最近,阿吉翁等明确指出,现在的问题已不是产业政策是否有存在的必要性,而是如何设计和实施产业政策以促进增长和提高福利。这一论断使产业政策效应的评估成为产业政策研究的核心议题。然而,正如克里斯库洛等所言,采用严谨的计量实证分析方法评估产业政策效应的文献不多,而这为数不多的文献得到的结论又不一致。下一小节,我们将对产业政策效应评估的实证文献进行回顾。

三、产业政策效应评估实证研究

关于产业政策效应评估的研究,主要有两种截然相反的结论:一种结论认为产业政策有效,能够有效促进结构转型与经济发展;另一种结论与之相反,认为产业政策不具有显著效果甚至会有负面影响。2016 年林毅夫与张维迎的产业政策之争引发了中国国内产业政策研究的新一轮高潮。最近这些研究关注的焦点是产业政策(或产业政策手段)如何实施才会更有效,即产业政策有效性边界的识别。以下从三个方面进行文献回顾:一是产业政策有效的研究,二是产业政策无效的研究,三是产业政策有效性边界的研究。

(一)产业政策有效的研究

部分研究发现,产业政策能够显著提升产业或企业绩效,这些研究大体分为以下四类。

第一类研究实证考察产业政策对产业生产率或产出的影响。努恩(N.Nunn)和特雷弗莱(D.Trefler)发现生产率增长与关税保护偏向技能密集型产业的程度显著正相关。也有研究发现产业政策以促进竞争的方式实施或在市场化水平达到某一门槛值后实施能够显著提升企业或产业生产率。还有学者发现产业政策仅对企业投入或产出有效,对生产率无效。

第二类研究实证分析产业政策的资源配置效应。王文等研究了产业政策涉及的政府补贴和税收优惠手段与资源错配的关系。结果发现,当产业政策手段以促进行业竞争的方式实施时,能够显著降低行业内的资源错配程度。张莉等发现,总体而言,重点产业政策对城市土地资源配置具有正向作用,显著增加了受扶持产业的城市工业用地出让宗数与面积。刘毓芸和程宇玮考察了我国受重点产业政策扶持的行业(重点行业)对人才需求的影响,结果发现:相对于非重点行业,重点行业内的企业对人才的需求更强。

第三类研究实证识别产业政策的创新效应。余明桂等将国家"五年规划"确定的重点产业区分为一般鼓励和重点鼓励产业,实证检验国家产业政策对微观企业技术创新的效应,结果发现产业政策促进了国家鼓励行业中的企业创新,显著提高了企业发明专利数量,并且这种正向影响在民营企业中更显著。

第四类研究通过构建理论模型考察产业政策效果。徐朝阳和周念利基于市场需求不确定假设构建企业动态模型,试图解释以下现象:当市场需求存在较大不确定性但行业发展前景确定时,会有大量企业涌入该行业。这种现象是正常和合理的,不能片面将其视为市场失灵的表现,也不能把由此可能导致的产能过剩归因于政府的产业政策扶持。

以上研究均发现产业政策有效、部分有效或者在满足一定条件时有效。它们分别以某种类型产业政策、特定行业产业政策或者产业政策的财政手段作为研究对象,考察其对产业某方面绩效的影响,但这些研究相对独立和分散,未能深入系统地考察某种类型的产业政策对产业发展不同维度的影响效应。本书将以"五年规划"中的重点产业为抓手度量产业政策,系统深入考察这种产业政策对产业结构变动、产业增长和产业生产率的影响及其作用机制。

(二)产业政策无效的研究

部分研究发现,产业政策未能显著提升产业或企业绩效,甚至产生了负面影响,这些研究大体分为以下四类。

第一类实证研究发现产业政策不利于产业生产率或竞争力的提高:没有受到关税保护的企业或产业的生产率增长率反而高于受保护的企业或产业;受到更多保护的企业或行业的单位投入产出并不比受到更少保护的企业或行业多;出口补贴和非关税壁垒等显著降低了下游产业的出口竞争力。

第二类实证研究发现产业政策被企业“策略性”利用，未能实现产业政策目标：受产业政策激励的公司，专利申请显著增加，但只限于非发明专利，企业追求“数量”而忽略“质量”；非扶持企业更趋多元化经营，且其通过多元化经营更多地涉猎了产业政策所扶持的行业。

第三类实证研究揭示了产业政策的诸多负面效应：战略性新兴产业政策的不当干预造成产能过剩；欠发达地区以中央产业政策为“蓝本”制定地方产业政策时往往偏离自身优势，造成工业地理集中度过低和产业同构；产业政策扶持导致企业过度投资，投资效率更低；产业政策在短期内能给投资者带来超额收益，但在中长期对收益率没有影响。

第四类研究通过理论推演，揭示产业政策无效。江飞涛和李晓平认为中国的选择性产业政策表现出强烈的直接干预市场、以政府选择代替市场机制和限制竞争的特点。中国应由选择性产业政策为主体转为以功能性政策为主体的产业政策体系，努力完善市场机制，维护公平竞争，发挥市场机制作用，促进创新，推动产业绿色与包容性发展。

上述研究从不同方面揭示了产业政策无效。与产业政策有效的研究类似，这些研究相对独立和分散，未能深入系统地考察某种类型产业政策对产业发展不同维度的影响效应。

（三）产业政策有效性边界的研究

部分学者实证检验了产业政策手段的有效性边界。程俊杰研究发现，税负、补贴和贸易保护措施等产业政策工具对产能过剩的影响程度不同。另外一些学者发现，相对于政府补贴（或低息贷款），税收优惠（减免）手段更为有效：基于交易费用理论视角的研究发现，财政补贴会从两大方面增加交易费用，而税收减免所增加的交易费用则相对较少。戴小勇和成力为发现除税收减免外，政府补贴与低利率贷款总体上均降低了受扶持企业的全要素生产率与成本加成率。

另外一些研究考察了产业政策手段实施强度的有效性边界。产业政策补贴手段均存在“最优实施空间”，当补贴超过有效竞争阈值后可能带来产能过剩风险。还有研究发现，产业政策手段有效性因产业发展阶段不同而异：政府补贴扶持能够给处于起步阶段的新型企业带来发展优势，但产业扩张到一定规模后，政府补贴扶持无法有效鼓励企业增加研发投入，最终导致产业同质和产能过剩。

还有学者实证分析了中国转轨体制特征（所有制、市场化程度和开放程度等）对产业政策效应的影响。杨继东和罗路宝研究表明，地区间竞争背景下，重点产业政策容易引发土地资源空间配置扭曲。减弱重点产业政策对资源空间配置扭曲的有效途径有两种：一是提高市场化程度，二是扩大对外开放水平。赵婷和陈钊的研究表明，中央选择的重点产业仅符合东部地区的比较优势，或仅能在东部地区培育起比较优势。进一步研究发现，东部地区更高的市场化程度和政府效率有利于比较优势发挥作用，这种制度条件上的差异是造成产业政策效果区域差异的原因。蔡庆丰和田霖实证研究了国家产业政策对企业跨行业并购行为的影响，主并企业发起跨行业并购时更可能选择受到产业政策支持的行业内的企业，而国有企业发起的跨行业并购更可能和国家产业政策导向一致。陈冬华和姚振晔研究发现，产业政策的公布实施使获得产业政策支持的企业的股价同步性下降，该信息效应对境内外投资者的作用不同。

还有一些学者通过构建理论模型识别产业政策的有效性边界。钱学锋等将产业政策嵌入"垂直结构"模型中，发现"垂直结构"模式使得下游民营企业存在进入不足倾向，加重了资源误置，恶化了社会总福利。而"交互补贴"政策则进一步恶化了"垂直结构"的负面作用。侯方宇和杨瑞龙构建了基于企业资产专用性的委托代理模型，考察产业政策治理"潮涌现象"的有效性在多大程度上受到政商关系的影响。研究发现，产业政策在治理"潮涌现象"中表现低效甚至无效，其主要原因在于，"扭曲"的政商关系下企业与地方政府能够利用信息优势来规避产业政策。杨瑞龙和侯方宇基于不完全契约模型分析产业政策的有效性边界，发现产业政策的有效发挥取决于四个条件：第一，政府目标与企业目标一致，当二者不一致时，政府对产出价值的评价足够高；第二，产业政策不能"一刀切"，要考量政府的专用性人力资本投资；第三，国家具备产权明晰化的微观基础；第四，政府不滥用谈判力。

以上研究说明：产业政策有效性首先受到产业政策手段及其实施强度、产业政策实施对象特征等的影响，其次与所有制、市场化程度和开放程度等体制特征有关，最后还受制于产业组织形式和政企关系等。不难看出，关于产业政策有效性边界的研究也不成体系，研究尚有待深入和系统化。

（四）文献评述

综上所述，针对中国产业政策效应的国外研究仅有阿吉翁等。国内学界对中国产业政策的有效性并未达成一致意见，部分学者的研究表明产业政策有效，但是也有不少学者认为产业政策无效。近来关于产业政策有效性边界的研究表明，产业政策效果因时因地因条件而异。总之，中国产业政策效应评估的研究有待深入拓展，所以其依然是产业经济实践领域一个重要而迫切的研究课题。正因如此,本书将以地方政府“五年规划”中鼓励发展的重点产业为抓手度量产业政策,系统实证考察地方政府产业政策的效果,以期为政府在产业结构变动中更好地运用产业政策,促进产业转型升级和经济发展提供科学的经验依据和合理的政策启示。

第二节 产业结构变动的相关文献

一、市场力量驱动产业结构变动的相关文献

产业是指国民经济中产品和劳务的生产经营具有某些相同特征的企业或单位及其活动的集合和系统。产业体系指一国国民经济中产业因各种相互关系而构成的整体。产业结构是指产业体系内产业的联系与联系方式、产业间的比例关系等。对产业结构的研究有两个层次:一是从广义的产业概念出发研究产业间的关系,如三次产业间的关系;二是从狭义的产业概念出发研究产业间的关系,如制造业内部各产业之间的关系。产业结构变动是指生产要素在产业(部门)之间再配置导致产业体系内产业(部门)之间的联系与联系方式、产业(部门)间的比例关系发生变化。本书基于狭义的产业结构定义,研究产业政策对制造业内部各产业之间比例关系变化产生的影响。

技术创新,产业更替,经济结构不断变化是经济发展过程的本质。经济结构变动作为生产要素在经济各部门之间的再配置过程,最典型的例子被称为“库兹涅茨(Kuznets)事实”,它是指生产要素在三次产业部门之间转移导致三者之间的比重发生变化,具体而言是指工业革命以来,发达国家农业部门劳动力不断地向工业和服务业部门转移,导致农业产值在国民经济中的比例不断减少,工业和服务业部门的产值比重不断增加。库兹涅茨事实是经济体进入工业化阶段后的典型特征。但是在相当长的一段时间内,经济结构的变化并未被纳入经济增长的理论框架,该理论一直忽略了生产要素在各部门间的再配置以及由此引起的各部门产值份额的变化,而是重在探求经济增长的源泉,以解释经济增长的卡尔多(Kaldor)事实。

近几年的经济增长文献已开始将经济结构变化纳入经济增长理论的框架内,这类文献按照其解释经济结构变化的角度可以分为两类,分别是需求角度和供给角度。

埃切瓦利亚(C.Echevarria)、康萨玛特(P.Kongsamut)等从需求的角度解释经济结构变动。他们基于非位似(non-homothetic)偏好证明,在经济增长进程中各种产品的边际效用的变化幅度不同,使得各种产品的消费量发生不平衡变化,引起产品供给结构相对变化,从而导致经济结构变动。

从供给角度解释产业结构变动的研究主要基于各部门生产技术增长率的差异。国外学者鲍莫尔(W.Baumol)和恩盖(L.R.Ngai)通过构建经济增长模型,证明经济结构变动最终归因于各部门的技术水平差异,然而技术水平高的部门最终是否会占优仍取决于产品的需求弹性。

国内学者陈体标和徐朝阳也尝试构建含结构变动的经济增长模型。陈体标构建了一个能够反映经济结构变化的多部门经济增长模型,同时又保留了单部门经济增长模型的大部分重要特征。徐朝阳在阿西莫格鲁(D.Acemoglu)和圭列里(V.Guerrieri)两部门模型基础上,构筑了一个三部门经济增长模型,描述三次产业的产业结构变动规律,即农业份额下降伴随着服务业份额上升及工业份额先上升后下降的经济结构变迁过程。

这些文献通过严谨的理论演绎,揭示了经济结构变迁背后的动力机制,即消费者对不同部门产品的偏好差异以及生产技术在不同部门间的进步速度差异,凸显的是市场在结构变动中的作用,较少涉及政府的作用。本书则将研究视角投向政府,研究政府如何通过实施产业政策影响产业结构、产业增长和产业生产率,一定程度上可以视为对上述研究的拓展与补充。

二、政府力量驱动产业结构变动的相关文献

关于政府在产业结构变动中的作用,有两种截然不同的观点。

支持政府在产业结构变动中发挥重要作用的观点来自旧结构经济学。该学派认为,为了克服市场自身存在的缺陷,政府必须有力干预经济发展过程。罗森斯坦-罗丹(P.N.Rosenstein-Rodan)指出发展的良性循环在根本上取决于个体企业的规模经济和市场规模之间的良性互动。具体而言,只有当市场规模足够大,使得现代生产方式产生的高生产率收益显著高于由此带来的高工资成本时,现代生产方式才会比传统方式更有效率。而现代生产方式的大规模采用,仅靠单个企业等微观个体是难以实现的,需要政府强有力的协调和推动。罗森斯坦-罗丹的框架引发了一系列类似的研究,催生了经济发展的结构主义方法。

大萧条背景下诞生的凯恩斯主义也以强调市场失灵和政府干预为主要特征。许多发展经济学家都主张政府通过多种方式来克服市场失灵:一是

采取有力的政策措施强力推动工业化进程，二是政府直接配置资源进行投资，三是采用在大机器工业部门建立国有企业的方式抢占战略制高点。

从现实看，在旧结构经济学指导下的经济发展绩效却适得其反。这些发展中国家不但未能实现经济赶超，其经济反而停滞不前甚至倒退。在许多发展中国家，这些意图良好的政府干预均宣告失败。

与旧结构经济学相对立的观点来自“华盛顿共识”。20 世纪 80 年代初，拉美国家爆发了债务危机。多边借款机构以及以美国为主的主要债权人纷纷借此机会要求拉美各经济体进行一揽子综合性全面改革，循着理性预期宏观经济学的教导，转而实行自由市场政策，这套改革方案后来又被威廉姆森称为“华盛顿共识”。由此可见，以自由市场主义为主要特征的“华盛顿共识”强调市场作用，反对政府干预。

2007 年，林毅夫等人提出新结构经济学的理论框架，就产业结构升级中政府和市场的关系问题提出他们的观点。该理论首先强调市场对资源配置的基础性作用，但同时指出必须发挥政府在产业结构升级中的因势利导作用。另外，林毅夫提出“潮涌现象”，认为发展中国家处于世界产业链的中后端的事实赋予其政府总量信息优势，使其得以利用总量信息优势制定产业政策，引导产业升级。

2010 年，林毅夫倡导以新古典经济学的方法研究政府和市场在产业结构变迁中的协调作用，强调尊重和发挥市场对资源配置的基础性作用，政府还应该在产业升级和多样化中发挥积极的因势利导作用。具体而言，政府的作用主要表现在以下方面。首先，产业升级由于路径的不确定性很可能成为一个不断试错的过程，这个过程的成本非常高昂，减少试错成本的有效方法是为企业提供符合本国比较优势的新产业信息。而新产业信息的收集和整理是需要成本的，但是额外使用信息的边际成本为零，可见信息具有正的外部性。信息的正外部性决定了其无法由市场提供或提供不足。发展中国家具有相对于企业的总量信息优势，可以充分利用这一优势，收集和整理新产业信息并免费向社会上的企业发布。其次，产业升级和多样化需要与其发展水平相适应的软件和硬件基础设施。随着一国的产业沿着世界产业链阶梯“拾级而上”，经济体中现有的基础设施水平与产业发展阶段不再适应，新的更高水平的产业结构对基础设施提出更高的要求。而单个企业无法将基础设施的提供完全内化，需要政府协调单个企业进行基础设施投资，甚至由政府来提供部分基础设施。最后，产业升级事实上也是一个创新的过程，先驱企业进入新的产业，可能成功，也可能由于种种原因失败。如果它失败了,则向其他企业表明这个产业不符合经济体现有的资源禀赋优势;如果它成功了,则其他企业纷纷仿效进入,挤占其利润空间。可见,先驱企业的成本和收益是不对等的,其进入成本远远大于其收益,产生了正的外部性。倘若政府不对这种正的外部性提供补偿,则鲜有企业愿意尝试进入一个新的产业。

在此基础上,新结构经济学对发展中国家推动经济结构转型升级的可行政策进行了初步探讨,包括财政政策、利率与金融发展政策、外资引进和贸易开放政策等。

由此可见,新结构经济学试图融合关于政府在产业结构变动中作用的两种对立观点,既强调尊重市场的基础性作用,又强调必须充分发挥政府在产业升级和多样化进程中的协调和引导作用。本书以新结构经济学为理论基础,研究政府及其产业政策对产业结构、产业增长和生产率的影响。在研究中,尽管本书的重心在于产业政策的效应,但同时充分考虑到市场的约束作用以及政府和市场的边界问题。

此外,韩永辉以新结构经济学作为理论基础研究发现:产业政策对地区产业结构合理化和高效化具有显著的推进作用;产业政策对产业结构优化升级的推进作用高度依赖于地方市场化程度;产业政策对结构优化升级的推进作用还取决于地方政府能力。

第三节　产业增长的相关文献

本书沿用宋凌云和王贤彬的做法,将产业增长界定为某产业占制造业份额的增长。由于本书主要研究内容是产业政策效应,因此本部分仅围绕产业政策对产业增长的影响进行文献回顾。国内此类研究大体可以分为两类。

第一类是研究产业政策偏度对产业增长的影响。邱兆林以 34 个工业细分行业 2003～2012 年样本作为研究对象,使用资本和技术投入倾斜度来衡量产业政策偏度,研究产业政策偏度和产业增长的关系。结果发现,二者之间呈显著的负相关关系,即固定资产投资倾斜度越高,产业增长率越低。舒锐以 35 个工业行业 1998～2010 年样本作为研究对象,用产业政策偏度测度税收优惠和研发补贴,并用数据包络分析方法(DEA)测算全要素生产率,研究产业政策手段偏度对产业增长和产业生产率的影响,结果发现税收优惠和研发补贴等产业政策手段可以显著促进行业产出的增长，但未能促进产业生产率的提升。

第二类是考察产业政策手段对产业增长的影响。张同斌和高铁梅通过建立可计算一般均衡模型，考察财政补贴和税收优惠对高新技术产业增长及结构调整的影响。结果发现，财政激励政策比税收优惠政策更能显著促进高新技术产业增加值的增长，但税收优惠政策能够更加有效地促进高新技术产业内部结构调整。孙早和席建成实证考察了中国宏观政治体制治理模式对政府补贴和税收减免产业政策手段实施效果的影响效应。结果发现，中央政府对地方政府"经济增长"考核目标的激励，会导致产业政策手段只能在短期促进产业和经济增长，但不能有效促进产业升级。这种影响效应在经济发展水平和市场化程度较低的地区表现更为突出。

不难发现，以上研究中的研究对象均为产业政策手段，而不是产业政策本身，这很大程度上归因于产业政策量化的困难。本书以政府"五年规划"中确定的重点产业构造虚拟变量来度量产业政策，一定程度上克服了产业政策量化难这一问题，并在此基础上定量检验了产业政策及财政手段对产业增长的影响效应。

此外，关于产业政策对产业增长的影响机制，现有文献既未从理论层面展开分析，更未从实证层面进行检验。这是本书研究的出发点之一，也是本书可能的边际贡献之一。本书在第九章中阐释了财政手段推动产业增长的两种机制——资源补充机制和资源重置机制，进而实证检验了其存在性，并考察了政府信息完备程度和产业竞争充分性对两种机制的调节作用。

第四节　产业生产率的相关文献

关于生产率的研究可谓汗牛充栋，由于本书研究的是产业政策对产业生产率的影响，因此本节首先针对产业生产率的影响因素进行文献回顾，然后对近年来产业政策对生产率影响的研究进行梳理。

一、生产率影响因素的相关文献

在微观层面上，经济活动中一个重要的典型事实是，产业之间以及产业内部企业间的生产率存在很大的差异。赛维森(C.Syverson)很好地综述了现有关于生产率的研究，指出产业生产率增长的两个来源是企业内部效应和企业之间资源重置效应。企业内部效应是指产业内企业自身的全要素生产率提高;企业之间资源重置效应是指通过改变产业内部企业之间的资源配置状况,促使生产率增长率更高的企业增长更快,或者生产率增长率较高的企业取代原来在位的生产率增长率较低的企业,其实质是生产率增长率更高企业的份额相对提高。因此研究产业生产率增长的影响因素,应该从生产率增长的企业内部效应和企业之间资源再配置效应两大方面进行。

一些研究揭示了企业之间生产率差异的企业内部原因。刘小玄、姚洋、章奇基于企业层面数据考察企业所有制特征对其生产率的影响;张杰、李勇、刘志彪、余淼杰等研究了国际贸易对工业企业全要素生产率的影响;张海峰、姚先国研究了地理集聚和外部性对企业劳动生产率的影响;简泽研究发现,同一产业内不同企业之间的生产率存在巨大差异,并进一步探讨了市场竞争在多大程度上造成了这种差异。

在美国制造业行业里,如果按照企业间的生产率分布配置资源,使得生产率高的企业拥有更高的市场份额,美国制造业行业的生产率将比随机配置资源高出50%。进一步,福斯特(L. S. Foster)和贝塔斯曼(E. J. Bartelsman)研究发现,美国制造业行业生产率增长的很大一部分来源于产业内经济资源跨企业配置效率的改善。谢(C.T.Hsieh)等人则发现,发达国家与不发达国家间的生产率水平和人均收入差距,大部分可由经济资源跨企业配置效率差异来解释。

二、产业政策对生产率影响的相关文献

本小节首先梳理了产业政策对生产率影响机制的文献,然后回顾了产业政策影响生产率的相关实证研究。

(一)产业政策对生产率影响机制的文献

赛维森已指出,产业生产率增长的两个来源是企业内部效应和企业之间资源重置效应。其研究给出产业政策影响产业生产率的两种可能渠道,但现有文献并未对产业政策如何影响产业间或产业内部企业间的资源配置,进而产生企业内部效应和企业间资源重置效应进行深入的理论分析。

(二)产业政策对生产率影响的实证研究

产业政策对生产率影响的实证研究得到了两种截然相反的结论:一些研究发现产业政策能够显著提升产业或企业的生产率,另一些研究则发现产业政策扶持不利于产业或企业的生产率的提高。

一些学者发现,产业政策对产业(企业)生产率有显著提升作用。宋凌

云和王贤彬研究发现，地方政府的产业政策总体上显著提高了地方产业的生产率，其影响程度在不同产业类型上具有显著差异的原因可能是地方政府将资源导向生产率增长率更高企业的程度不同。阿吉翁等研究了中国产业政策手段对生产率的影响后发现，只有当补贴、税收优惠等产业政策手段采用促进竞争的方式实施时才能促进企业内部生产率的提高。林毅夫等研究发现，平均而言，国家级经济开发区对企业全要素生产率具有显著的正向影响。这种“生产率溢价”并非逆向选择的结果，即不是由政府挑选高生产率企业所致，而是经济开发区更好的政策环境（更低税收）带来的。

另外一些研究则发现产业政策对产业（企业）生产率具有负面影响。钱雪松等运用双重差分法考察中国2009年十大产业振兴规划出台这一选择性产业政策对企业全要素生产率的影响。结果发现：十大产业振兴规划的政策冲击使得实验组企业的全要素生产率相对于对照组企业显著下降。张莉等的研究表明，重点产业政策总体上显著抑制了相应产业内企业全要素生产率的提升。他们还从市场化程度、行业特征和所有制等角度探讨了重点产业政策的异质性作用。戴小勇和成力为发现除税收减免外，政府补贴和低利率贷款总体上均降低了受扶持企业的全要素生产率和成本加成率。

以上表明，虽然近年来国内新增不少产业政策对生产率影响的实证研究，但总体而言，这方面研究仍显不足，特别体现在以下两方面：第一，关于产业政策对生产率的影响机制的理论探讨不够；第二，对产业政策影响生产率的企业内部效应识别很多，但对资源重置效应检验不够。聂辉华和贾瑞雪对我国制造业产业全要素生产率增长率的分解结果表明，平均而言，中国制造业生产率增长几乎全部来自企业内部生产率的增长，企业之间的资源重置效应近似于零。因此，降低制造业的资源误置程度，提升产业生产率，关键在于如何提高产业内部企业之间的资源重置效应。采用严谨的实证研究方法，定量识别产业政策的资源重置效应，成为产业经济领域非常重要的研究课题。本书第十章将为以上两方面研究提供有益的补充。

本章小结

通过对上述文献的回顾，我们发现，产业结构变动有其内在规律。在产业结构转型升级过程中，我们必须首先尊重市场机制对资源配置的决定性作用和产业结构变动的内在规律。然而，正如新结构经济学家所言，在产业升级和多样化进程中，必须同时发挥政府的协调和引导作用，以对产业升级和多样化发挥因势利导的作用。政府在产业结构转型中的作用主要表现为提供新产业信息和基础设施以及补偿先驱企业的外部性。

正确制定和实施产业政策，提升产业政策效果，很大程度上依赖于对已有政策效应的正确评估，而对中国产业政策效应评估的研究现状却并不乐观：针对中国产业政策的国外研究甚少；就国内而言，虽然近年来已经产生了大量的实证研究，但是受制于产业政策量化的困难和产业政策自然实验的匮乏，现有文献绝大多数仅能识别产业政策与其效应之间的相关关系，无法识别二者之间的因果关系。因此，识别产业政策与其效应之间的因果关系，已经成为中国目前“调结构，促转型，提质量，增效益”过程中亟待解决的一个实证问题。

产业政策旨在优化产业结构和促进产业转型升级，因此，在产业政策的诸多效应中，产业政策到底能对产业结构变动和产业发展产生多大影响，这种影响是否提高了相应产业的生产率和竞争力，是我们应该关注的重要问题，也是一个尚未得到系统规范研究的问题。因此，本书以中国制造业为例，通过理论模型厘清政府产业政策的选择机制，进而实证考察政府产业政策及政策手段对产业结构变动和产业增长的影响效应，并实证检验产业政策是否提升了相应产业的生产率，有望为政府产业政策的制定和实施以及具体产业政策手段的选择提供科学的理论和经验依据。

第三章　产业政策:历史考察与经验启示

上一章梳理了与本书相关的主要文献,介绍了本书研究的出发点,引出本书的研究问题,为后续研究奠定了理论基础。延续该分析思路,本章首先梳理了中国产业政策的历史演变,接着选取有代表性的国家——美国、日本与韩国的产业政策进行解读,总结其成功经验,在此基础上结合中国产业发展的现状和问题,归纳出对中国产业政策制定和实施的经验启示。①

引　言

美国在19世纪末超越英国成为世界第一大经济体,特别是在第二次世界大战之后综合国力得到进一步强化,成为世界超级大国,其巨大的经济科技优势一直延续至今。美国建立经济科技综合优势的过程,是其在市场经济框架下有效实施产业政策的结果。我国"十四五"规划指出,坚持创新在我国现代化建设全局中的核心地位,把科技自立自强作为国家发展的战略支撑,面向世界科技前沿、面向经济主战场、面向国家重大需求、面向人民生命健康,深入实施科教兴国战略、人才强国战略、创新驱动发展战略,完善国家创新体系,加快建设科技强国。而美国堪称科技强国,其工业始终位于世界科技创新的最前沿。自美国工业化发展步入技术密集型阶段后,美国促进工业发展的政策体系发生了重大改变,政策着力点从利用关税来保护国内市场转移至通过鼓励创新来创造市场。美国产业政策历史经验对于我国新发展格局下实施创新驱动高质量发展战略具有借鉴意义。

日本作为亚洲率先迈向发达经济体的国家,其产业政策被认为是支撑

① 本章内容根据以下作者关于产业(结构)政策的专著或文献整理而得:黄群慧等(2015),汪同三和齐建国(1996),芮明杰(2005),夏锦文和章仁俊(2006),方金淼(2008),马晓河等(2009),张泽一(2009、2010),陈瑾玫(2011),赵英和倪月菊(2012)以及赵嘉辉(2013)。

其高速发展的重要手段和工具，具有典型代表性。韩国历史上是一个贫穷的农业国，20 世纪 60 年代开始通过承接西方发达国家的产业转移，发展劳动密集型产业，实现经济迅速发展以及产业结构转型升级，成为亚洲最为发达的经济体之一，是亚洲四小龙的典型代表。借鉴日本和韩国产业政策历史经验的重要原因还有：第一，日本和韩国对产业政策的运用均是从最初的"政府主导型"逐渐转向"市场主导型"，从直接干预微观经济到积极改善市场环境和增进市场功能，都注重促进中小企业发展，与中国产业政策的历史演进相似。第二，中国目前正处于工业化后期阶段，日本和韩国则均已进入"后工业化"时期，中国的工业化进程恰好滞后其一个发展阶段，正如马克思指出的，"工业较发达的国家向工业不发达国家所显示的，只是后者未来的景象"①。

考察美国、日本和韩国工业化中后期产业政策，可以为中国当前工业化发展阶段的产业政策的制定和实施提供经验启示，分析其当前产业政策实践可以为中国新发展格局下新兴产业发展方向的确定提供参考依据。美国、日本和韩国分别于 20 世纪 80 年代、20 世纪末和 21 世纪初相继完成工业化进程，上述时间节点之前一段时间为工业化中后期阶段，其后至今为当前阶段。因此，下文分"工业化中后期"及"当前"两个发展阶段分析以上各国产业政策实践及其对中国的启示。

第一节　中国产业政策演变及特点

一、中国产业政策历史考察

改革开放可以作为中国产业政策运用阶段的分水岭。改革开放前中国实行高度集中的计划经济体制，产业政策尚未正式登上历史舞台，中央通过在历次"五年规划"中明确产业发展方向和目标而引导产业结构变动。改革开放后中国由计划经济体制向市场经济体制转轨，20 世纪 80 年代中期开始，政府开始制定和实施产业政策以推动产业结构变动和产业发展。因此，下面分改革开放前和改革开放后两大阶段对中国产业政策进行历史考察。

① 转引自毕道村：《现代化起源：用复杂性科学解密西方世界的兴起》上卷，北京，人民出版社，2020 年，第 174 页。

（一）改革开放前中国产业政策历史考察

一定时期的产业政策是依据该时期的体制和战略而制定的，本小节分五个阶段对改革开放前中国的产业政策进行历史回顾。

1. 1952～1957年:优先发展重工业、建立完善的工业体系时期

中华人民共和国成立初期，经济十分落后，结构畸形，工业产值在工农业总产值中占比很低。当时国家的主要任务就是实现社会主义工业化，使中国由落后的农业国变为先进的工业国。因此，中国借鉴苏联成功运用计划经济体制发展经济的经验，在中国建立并优先发展重工业，用重工业生产的生产资料逐步装备农业、轻工业和其他产业部门，使这些产业部门逐步转移到机器大生产的轨道上来，逐步建立独立、完整的工业体系和国民经济体系。在这样的指导思想下，中央决定在“一五”时期以重工业为主，轻工业为辅。同时为了保证重点建设，国家采取了集中管理的措施，即在物资、人员管理等方面由中央政府集中管理，地方政府和企业逐步丧失了自主权。“一五”时期的产业政策取得了显著的成绩，农、轻、重比例及积累率等也处于较合理的水平，但以追求高速度的粗放发展为主，以重工业为突出重点，以实现经济自给自足为目标的经济发展战略及相应的集中管理体制，为以后产生“大跃进”等政策埋下了隐患。

2. 1958～1960年:“大跃进”时期

1958年5月，党中央召开“八大”二次会议，号召“破除迷信，解放思想”，争取提前赶超英美，并选择钢产量作为赶超英美的主要比较指标，提出当年生产1070万吨钢的奋斗目标。为了实现这一不切实际的目标，中央采取一切措施保证钢铁生产，包括不断追加基础建设投资，大搞群众运动，“砸锅卖铁”，大办土高炉。3年“大跃进”导致国民经济各部门的比例关系严重失调，由此党中央开始对国民经济进行大规模调整。

3. 1961～1965年:国民经济调整期

这一阶段中国与苏联关系彻底破裂，西方国家对中国继续实行经济、技术封锁，中央决定采取措施调整国民经济，这些措施是:(1)降低工业发展速度，大力压缩基本建设投资;(2)努力促进国民经济薄弱环节的发展，在燃料、电力的分配上优先保证轻工业生产的需要;(3)对亏损企业进行“关、停、并、转”，改善工业内部结构。经过这一轮调整，工业发展速度和基本建设投资规模大大下降，煤炭、石油、化肥等短线产品在“并、转”中得到了充实和加强;农业生产逐步恢复，人民生活水平有了提高。但由于工业生产规模下降，这一时期国内生产总值年平均增长率为－0.17%，出现了负增长。

4. 1966～1975 年:“文化大革命”时期

1966 年,“文化大革命”开始,经济建设受到很大冲击。在“三五”(1966～1970 年)和“四五”(1971～1975 年)时期,执行重点发展重工业的产业政策,有两条政策在这一阶段比较稳定地对产业结构产生了作用:一是加快发展“三线”建设的政策;二是发展地方“五小”工业①的政策。

5. 1976～1978 年:粉碎“四人帮”后

1976 年,“四人帮”被打倒,“文化大革命”结束,但是经济体制并没有马上转变过来。1977 年,党中央提出了脱离中国国力和国情的产业结构发展目标:中国要在 1980 年基本实现农业机械化,建设 10 个大庆油田,使中国原油年产量达到 3 万～5 万吨。由于当时中国的基本国力还很弱,只好利用大量进口来支持这一目标的实现。大量的进口又造成了外汇供需严重失衡。因此,这一阶段中国的产业结构不仅没有向好的方向发展,反而加剧了总供给和总需求失衡的矛盾。

(二)改革开放后中国产业政策历史考察

20 世纪 80 年代以来,中国开始制定并实施转轨市场经济条件下的产业政策,在其中明确政府鼓励、限制和禁止发展的产业目录,并实施具体的产业政策手段以促进产业结构调整目标的实现。在不同的历史时期,根据产业结构调整的重点和方向不同,在政府“五年规划”或产业政策文件中确定了产业政策目标和方向。本小节将改革开放以来中国产业政策的历史演变分三个阶段进行阐述。

1. 1978～1989 年:产业政策重在解决农、轻、重比例严重失调

改革开放前夕,中国农、轻、重之间比例严重失衡,生活消费品全面短缺。为了解决这一问题,1978 年国家公布了《中共中央关于加快工业发展若干问题的决定(草案)》。这一时期在“调整、改革、整顿、提高”八字方针的指导下,政府重点扶持能源交通等基础部门的发展。“七五”时期,中央进一步提出以消费需求结构及其变化为导向,以缓解“瓶颈”产业制约为目标,选择并扶持主导产业发展,限制扩张过度行业增长。

在此期间,三次产业比例关系逐步趋于协调;优先发展战略和强劲的需求释放了轻工业的潜力,使其得到突飞猛进的发展。但是促进“短线”基础设施和基础产业发展,限制“长线”加工工业发展的政策效果不明显。这一时期末,中国三次产业结构失衡问题并未得到根本改变。

① “五小”工业一般指小钢铁、小煤矿、小机械、小水泥、小化肥五种工业企业。

2. 1989～1999 年:开始明确探索制定和运用产业政策

进入 20 世纪 90 年代,随着社会主义市场机制的逐步确定,中央以转变经济增长方式,促进产业升级和资源优化配置为目标,开始明确探索制定和运用产业政策。

1989 年,国家颁布了《国务院关于当前产业政策要点的决定》,第一次在政府文件中明确提到产业政策。

1994 年,国家颁布《90 年代国家产业政策纲要》(以下简称《纲要》),这成为产业结构调整的总纲。《纲要》明确了 20 世纪 90 年代国家重点发展和扶持的产业和支柱产业,成为制定其他经济政策和专项产业政策的重要依据。虽然《纲要》并未明确冠名以产业政策,但该政策有选择地支持某些产业优先发展,已经明显具有产业政策的特点。

1997 年,国家颁布《当前国家重点鼓励发展的产业、产品和技术目录》,同时还颁布了《淘汰落后生产能力、工艺和产品的目录》,明确国家产业发展的重点和方向。

由此可见,20 世纪 90 年代以来,国家制定了比较规范的产业政策,对产业结构调整的目标和方向作出了较为明确的指引,产业结构发生了一系列显著变化。一是三次产业比例失调问题得到改善,工业内部轻重工业比例更加合理。二是结构升级取得一定进展,技术密集型产业的比重明显上升。三是在国家财政政策的推动下,基础设施建设取得明显进展,基础产业"瓶颈"制约有了很大改善。但是针对加工业调整的产业政策并未取得显著效果。

3. 21 世纪以来:产业政策的制定和运用逐步成熟

这一时期,新一轮重化工业高速增长带来的高污染和高能耗对中国资源和环境承载能力构成严重威胁。产业政策的主要目标是实现产业结构的优化升级。

2005 年,国务院颁布《关于发布实施〈促进产业结构调整暂行规定〉的决定》,国家发改委配套发布《产业结构调整指导目录》,明确了当前及今后一段时期中国产业结构调整的总体目标、总体原则、发展方向和发展重点。之后,国家还先后颁布了一系列总体产业政策和专项产业政策。

这一时期,国家行政命令式的产业政策已逐渐减少,市场机制作用日益凸显。在产业政策手段上,也逐步摒弃了原来的直接控制手段,转而采用诸如财政、金融、外贸等间接产业政策手段。

以上对中国改革开放后产业政策的历史回顾表明,随着中国经济体制逐步由计划经济向市场经济转变，产业政策更趋明确和具有操作性，政策取得了预期的效果。总体而言，中国产业政策既明确了产业的长远发展规划，又涉及具体产业部门的发展细则。中国的产业政策与财政政策、金融政策密切配合，有效促进了产业结构调整与产业发展壮大。

二、中国产业政策的主要特点

改革开放前，中国采取的是优先发展重工业，高速赶超英美的发展战略。产业政策就是在这样的发展战略背景下制定和执行的，其长期目标不明确，实现手段单一。产业组织和产业结构的变化是在封闭和落后的条件下实现的。

改革开放以来，随着市场化改革的推进，中国在产业政策的制定和运用上日趋成熟，由改革开放前单纯以重工业为发展重点的“倾斜式”产业政策转向根据不同时期市场供需状况及时调整的产业政策，产业政策手段由直接控制转为间接控制，手段形式也从单一的指令性计划走向财政、金融及外贸等多样化手段，更加尊重市场机制在产业结构变动中的基础性作用。然而，中国在产业政策制定和执行方面所面对的体制和市场环境与经济发达国家明显不同。

首先，中国的市场经济体制不完善，改革开放初期不乏计划经济的成分，这会导致政府更多采用直接干预的产业政策手段。

其次，产业政策实施对象和制定主体具有复杂性。一来，中国产业政策实施对象是含多种所有制经济成分的企业，既包括国有经济成分，也包括集体、个体和外资等多种经济成分。政策制定和执行更具复杂性。二来，地方政府作为地方产业政策的制定和实施主体，对产业发展确定的不同目标，也会使参与主体之间的博弈更趋复杂。

最后，中国在国际贸易与分工中处于特殊地位。当前，国际经济环境日趋复杂，国外贸易保护倾向不断加重，产业政策在促进产业技术升级和实现产业赶超方面很难取得立竿见影的效果。

第二节　美国产业政策实践及启示

一、工业化中后期美国产业政策及对中国的启示

(一)工业化中后期美国产业政策实践

在工业化中后期,美国政府牢牢牵住技术创新这个“牛鼻子”,将研发资助、低息贷款、贷款担保、政府采购等产业政策手段结合起来,纠正市场失灵,促进产业技术创新。美国政府与制造业企业的关系从“保护市场,放任竞争”转向“公私合作,协同创新”,其促进工业发展的政策体系也从利用关税来保护国内市场转移至通过鼓励创新来创造市场。具体而言,美国政府促进工业发展的政策主要体现在以下方面:

第一,为信息通信技术(ICT)、生物技术和先进材料三类核心通用技术提供持续的高强度研发投资。通用技术具有很强的外部性,单纯依靠市场激励私人部门提供通用技术,就会出现供给不足的现象。因此,美国政府一直以来都在以直接或间接的方式对其研发进行大规模投资,尽可能使通用技术的供给趋近均衡水平。

第二,每年支出数亿美元支持中期性的应用型研究跨越成果转化的“死亡之谷”。应用研究作为研发的第二个阶段,投入严重不足,被称为成果转化的“死亡之谷”。美国联邦政府于1990年实施先进技术计划,出资支持中期性的应用性研究成果,从信息通信技术、生物技术、先进材料等外溢性最强的技术领域遴选有一定风险,能够解决产业界重点问题,并且蕴含较大国民经济效益潜力的技术进行重点支持。

第三,每年花费数十亿美元支持小企业开展技术研究以激发产业界创新活力。进入工业化中后期,新兴产业是推动制造业持续发展的重要力量。在技术前沿地带,小企业比大企业有更强的创新冲动,但苦于资金短缺无法将其想法落到实处。基于此,美国政府推出一系列小企业资助计划,为小企业提供资金以支持其创新活动。

第四,通过立法促进大学等研究机构的科技成果转化。为了将美国在科学技术领域的领先优势转化为技术优势和产业竞争优势,政府通过了《专利和商标法修正案》,把政府资助的研发成果的所有权从政府手中转移到与政府签订合同或授权协议的大学、非营利性研究机构和小企业手中,极大地

促进了美国大学等学术机构的科技成果转化。

第五,对新兴技术产品实行政府采购以促进先进技术突破。在技术研发和产业化过程中会面临很大的不确定性。对于私人部门而言,这些不确定性会对其生产投资产生负面影响。美国政府扮演新技术的终端消费者,为新技术创造市场需求。

(二)工业化中后期美国产业政策对中国的启示

美国政府在工业化中后期的产业政策实践表明,尽管市场机制在工业部门的资源配置中发挥着决定性作用,但政府的作用依然不可或缺。这对我国产业政策的制定和实施具有三方面启示。

第一,围绕创新链配置稀缺的政策资源。工业化中后期工业发展的主要驱动力是创新,然而由于创新结果的不确定性和创新收益的外溢性,需要政府采取产业政策纠正市场在创新资源配置中的失灵。因此,中国可借鉴美国的成功经验,围绕"基础研究→应用研究→开发研究→产业化"这一链条,合理配置各种创新资源,在市场机制难以发挥作用的领域,以产业政策驱动我国工业的创新能力提升。

第二,通过政府采购促进领先市场形成。美国经验表明,稳定增长的国内市场是助推新兴高技术产业发展的"无价之宝",通过政府采购促进新兴市场的形成,对于先进技术产业化至关重要。新技术产业化有失败的风险,对于中国这个有着巨大市场潜力的大国,更应该在政府采购中建立合理的容错机制,进而推动新技术产业化和新兴产业发展。

第三,重视科技型中小企业的创新活力。美国的实践表明,在以创新驱动为主要特征的工业化中后期,创新活力更强的科技型中小企业应该成为政府支持的重点。当前,我国正处于工业化后期阶段,政府通过建立公共技术支持平台,一方面为中小企业开展技术创新提供场地、仪器设备、技术人才等支持,另一方面为其技术创新提供设计、信息、研发、试验、新技术推广、技术培训等全方位服务。

二、当前美国产业政策及对中国的启示

(一)当前美国产业政策实践

2008 年金融危机后,美国政府相继推出一系列产业政策,鼓励投资制造业,推动制造业回流。美国产业政策措施呈现出一些新的动态。

第一,美国工业化的基本思路是立法和设立专职机构推进。美国围绕"制造业复兴"展开的一系列经济战略部署总体上可以概括为"构筑新的优

势,巩固既有优势,消除不利因素,创造有利环境”。美国政府一方面协调各部门并通过立法进行总体规划;另一方面,为了保障政策落实,设立一系列专门的机构或工作组。其产业政策实施的基本思路不是通过财政、金融等措施直接“帮扶”特定的企业,而是致力于构建可持续的政策框架和完备的服务体系,以营造有利于企业发展的商业环境。

第二,实行“先进制造业伙伴计划”等政府专项计划。美国政府提出“先进制造业伙伴计划”,提倡汇聚政府、高校和企业的各类资源,集中全美力量扶持先进制造业的发展,以实现技术革命性突破和产业竞争力提升。

第三,加大财政预算支持力度,设立专项扶持性基金促进制造业创新。美国政府以专项基金投资建立制造业技术研究中心,支持尖端技术研制和全国创新技术网络形成,从生产、研发和销售各个环节扶持制造业发展。

第四,以制造业基础设施建设投资促进制造业创新体系形成。美国政府意识到发展先进制造业离不开完善的基础设施,高度重视制造业基础设施建设;各级政府在基础设施建设上与企业密切合作,引导企业进入政府重点发展行业。

第五,着力提高劳动力技能,加大制造业培训力度。为了给先进制造业提供合格的劳动力,美国政府对劳动力教育和培训力度不断加大。依托政府基金和项目小组,美国政府联合高等院校、研究所与大型企业等相关机构,针对先进制造业的基础知识和相关技术设立培训课程,以培养出先进制造业所需人才。

(二)当前美国产业政策对中国的启示

美国当前的“再工业化”战略充分表明,必须大力发展制造业尤其是高端制造业,具体有以下几点启示:

第一,构建“中国先进制造合作计划”,大力发展合作创新。美国的“先进制造伙伴计划”号召通过政府、行业和学术界的合作,提高美国在全球的竞争力,已成为美国研发和推广新技术的重要模式,值得中国效仿。目前,中国地方政府和国家科技管理部门大力扶持“技术联盟”这种技术创新组织形式。然而,无论是理论还是实践都表明,合作研发这种以“双边合作”为主的形式,要较“技术联盟”这种“多主体参与、多边合作”为主的形式更加有效。因此,建议设立“中国先进制造合作项目”,为符合我国产业规划和政策重点扶持的技术研发、产品工程化、投资、市场等领域的合作项目提供资助。在合作项目下建设“中国先进制造业技术与产业合作网”,为各类主体之间自愿的市场化合作提供技术和市场信息。

第二，设立制造业专项扶持性基金，加大财政预算与政府采购力度。美国政府依托制造业专项基金，形成从技术研发到商业化推广的良性循环模式。面对当前国内外日益严峻的竞争环境，中国在用产业政策推动高端制造业发展时，充足的资金投入必不可少。为此，黄群慧认为重点是设立技术研发基金、专项推广应用基金、新兴产业产品质量提升专项基金和产学研服务基金。

第三，重视能够支撑制造业创新的通用技术发展。美国制造业复兴计划的基本逻辑不是突破部门的少数共性技术来带动行业的整体技术突破，而是通过大力扶持可以广泛适用于其他产业和技术的“通用技术”，来促进制造业的整体繁荣和持续创新。这与当前我国政府重视“共性技术”的发展存在一定差异。建议规范目前我国政府部门的“共性技术”政策用语以及与共性技术相关的政策措施，提高国家科技资金的使用效率，同时借鉴美国大力发展生物、新材料等“通用技术”的经验，加大对通用技术而不仅仅是共性技术的扶持力度。

第四，投资和扶持中小企业，使其成为制造业发展的中坚力量。美国高度重视小企业在“再工业化”中的重要作用，重点扶持小企业的发展。中国外贸企业中90%以上为中小企业，小企业具有很强的发明创造能力，而部分大型企业又存在大而不强、自主创新能力弱、管理落后等问题，因而我们应立足本国国情并借鉴美国经验，整合大、中、小企业的力量，并重点加大对中小企业的投资和扶持。具体可以从以下几方面努力：第一，鼓励制造业龙头企业跨行业并购，形成规模经济效益；第二，加大对中小企业的投资；第三，拓宽中小企业的融资渠道。

第三节　日本产业政策实践及启示

一、工业化中后期日本产业政策及对中国的启示

（一）工业化中后期日本产业政策实践

日本在工业化进程中实施了强有力的产业政策，并配合政策目标实施了财政政策与货币政策手段。

第一，日本促进工业发展的基本政策思路。“二战”结束后日本产业政策的成功经验，主要是确定主导产业并对其进行扶植以带动整个国民经济

增长。政府编制长期经济计划，确定政府工作目标和政策重点，并以此吸引民间资本，促进资本形成，支持产业的发展。日本的财政政策和货币政策围绕产业政策目标，直接或间接地为国家确定的主导产业的发展提供支持与服务，以满足经济发展的需要。

第二，通过支持主导产业带动产业结构调整。日本政府通过产业政策和经济计划指导经济活动，特别是对企业决策进行强有力的干预和引导，并依靠财政、金融、税收等经济手段对经济活动进行有效的宏观调控。“二战”结束后日本产业政策经历了四个阶段：一是经济复兴时期（1945～1960年），日本制定了以复兴经济和实现自立为主要目标的产业政策。先是推行倾斜生产方式，后来以“集中生产方式”取代“倾斜生产方式”，促进产业合理化。二是高速增长时期（1961～1973年），产业政策重点是重化学工业化。三是多样化时期（1974年至20世纪80年代中期），尖端技术产业政策是这一时期政府干预市场的重点。四是面向新世纪时期（20世纪80年代中期至今），日本政府发表了“面向21世纪产业社会长期设想”，提出对外实现“国际水平分工”和对内实现“知识融合化”。20世纪90年代以后日本提出了“创造性知识密集型”产业政策。

第三，运用资金补贴、税收优惠政策等经济杠杆促进产业政策的实施。日本产业政策实施充分利用了财政和货币政策手段，而其中运用较多的是财政政策中的资金补贴政策和税收优惠政策。资金补贴主要分为三类：针对主导产业的资金补贴政策，针对技术研发的资金补贴政策和针对中小企业的资金补贴政策。税收优惠政策主要有减免税制度和加速折旧制度。

第四，培育未来产业，重视下一代产业基础技术研究开发。日本在20世纪70年代提出知识密集型产业政策，促进产业结构由重化学工业转为知识密集型工业。在新世纪，日本从国家战略高度，把半导体、生物工程等15个经济增长新领域发展纳入产业政策框架。

第五，构建合作创新的产业集群。近年来，日本政府推行的新一轮增强国家技术竞争力的政策中非常重要的两点是知识集群政策和产业集群政策，其目的是要广泛构建“产学官”合作创新环境，加速技术转移和技术创新。

第六，技术引进与自主技术开发并重的创新政策。日本的产业技术政策包括技术引进政策和研究开发政策。20世纪50年代开始，日本通过鼓励引进和消化国外先进技术，促使本国技术水平大幅提高。日本产业结构演进中主导产业部门不断转换，技术引进和发展的主流也跟着相应变化。

20世纪60年代以后，日本转向以自主研发为主的产业技术政策，有效地利用了世界科技革命的成果，采取了科学的措施有计划、有步骤地推进研究工作，促进了经济持续增长和科技进步。

第七，完善中小企业创新服务体系。中小企业是日本经济的基石，日本政府历来重视扶植中小企业。“二战”结束后的50年间相继出台了30多部有关中小企业的法律法规，形成了完备的政策体系。1998年更是出台了中小企业创新研究制度。该制度是指从国家科学研究基金中划拨经费，为中小企业进行可行性研究、开发性研究和事业化研究提供补助金。

（二）工业化中后期日本产业政策对中国的启示

日本产业政策体现了政府干预与市场机制的有效结合，且总体上是依靠市场机制和企业自身活力来推动产业发展的，它带给我们的启示有以下几个方面：

第一，培育未来新兴主导产业，引导产业结构优化升级。日本政府依据每个时期的经济发展目标和有关产业在产业体系中的地位及作用来确定重点发展的产业，并且实施各种产业政策手段将资源导向重点产业以扶持其发展，促进产业结构的合理化和高效化。中国目前正处于工业化中后期阶段，应该及时将产业发展的重点从传统的出口导向的加工工业转向未来新兴的主导产业，比如装备制造业和高科技产业。

第二，以财政、金融政策为手段，提升产业政策效果。日本一贯以财政和金融政策手段引导产业结构向合理化和高效化方向转化，并保证在市场机制作用下最大限度地激发企业活力。中国过去的产业政策习惯依赖行政命令，这不利于发挥企业自主性，可以借鉴日本的做法，逐渐转向财政或金融等间接产业政策手段。

第三，以集群政策推动技术创新和管理创新发展。产业政策的重点是建立技术创新和推广的合作机制，促进各类产业主体在技术创新和产业化方面实现合作，并且形成风险共担和优势互补机制。合作有利于创新，日本政府采用知识集群和产业集群这种合作创新的组织形式和机制，把与创新有关的企业、大学、科研机构、技术机构、政府机构都纳入进来，形成多方位的创新合作关系，取得了一批有独创性的科研成果。相比之下，中国产业集群发展存在“重集聚、轻联合”的特点，应该充分借鉴日本的成功经验，发挥集群在合作创新方面的积极作用。

第四，完善产学官一体化合作创新科研体制。日本坚持推行“产学官”一体化发展，充分发挥合作创新的优势。我国当前实施创新驱动发展战略，也应借鉴日本的经验,政府加大对创新的资金和技术投入,企业加快步伐进行技术创新和消化吸收,高校和科研团体协助企业巩固好技术,建立产学官一体化科研体制,打好关键核心技术攻坚战,提高创新链整体效能。

第五,加强援助体系建设,加大对中小企业的扶持力度。中小企业技术创新蕴藏着极大的可能性,在环境保护、信息技术等领域大有用武之地,必须完善中小企业创新政策体系。日本政府除了对中小企业减免税收外,还设置了负责中小企业融资的金融机构,并且建立研究开发补助金制度,从企业经营到研发全方位扶持中小企业。借鉴日本经验,中国也可以建立“中小企业技术革新制度”,对中小企业展开经营援助、金融援助以及提供咨询与信息服务,充分发挥中小企业在技术创新中的作用。

二、当前日本产业政策及对中国的启示

(一)当前日本产业政策实践

日本当前产业政策重在将资源向制造业倾斜,打造具有国际竞争力的制造基地,努力提高制造业的附加值和生产率。

第一,日本促进制造业发展的动因。日本近年来培育战略新兴产业和增强国内制造基础的动因有两方面:一是为了驱动经济增长,增强国家竞争力;二是为了抢占新一轮技术和工业革命的制高点。

第二,日本促进制造业发展的基本思路。在宏观层面,通过增强国内制造基础、培育战略新兴产业、改善投资环境、培育新的出口企业,提高本国制造业的竞争力;在微观层面,通过支持新一代技术、基础共性技术的开发,推进产业化合作和产业人才培养,支援企业提升盈利能力。

第三,日本促进制造业发展的主要产业政策手段和措施。一是运用税收优惠与租赁补贴等产业政策手段为企业设备投资提供资助;二是为企业技术研发投资提供税收减免;三是设立国家项目,在以 3D 打印为代表的制造技术领域开展核心技术攻关;四是从研发、投资到产业化各个环节,借助各种政策手段支持战略新兴产业发展壮大;五是为促进新技术普及和产业化,构建通用技术开发与应用平台;六是在产业人才培养中注重提高企业积极性和发挥公共机构的作用。

(二)当前日本产业政策对中国的启示

在新一轮科技革命的推动下,大力促进制造业发展从战略上看是完全有必要的。日本当前促进制造业发展的政策动向也表明,日本把增强国内制造基础作为政策重点,加快了制造业技术升级和结构转型的进程。中国

应密切关注日本制造业产业政策扶持方向，结合本国国情积极采取应对措施以增强中国制造业的国际竞争力。从日本当前产业政策实践中可以得出六点启示：

第一，积极引导企业进行技术升级。当前日本把国内工厂定位为高附加值产品的制造基地，将国外工厂定位为技术相对陈旧的通用产品生产基地。日本产业政策的重点和资源配置也随之发生变化，更多地集中在对国内企业制造能力的提升方面，通过各种措施促进先进装备、先进工艺、先进管理方法的运用与普及。日本对国内制造基础的重视，是以未来国际竞争格局为目标的战略调整。中国制造业和日本制造业有着密切联系，日本的战略调整必将影响中国制造业在国际分工体系中的比较优势与地位。我们应把握制造业新技术的国际新态势，积极采取政策措施鼓励中国企业从日本引进先进技术。在此基础上，为了促进中国企业开展技术升级，政府应该设立国家专项基金以扶持关键技术研发与产业化。

第二，运用减税、补贴等多种手段支持企业自主开发。日本产业政策的基本立场是：关键技术和设备要自主开发、自主制造和自主供应，坚持以维持、强化技术与设备的优势地位来提高竞争力。日本的研发经费在国内生产总值中的比重长期位于世界前列。反观我国，虽然已成为世界第二大经济体，但工业技术的国际地位却与经济规模不甚相配。我国应借鉴日本的经验，将减税、补助和租赁补贴相结合，积极支持制造业企业进行设备投资与研发投入，扩大企业研究开发税收优惠政策的范围，让所有制造企业都能从技术革新中得到优惠。特别要对最有创新活力的中小企业给予优惠，支持其参与技术开发，提高制造业的整体技术竞争力。

第三，达成多方共识以提升产业政策效果。日本对制造业的发展不仅有长期计划，更有每年的计划，还有具体的应对措施，得到企业的响应。与此同时，汇聚多方共识的产业政策决策与实施机制也大大提升了实施效果。日本在制定具体产业政策时非常注重广集社会智慧，提高产业政策的动态性。具体做法有：按照政策重点设置若干小委员会，专门负责该领域的政策制定与评价；组建各种研究会，为调整政策和制定新政策提供参谋；政策实施过程中，重视部门之间、部门与企业间的协调。日本的这些做法非常值得中国借鉴。中国在进行技术战略决策时，应加强吸收第一线研究人员、企业经营者的意见，把技术的新动态反映到政策中来，克服技术盲点。产业政策的决策部门和其他部门应共享信息，在基础研发项目和产业化项目之间进行政策衔接。

第四,支持合作型技术开发以加快技术应用推广。多主体参与的合作型技术开发不仅有利于吸取更广泛的智慧,还有利于研究成果的应用推广。日本设立很多补助金,都明确表明提供给企业联合体、产学联合体、“产学官”联合体。日本通过合作形式已开发出不少世界一流技术,合作型技术开发所产生的影响也非常巨大而广泛。中国应进一步重视以产业化为目标、涵盖产业链各方组织的合作型开发,用政策诱导技术智慧汇聚,使国家资源得到有效利用,加快技术的开发、应用和推广。

第五,提高国家资源的配置效率。日本利用国家财政资金推进产业政策的手法有两种:一是减税,为引进先进设备、改造生产线降低成本;二是发放补助金,为开发基础技术及下一代关键技术、培养高技能人才、投资新技术普及所需要的基础设施提供资金补助。目前中国较多使用补助金政策,但减税政策比较少。中国可以借鉴日本的做法,采取两种措施提高国家资源的配置效率:一是更多运用减税手段,这种手段既能保证国家资源真正用到政策目标上,还有利于减少行政成本;二是规范补助金的过程管理,公开申请、审查、批准及评价等信息,提高公平透明程度。

第六,完善产业人才培训补助办法。日本投入大量资源用于培养各层次技术人才尤其是高技能人才。国家直接将培训补助资金划拨给企业或者企业、行业团体、大学等教育机构的“联合体”。日本依据透明与公平的原则使用国家财政资金为企业提供培训补助。中国应借鉴日本这方面的做法,努力完善培训补助办法,公开、公正、公平地为企业培训、企业与教育机构合作办学以及个人学习提供补助,培养产业技术技能人才,促进中国制造业可持续发展。

第四节　韩国产业政策实践及启示

一、工业化中后期韩国产业政策及对中国的启示

(一)工业化中后期韩国产业政策实践

工业化中后期韩国产业政策的基本思路大致可以归纳为三点:第一,合理界定政府与市场边界,只要是市场能发挥作用的地方都要避免政府干预;第二,推行出口导向型政策,采用经济手段加速推进产业结构高级化和制造业结构调整与转型升级;第三,鼓励创新,发展高技术产业成为产业政策的

重中之重。具体政策措施如下：

第一，结合国情合理选择优先发展的重点产业。20 世纪 80 年代开始，韩国政府确定高科技产业为新时期的发展重心，以本国的产业结构为基础，结合自身经济发展的阶段特点，选择 11 类产业为其重点发展的产业，其中包括尖端电子信息产业、半导体产业等。

第二，全面投入、大力支持产业技术创新。韩国政府支持产业技术的研发与创新的具体举措有三个：一是政府加大在基础科学与技术研发方面的资金投入。科技研发费用占国内生产总值的比重由 1989 年的 2.1%急速上升到世界先进国家水平，即 1996 年的 3.4%。设立高科技领域的国家重大课题，用于引导高技术领域的产学研合作研究。二是从税收及融资方面加以支持。对特定高技术设备投资予以税收减免以及进口关税减免，鼓励企业在发达国家设立研发机构。三是完善政府产业技术研发扶持制度。提高长期综合计划的制定水平，加强对计划实施的评估，并建立评估制度。

第三，针对中小企业设立多种专项基金，全方位扶持其发展。20 世纪 80 年代开始，韩国政府逐渐意识到中小企业是产业技术创新的重要力量，支持中小企业创新和发展，有利于增强经济活力和提高国家竞争力。因此，韩国政府出台了《中小企业支援法》等一系列支持中小企业的政策法规，为中小企业发展提供财税、金融资金支持。

第四，一贯高度重视产业技术人才的培养。韩国政府在产业技术人才培养方面采取两方面的措施：一是积极支持企业进行在职员工培训，培养技术工人；二是加大投入力度，支持高科技人才培养。为确保产业技术人才培养工作顺利开展，韩国政府根据产业和社会发展不同阶段对人才的不同需求，相应制定了支持人才培养工作的政策措施。

第五，政府全方位支持信息产业发展。韩国政府对信息产业的支持取得了巨大成功，推动其信息产业占据了世界领先地位。韩国政府在政策制定过程中不断与企业良性互动，推出了众多行之有效的产业创新发展战略和扶持政策措施。韩国政府促进信息产业发展的具体经验体现在三个方面。首先，韩国政府将信息产业发展置于极高的战略地位，先后颁布了一系列扶持信息产业的政策措施。其次，政府从财政上进行大力支持。最后，政府与企业互动良好，政府及时根据市场与企业创新情况优化调整政策。

（二）工业化中后期韩国产业政策对中国的启示

第一，适时调整产业政策取向与政策工具选择。韩国产业组织政策在 20 世纪 80 年代的转变提醒我们：政府实施产业政策必须与市场机制相结合,一方面增进市场的功能,另一方面在市场难以有效发挥作用的公共领域弥补市场缺陷。在经济发展初期,市场发育很不完全,市场制度体系远未建立,此时政府一定程度上干预和替代市场具有一定合理性。但随着市场机制的逐步形成和完善,政府干预应该让位于市场,使市场更充分地发挥作用。政府在产业政策手段的选择和实施上,更多以诱导型手段替代审批限制类手段,更多为产业发展创造良好的外部环境,更少去替代市场选择技术路线和发展方向。

第二,政企良好互动,及时调整与优化产业政策。韩国政府在三星电子选择了与当时产业政策方向不相符合的动态随机存取存储器(DRAM)为中心的半导体产业结构时,采取了沟通交流和支持的态度,并及时调整了产业政策。韩国这种不限制企业创新的方向,并充分与企业、产业界交流,动态调整和优化政策,顺应市场的发展,更注重为企业创新创造良好外部环境的做法,值得中国借鉴。中国政府在产业政策制定、实施过程中,应与企业良好互动,顺应市场与企业的选择。

第三,加大力度支持信息产业发展。新一代信息技术是推动新科技革命和技术变革的重要力量。韩国的信息产业快速发展以及在部分领域实现突破,与政府创造良好的外部环境以及不断根据情况的变化优化和调整政策密不可分。中国正处于信息产业发展和"两化"融合发展的重要时期,同时,迎接新一轮工业革命急需中国在信息技术与产业发展方面取得突破,政府应该加大资金投入力度扶持信息产业发展,特别是重视基础研究,为信息产业的技术创新和发展提供良好的外部环境。

第四,完善职业教育体制,大力培养产业技术人才。韩国制造业成功的重要法宝是重视产业技术工人和高级科技人才的培养。当前严重制约中国制造业转型升级的瓶颈是人力资源的匮乏,从先进制造技术研发人才到知识型员工以及产业技术工人的供给都严重不足。因而,为配合制造业强国战略,必须制定和完善人力资源政策,以培养不同层次的高素质人才。具体举措如下:一是建立完备的职业教育体系;二是加大投入力度,支持产业科技人才的培养;三是职业教育和高等教育紧密结合,培养实用型创新人才。

第五,加大资金投入,扶持中小企业发展。可以借鉴韩国模式,国家层面设立政策性基金,以借款形式为银行提供资金,银行将其用于中小企业贷款;地方政府也可成立类似于"地方中小企业培育基金"的专项基金,为中小企业提供融资支持。此外,还应设立用于中小企业人才培训、研究开发、信息收集、宣传销售等方面资助的专项基金。

二、当前韩国产业政策及对中国的启示

(一)当前韩国产业政策实践

当前韩国产业政策以实现"优质经济增长"为目标,主要措施如下:

第一,由传统的电子信息产业转向扶持新增长动力产业。韩国选定绿色技术产业领域、高科技融合产业领域和高附加值服务产业领域作为代表未来产业发展方向的新兴产业,并将其产业发展重点由原来传统的电子信息产业转向新增长动力产业。

第二,以高附加值化进一步提升支柱产业的国际竞争力。韩国的支柱产业仅靠价格竞争力已难以在激烈的国际竞争中占据优势。为了提高支柱产业附加值进而增强其国际竞争力,韩国政府大力推进信息技术和传统支柱产业相融合。

第三,以低碳绿色增长战略加快产业转型升级。1998 年和 2008 年两次金融危机促使韩国政府采取低碳绿色增长战略,以促进韩国产业转型升级。韩国政府制定了一系列的法律法规,明确低碳绿色增长的短期和长期目标,并加大了绿色经济方面的相应投资。

第四,由过去的扶持大企业转向重视中小企业。当前韩国政府对中小企业的帮扶政策主要包括:一是以立法支持中小企业发展;二是加强对中小企业发展的金融支持;三是加大对中小企业技术创新的支持力度;四是强化对中小企业发展的人才支持;五是扩大对中小企业市场开拓的支持。

第五,以核心、原创、基础技术开发支持"领先的创新者战略"。2007 年 9 月开始,为了支持产业技术政策从"快速跟随者战略"向"领先的创新者战略"转变,韩国政府将原创和核心基础技术的开发作为韩国产业技术政策的重点方向,加大对核心、原创、基础技术开发的支持力度。

第六,在全球范围内推动基于双多边贸易与合作的资源整合与利用。为了应对国内资源相对贫乏和内需相对有限的问题,韩国政府采取开放型发展模式,积极开拓海外市场,加强通商合作,在全球范围内整合利用资源并布局产业。韩国政府推动基于双多边贸易与合作的资源整合与利用的具体举措有:其一,构建"全球自由贸易协定(FTA)网络",与多个国家签订自由贸易协定。自由贸易协定的签订不仅扩大了韩国的贸易规模,降低了进口商品价格,也促进了国内企业国际竞争力的提升。其二,伴随着世界自由贸易协定发展的新变化,即由原来的双边自由贸易协定迅速转变成多边自由贸易协定,韩国政府积极参与双多边贸易谈判,并且在合作领域和合作

策略的确定上因不同国家和地区的不同特点而异。

第七,采取政府扶持性基金(资金)引导产业发展方向和路径。在众多产业政策工具中,韩国政府比较重视通过扶持性基金实现对产业发展方向和路径的引导。当前韩国产业政策目标是多元的,具体包括鼓励新增长动力产业发展,支持支柱产业高附加值化,引导企业实施低碳绿色发展模式,扶持中小企业发展,支持核心、原创、基础技术开发以及实现产业全球资源整合布局。韩国政府针对这些产业政策目标都设立了相应的扶持资金,这些基金(资金)扶持对于政策目标的实现起到极其重要的保障作用。

(二)当前韩国产业政策对中国的启示

韩国政府当前在产业结构、产业组织、产业技术和产业布局方面的许多思路与做法值得中国学习与借鉴,主要启示包括:在加快发展战略性新兴产业的同时,注重对传统支柱产业的改造升级,避免国家支柱产业的断层和断档;按照阶段性、统筹性、导向性和协调性原则,实施战略性新兴产业发展的促进政策;对中小企业发展提供实质性的支持,特别是要为中小企业发展创造良好的环境和提供到位的公共服务;注重对核心、原创和基础技术的开发,积极实施面向下一代技术的示范工程,重视从需求侧促进先进技术创新。

第一,协同推进新兴产业的优先发展与传统支柱产业的改造升级。按照前瞻性与务实性相结合的原则,韩国政府在推动产业结构的优化提升过程中,既着眼于抢占未来全球产业大分工中的战略高地,又充分重视保持和提升当前产业的国际竞争力。一方面,韩国政府将处于萌芽阶段的新兴产业作为积极发展的未来产业;另一方面,韩国政府通过技术革新,改造仍具有优势的传统支柱产业,提高国产化率和附加值。韩国的这些做法对于中国"调结构,促转型,提质量,增效益"具有重要的借鉴意义。

第二,新兴产业政策应注重阶段性、统筹性、导向性和协调性。为了培育和发展新增长动力产业,韩国政府制定了特点鲜明的产业政策,它的四个显著特点如下:一是阶段性,即强调根据产业发展的不同阶段,有针对性地制定和实施政策措施。二是统筹性,即统筹支持新兴领域发展的配套产业。三是导向性,即高度重视重点领域技术创新配套政策的设计和落实,以全面推进重点领域发展战略实施。四是协调性,即充分发挥民间和政府两种力量的作用推进战略实施。韩国的实践对中国新兴产业政策的制定和实施具有重要参考价值。

第三,重点为中小企业创造良好的发展环境和提供到位的公共服务。

韩国政府主要从两个方面着手重点扶持中小企业发展:一是创造公平甚至偏向中小企业的发展环境,二是构建完善的中小企业公共服务体系。在创造公平发展环境方面,韩国政府通过制定关于中小企业的法律法规,形成了完善的法律体系,构建起促进中小企业发展的共识和良好环境,切实保障和维护了中小企业的合法经营。在构建中小企业发展的公共服务体系方面,韩国政府成立了专门负责制定和实施中小企业发展计划和政策的中小企业厅,在创业、资本、人才等诸多方面为中小企业提供有效支持和全方位服务。

第四,以面向下一代技术的示范应用工程带动技术创新。为了支持核心原创技术的开发,进而推动韩国走在世界新技术开发的前列,韩国政府采取基于需求侧试点和示范应用工程的技术创新发展路径。

第五节　国际经验与中国产业政策调整

一、从国际经验看中国产业政策思路调整

(一)政策框架:加强长期的顶层战略设计

中国当前产业政策存在的突出问题有政出多门、政策缺乏连贯性、政策间协调不足等。为应对这些问题,提升产业政策效果,应当积极借鉴国际上产业政策制定和实施的先进经验,以适应全球制造业技术和产业发展趋势以及国内长期的经济社会发展需求为导向和目标,加强中国制造业发展战略的顶层政策设计,统筹整合各项具体的产业政策。以制造业十年以上的长期战略(如《中国制造业发展纲要(2015～2025)》)指导五年计划和产业专项规划的制定和实施,以五年规划和专项规划指导行动计划和其他产业政策。同时在充分借鉴美国、日本等国家经验的基础上,结合环境和内部资源动态变化的趋势,在调整长期战略和规划的具体内容的同时,注意保证长期战略和产业政策的连续性和动态性。

(二)加强科技基础设施和公共服务建设

完整的制造业技术创新体系应主要由研究型大学、综合性科研机构、专业科研机构、各级政府、中小企业和大型企业等主体构成。其中,政府的功能除了进行科研基础设施建设(如组织建设共性技术研发机构,推进技术标准的培育和形成,协调组织工程数据库建设)以外,还要综合运用税收和产业基金等政策工具动员社会资本参与新技术的示范应用项目,缩短新兴技

术的产业化周期。

二、中国产业政策的调整措施

美国、日本和韩国在促进制造业发展的过程中积累了大量丰富的经验。中国的制造业产业政策应当在尊重国内经济社会现实的前提下,充分借鉴和吸收这些国家的经验,不断丰富和完善本国的产业政策体系。

(一)加大核心技术和重大产业化项目的资金扶持力度

中国应借鉴美、日、韩等工业强国加速工业化进程的做法,积极利用政府资金对重点产业的关键技术研发和产业化进行扶持,特别是针对新一轮科技革命背景下自动化、智能化等新兴技术加强研发支持和产业化扶持。

(二)借鉴日本“母工厂”经验,大力发展精细制造

“母工厂”实践是日本企业全球制造业战略中最核心的内容之一,它承担着技术支援子工厂、开发试制新产品、推广应用先进制造技术和满足高端市场需求等战略功能。建议中国在重点制造业产业中遴选、培育和建设一批“现代工厂”,并以其为平台,在生产工艺中加快引入人工智能、数字制造、工业机器人等先进制造技术和制造工具,同时建设一支包含生产、管理、咨询和培训的管理服务专家队伍,为企业提供质量管理、现场管理、流程化等方面的指导和培训,切实提高中国制造业企业的生产与管理水平。

(三)应用示范进程中注重讲求实效,产业化进程中加强总体部署

应当充分借鉴美国、日本的经验,通过推动实施各领域的应用示范工程,积极推进高新技术领域的关键成熟技术和重大开发性技术的试点和产业化应用,大幅提升新技术产业化的效率和力度。

(四)汇聚各类产业主体的优势以完善创新网络

与全球产业技术融合的发展背景相适应,产业政策也应以积极促进各类产业主体在技术创新和产业化方面的合作为核心目标,以实现各类产业主体风险共担和优势互补。建议借鉴美国的先进制造业合作项目经验,结合中国产业和经济发展阶段,按照资源共享、风险共担原则设立先进制造业技术与产业合作项目,以形成有利于制造业高效率发展的技术创新和产业发展网络。

(五)促进高技术创业和中小企业发展

美国、日本等国家促进中小企业技术创新和产业化的通行做法被称为SBIR 项目,具体是指政府每年将科技投入预算的一个固定比例用于资助中小企业研发,从技术可行性研究、研究开发到成果商业化全程为其提供资金

支持。中国政府应积极借鉴国外 SBIR 项目的成熟经验和具体做法，投入资金扶持中小企业参与商业化潜力较大的公共科技项目，并由国家发改委、能源局、工信部等相关部门为各领域的中小企业尤其是创业企业提供资金支持。

（六）加强产业工人培训

中国可借鉴美国政府设立“社区职业大学基金”的做法，依托清华大学、浙江大学等中国一流工程大学，设立旨在提升生产工艺和培养能够适应现代智能化、自动化生产的产业工程师的工程学院，壮大中国的精英型产业工人队伍。

（七）鼓励企业整合全球资源，主动走出去占领高端市场

新时期中国开放政策的重心逐渐从“引进来”向“走出去”转变。企业只有“走出去”，才能融入发达国家的本地创新网络，逐渐培育起自身的技术能力和技术优势。关注高端产品市场，调整和优化出口结构。同时，“引进来”仍有必要，但“引进来”的结构需要调整优化，从“进口设备和资金”向“进口人才和知识”转变。

第四章　产业政策与产业发展的特征事实

在前三章基础理论阐述的基础上，本章我们将为验证这些理论作准备，统计分析中国产业政策及政策手段的相关情况以及测度产业结构变动的相关指标，并提炼出中国产业政策与产业发展的特征事实，使得后文的实证结果更加可靠。

引　言

揭示中国产业政策及政策手段的全貌，并且科学测度制造业产业结构变动水平，是深入研究产业政策效应的基础性工作，也是有针对性地制定产业政策的数据基础。本章接下来的结构安排如下：第一节对本书用到的主要数据来源进行具体说明；第二节是对产业政策的统计描述，从纵向和横向两个维度比较分析各省区市重点产业的分布情况，并展示各省区市重点产业与国家重点产业的相同与相异情况，梳理中国产业政策的特征事实；第三节以政府补贴为例梳理了中国产业政策手段，具体统计分析了制造业的年度财政补贴额及行业分布；第四节梳理了中国产业发展现状，具体而言，测算了中国制造业的产业结构变动指标，并提炼出中国各省区市制造业产业结构变动的典型事实；最后是本章小结。

第一节　数据来源说明

为了方便下文对有关指标的测算工作，现对本书用到的相关数据的来源及对数据所作的原始处理说明如下：

一、中国工业企业数据库

这是本书用到的核心数据库。本书所有产业数据均来自国家统计局的国有及规模以上工业企业数据库(以下简称中国工业企业数据库),由企业数据按特定的维度加总得到,样本区间是1998～2007年。由于中国工业企业数据库2007年之后的数据指标缺失严重,数据质量难以保证,因此本书将样本区间限定在2007年及以前。[①] 我们对工业企业数据进行如下几方面的处理。首先,删除了工业行业中制造业以外行业的数据,仅保留制造业数据;其次,按照国民经济行业代码GB/T 4754—2002对2003年以前的行业类别进行了调整,以保持整个考察期内的行业口径一致;再次,利用2004年经济普查数据库与中国工业企业数据库的对应关系,补充了2004年缺失的增加值、销售额、新产品产值等指标,从而建立了1998～2007年的完整面板数据;最后,删除了明显异常的样本、存在测量误差的样本以及遗漏变量的样本,例如删除了工业总产值、工业增加值、固定资产、从业人员等数值为0的样本。最终得到包括中国30个省级区域(港、澳、台及西藏除外,下同)的约137万个观测值。[②]

二、重点产业数据

地方产业政策的制定往往是通过各种规划予以统筹指导的,因此我们收集了中国30个省区市的"九五""十五"以及"十一五"三个"五年规划",并整理出政府鼓励发展的重点产业。坦白而言,整理出规划中的重点产业实非易事。各省区市政府在规划中提到的产业名称五花八门,与国民经济行业分类中的名称很难对应,为此我们作了以下简化处理:(1)国家和各省区市规划中均有一章专门讨论工业发展,其中会论述工业发展和工业结构调整目标。我们将其中提到的所有制造业行业提取出来,视为产业政策选择扶持的重点产业。(2)对于规划中提到的具体的制造产品,我们按照国民经济行业代码(GB/T 4754—2002)将其归入相应的二位码行业,比如将汽车归入交通运输设备制造业(行业代码37),将水泥归入非金属矿物制品业(行业代码31)。(3)对于规划中提到的新材料、新能源等行业,由于涉及众多行业,无法归入某个具体行业,因而不作考虑。

在收集整理各省区市重点产业的基础上,我们以下面几种方式构造重

① 李艳、杨汝岱2018年发表在《经济研究》上的论文,也将样本区间限定为1998～2007年。

② 第六章是例外,没有删除西藏数据。

点产业指标:(1)对“五年规划”中提及的产业,均视为重点产业,构造相应的重点产业虚拟变量。(2)尽管不少产业在“五年规划”中提及,但是政府具体的实践仍然是有差别的。我们对各省区市的“五年规划”进行分析后,将各自重点产业细分为重点支柱产业、重点传统产业、重点新兴产业三类,并构造了更加细致的重点产业虚拟变量,以考察产业政策对各产业的影响。这些产业具有不同的特征,政府因此施以有差别的产业政策,在实证研究中我们也将其进行适当分类,以考察不同类型的产业政策是否产生了不同的产业结构变动效应和生产率效应。

三、省级官员更替数据①

图 4-1 汇总了样本期内,中国省级主要领导(以省委书记、省长为代表)累计更换的次数。由此可以看出,在 1998～2007 年,主要领导更替是一种常态,平均每年分别更换 8.5 次和 7.8 次。分省而言,省长累计更换次数的最大和最小值分别是 4 次和 1 次,省委书记累计更换次数的最大和最小值分别是 4 次和 0 次(只有新疆这一个样本)。

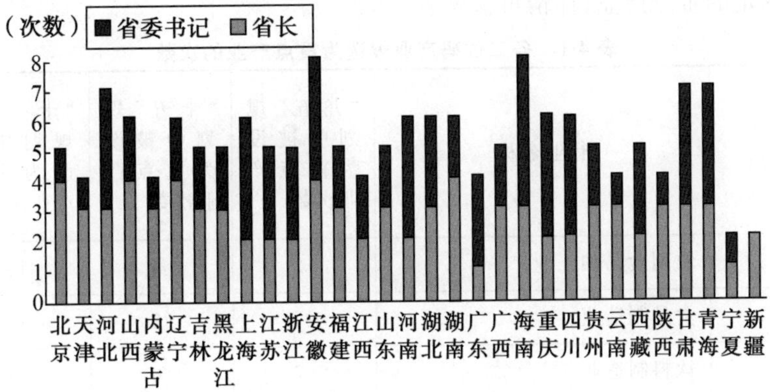

图 4-1　1998～2007 年各省区市累计更换主要领导的次数

① 王贤彬等人收集整理了 1998～2007 年全国 31 个省区市(不含港、澳、台)官员的全部信息,包括籍贯、性别、年龄、教育程度、是否为中央(政治局)委员、更替、来源、任期和去向等。

第二节 产业政策的特征事实

为了对中国制造业产业政策的全貌有个基本了解,我们分别统计了30个二位码产业在不同规划期被选定为重点产业的次数,统计结果如表4-1所示。按照次数排名,"九五"期间,排名前5位的产业依次为:有色金属冶炼及压延加工业(32),食品制造业(14),通信设备、计算机及其他电子设备制造业(39),黑色金属冶炼及压延加工业(31)和纺织业(17)。"十五"期间,排名前5位的产业依次为:医药制造业(27),通信设备、计算机及其他电子设备制造业(39),电气机械及器材制造业(38),非金属矿物制品业(30)和食品制造业(14)。"十一五"规划期间,排名前5位的产业依次为:医药制造业(27),通信设备、计算机及其他电子设备制造业(39),专用设备制造业(35),有色金属冶炼及压延加工业(32)和化学原料及化学制品制造业(26)。表4-1的统计数据表明,在同一规划期内,各省区市倾向于选择相同的产业作为重点产业。进一步分析可知,这些相同的产业中绝大多数为国家"五年规划"确定的重点产业,详情可参见表4-3。

表4-1 各二位码产业被选为重点产业的次数

行业代码	行业名称	"九五"规划中被设为重点产业次数	"十五"规划中被设为重点产业次数	"十一五"规划中被设为重点产业次数
13	农副食品加工业	2	4	10
14	食品制造业	27	23	19
15	饮料制造业	7	6	3
16	烟草制品业	2	1	3
17	纺织业	26	21	14
18	纺织服装、鞋、帽制造业	5	6	7
19	皮革、毛皮、羽毛(绒)及其制品业	11	0	3
20	木材加工及木、竹、藤、棕、草制品业	6	1	1

续表

行业代码	行业名称	“九五”规划中被设为重点产业次数	“十五”规划中被设为重点产业次数	“十一五”规划中被设为重点产业次数
21	家具制造业	1	1	0
22	造纸及纸制品业	17	5	13
23	印刷业和记录媒介的复制	3	0	1
24	文教体育用品制造业	1	0	0
25	石油加工、炼焦及核燃料加工业	10	14	13
26	化学原料及化学制品制造业	24	14	20
27	医药制造业	24	28	26
28	化学纤维制造业	2	4	2
29	橡胶制品业	1	1	1
30	塑料制品业	9	0	2
31	非金属矿物制品业	25	24	16
32	黑色金属冶炼及压延加工业	26	19	16
33	有色金属冶炼及压延加工业	27	19	20
34	金属制品业	2	3	4
35	通用设备制造业	0	13	11
36	专用设备制造业	2	15	20
37	交通运输设备制造业	15	12	17
39	电气机械及器材制造业	24	24	15
40	通信设备、计算机及其他电子设备制造业	26	25	23
41	仪器仪表及文化、办公用机械制造业	2	0	1
42	工艺品及其他制造业	0	1	3

续表

行业代码	行业名称	“九五”规划中被设为重点产业次数	“十五”规划中被设为重点产业次数	“十一五”规划中被设为重点产业次数
43	废弃资源和废旧材料回收加工业	0	2	0

为了对产业政策在时间维度上的变化有个基本认识，我们统计了各省区市“九五”“十五”及“十一五”规划中重点产业发生变化的个数，结果如表 4-2所示。统计结果表明，同一省区市不同规划期重点产业均有显著变化。① 进一步分析表明，由于国家在不同时期的“五年规划”中确定的重点产业发展方向均有显著变化，各省区市根据国家规划相应调整本地的产业方向，因此各省区市不同规划期的重点产业均有显著变化。

表 4-2　各省区市不同规划期重点产业的演变趋势

	“九五”与“十五”规划重点产业不同的个数	“十一五”与“十五”规划重点产业不同的个数	“九五”是重点产业、“十五”不是重点产业的个数	“十五”是重点产业、“九五”不是重点产业的个数	“十五”是重点产业、“十一五”不是重点产业的个数	“十一五”是重点产业、“十五”不是重点产业的个数
北　京	14	11	7	7	8	3
天　津	12	9	6	6	4	5
河　北	5	8	2	3	5	3
山　西	9	8	7	2	5	3
内蒙古	4	6	3	1	3	3
辽　宁	7	6	3	4	4	2
吉　林	9	4	6	3	3	1
黑龙江	7	5	3	4	3	2
上　海	9	4	7	2	4	0
江　苏	7	8	4	3	5	3
浙　江	10	12	6	4	6	6

① 我们认为考察较长一段时间内政府产业政策的持续效果比较有意义，比如实证检验样本期内某重点培育的新兴产业的份额或生产率是否不断提升。但是由于不同规划期重点产业均有显著变化，使得符合条件的样本数量非常有限，而且由于数据所限，整个样本期较短，因此后文实证中无法实现这一想法。

续表

	"九五"与"十五"规划重点产业不同的个数	"十一五"与"十五"规划重点产业不同的个数	"九五"是重点产业、"十五"不是重点产业的个数	"十五"是重点产业、"九五"不是重点产业的个数	"十五"是重点产业、"十一五"不是重点产业的个数	"十一五"是重点产业、"十五"不是重点产业的个数
安　徽	11	8	5	6	4	4
福　建	4	5	4	0	3	2
江　西	5	3	3	2	2	1
山　东	4	9	1	3	6	3
河　南	5	6	3	2	3	3
湖　北	8	6	6	2	1	5
湖　南	4	8	3	1	3	5
广　东	11	9	7	4	4	5
广　西	7	6	4	3	0	6
海　南	6	8	4	2	2	6
重　庆	6	4	1	5	2	2
四　川	4	8	2	2	3	5
贵　州	6	7	4	2	7	0
云　南	8	8	3	5	2	6
陕　西	12	6	8	4	3	3
甘　肃	5	8	5	0	5	3
青　海	8	7	8	0	0	7
宁　夏	4	9	3	1	6	3
新　疆	6	6	1	5	1	5

最后，我们统计分析了各省区市选择的重点产业与国家选择的重点产业的异同情况，具体结果如表 4-3 所示。可以看出，各个规划期各省区市重点产业与国家"五年规划"重点产业重叠的比例较高，绝大部分在 50%或以上。各个规划期对比而言，"十五"规划期间各省区市重点产业与国家"五年规划"重合的比例最高，达到 79%，另外两个规划期的平均重合比例为 55%。这意味着，各省区市一般倾向于按国家的产业规划方向选择自己的重点产业，但是不同省区市选择重点支柱产业时，也会综合考虑本地区产业发展的现状和优势，这充分体现了各省区市在选择重点产业过程中具有高度的自主性与能动性。

表 4-3　各省区市“五年规划”与国家“五年规划”重点产业相同情况

	“九五”规划			“十五”规划			“十一五”规划		
	本省个数	相同个数	相同比例	本省个数	相同个数	相同比例	本省个数	相同个数	相同比例
北　京	9	6	67%	10	5	50%	4	3	75%
天　津	11	5	45%	10	8	80%	12	7	58%
河　北	9	6	67%	10	8	80%	8	4	50%
山　西	12	6	50%	7	6	86%	5	2	40%
内蒙古	11	6	55%	9	8	89%	9	6	67%
辽　宁	15	7	47%	16	11	69%	13	6	46%
吉　林	13	7	54%	11	9	82%	8	4	50%
黑龙江	6	2	33%	7	4	57%	5	3	60%
上　海	13	7	54%	8	6	75%	4	3	75%
江　苏	13	7	54%	11	9	82%	10	7	70%
浙　江	13	6	46%	10	8	80%	11	5	45%
安　徽	10	5	50%	12	8	67%	12	7	58%
福　建	13	8	62%	8	7	88%	8	3	38%
江　西	12	7	58%	12	10	83%	11	7	64%
山　东	11	8	73%	13	11	85%	10	4	40%
河　南	10	7	70%	9	6	67%	9	5	56%
湖　北	14	7	50%	10	9	90%	14	7	50%
湖　南	11	6	55%	8	7	88%	11	6	55%
广　东	13	7	54%	10	7	70%	11	7	64%
广　西	10	5	50%	9	9	100%	14	8	57%
海　南	5	3	60%	2	2	100%	5	3	60%
重　庆	6	4	67%	10	9	90%	10	7	70%
四　川	12	6	50%	12	9	75%	14	7	50%
贵　州	12	6	50%	10	8	80%	2	1	50%
云　南	3	2	67%	5	3	60%	8	6	75%
陕　西	13	6	46%	9	7	78%	9	5	56%
甘　肃	12	6	50%	7	6	86%	6	2	33%
青　海	6	4	67%	0	0	/	4	3	75%
宁　夏	6	3	50%	5	3	60%	5	1	20%
新　疆	4	2	50%	6	5	83%	8	4	50%

第三节　产业政策手段的特征事实

政府补贴由于其便利性受到青睐，得到广泛应用，本小节对政府补贴情况进行描述性统计分析。中国工业企业数据库中有企业补贴收入指标，但是没有明确补贴收入的具体来源。① 表 4-4 的统计数据表明，各年度获补贴企业的比例大致在 10%，呈现稳定态势；获补贴企业平均补贴额在 400 多万元至 600 多万元不等；年度补贴总金额从 352.32 亿元至 1480.00 亿元不等。总体来看，无论是平均补贴额还是补贴总金额，都呈上升趋势，9 年之间平均补贴额增长了 50%，而补贴总金额则增长了 300%。由此可见，政府运用补贴手段的力度和广度在不断增加，说明我们选取政府补贴这一产业政策手段研究其产业发展效应具有一定的代表性。

表 4-4　中国规模以上工业企业补贴分布情况

	获补贴企业个数	获补贴企业比例（%）	平均补贴额（万元）	补贴总金额（亿元）
1999	8135	9.43	433	352.32
2000	9855	9.77	472	465.27
2001	11096	9.83	581	644.48
2002	13555	11.07	532	721.21
2003	15973	11.90	626	1000.00
2004	24738	13.22	497	1230.00
2005	22970	11.40	592	1360.00
2006	24038	10.72	616	1480.00
2007	22803	10.95	631	1440.00

为了对政府补贴额与补贴率在制造业行业间的分布有个全面的认识，我们分别计算了各个二位码制造业行业的平均补贴额（单位：千万元）与平均补贴率②，并汇制了相应的分布图（见图 4-2）。由图 4-2 可以看出，补贴额与补贴率的行业分布存在着很大差异。补贴额排名前 5 位的二位码行业

① 唐清泉和罗党论根据上市公司年报中政府补贴明细，将补贴收入分为增值税返回、财政补贴、财政综合、新产品返回、税收奖励、创新鼓励与其他。其中，增值税返回、财政补贴、财政综合与其他占了补贴收入的绝大部分。

② 补贴率指单位增加值补贴额。

分别为木材加工业、电子通信制造业、化学制品业、电气通信制造业和橡胶制造业，而补贴率排名前 5 位的二位码行业则为有色金属加工业、木材加工业、工艺品制造业、专用设备制造业和印刷业。无论从补贴额还是补贴率来看，政府补贴均具有较大的偏向性，即明显地偏向几个产业。

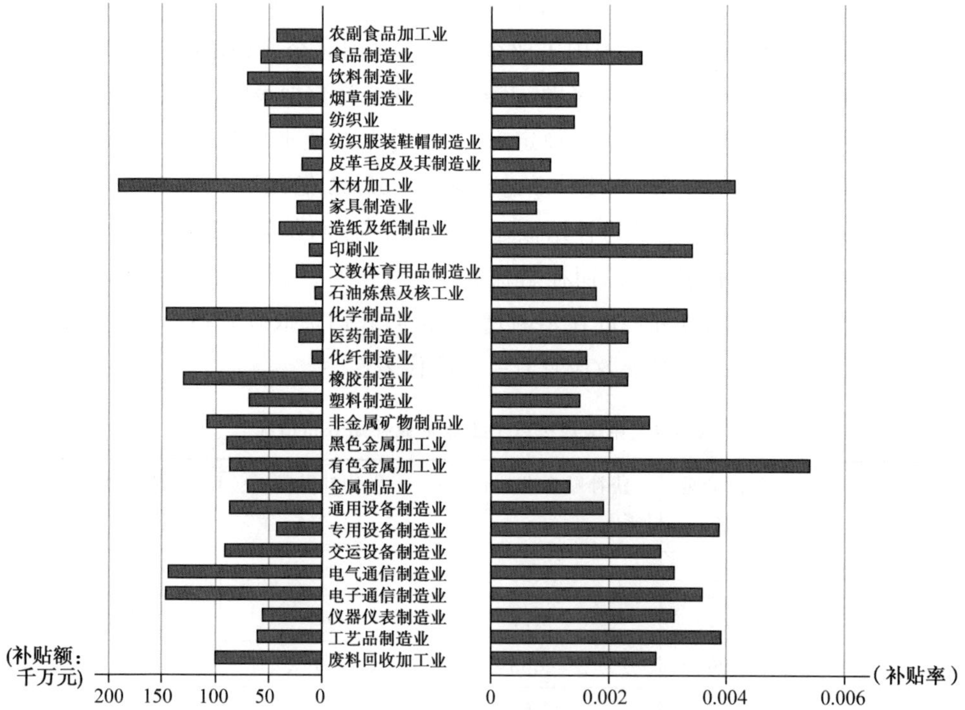

图 4-2　中国二位码行业平均补贴额及补贴率分布

第四节　产业发展的特征事实

本小节以第六章构造的产业结构调整指数为例，梳理中国各省区市产业结构变动的典型事实。

一、指标说明

为了度量各省区市的产业结构变动幅度，本书第六章构造了产业结构调整指数（Structural Change Index，简称 SCI），为：

$$SCI_{i,t}^{n} = 0.5 \times \sum_{j=1}^{J} | indshare_{j,i,t} - indshare_{j,i,t-n} |, n = 1,2,3,4 \quad (4\text{-}1)$$

其中，i、t 和 j 分别表示省区市、时间和四位码行业；n 表示时间跨度，是匹配省委书记、省长与辖区四位码产业结构变动的纽带。[①] $indshare_j$ 为行业 j 占全国或本省制造业总额的比重[②]，因此，$(indshare_{j,t} - indshare_{j,t-n})$ 度量的是行业 j 所占比重在 n 年内的变动情况。鉴于四位码产业占比变动量既可能为正亦可能为负，在式(4-1)中，先对比重变动值取绝对值，然后加总得到每个省区市内四位码产业结构的累计变动量。容易看出，产业结构调整指数越大，产业结构变动幅度越大。[③]

二、产业结构变动状况

为了对中国各省区市产业结构调整状况有一个直观的了解，我们计算了各个省区市 1～4 年期以增加值度量的产业结构调整指数，并汇制了它们在样本期间的时序图(见图 4-3)。从图 4-3 不难看出，中国各省区市产业结构调整呈现以下典型特征。

首先，各省区市产业结构调整指数不存在单调变化趋势，而是升降交错，两个波谷之间的平均间隔时间为 4 年，恰好等于省级官员的平均任期。由此我们猜测，各省区市产业结构调整指数的波动可能与官员任期存在某种相关性。如果答案是肯定的，则官员产业结构调整效应在官员任期内会呈现某种规律性的波动，而且这种效应是短期的，超出一定时间界限后，这种效应会逐渐减弱。事实是否如此，有待后文实证检验。

其次，各省区市之间产业结构调整幅度存在巨大差异。简单的数据分析表明，样本期内产业结构调整指数最大值均小于 1 的为海南、西藏、青海和宁夏 4 省(区)，除海南外均为西部省份。在各期，产业结构调整指数最大值均小于 5 的 14 个省区中，有 8 个属于西部省区，西部地区仅有云南和四川结构调整稍明显一些。各期指数均值均大于 10 的省份有广东、山东和江苏，全部是东部沿海经济发达省区。同时，图 4-3 还传递了这样的信息：市

---

① 最大值之所以取值为 4，是因为省委书记、省长的平均任期只有 4 年。当然，还可以取其他更大的值，只不过值越大，最终构造的省委书记、省长与辖区四位数产业结构变动相匹配的面板数据就越少。

② 占全国的比重之所以采用千分比数，是因为计算四位码行业占全国的份额时，分母太大使得行业份额值太小。这一处理对本研究结果没有任何影响。

③ 不过，需要说明的是，该指数不具有方向性，只是度量产业结构变动情况，并不是对产业升级的度量。

场化程度较高的东部沿海发达省区，产业结构调整及波动幅度也比较大；而市场化程度较低的中西部地区，虽然有国家重大发展战略的支持，也有官员更替，却并没有引起产业结构调整幅度的显著变化。国家发展战略的实施效果是否取决于当地市场环境呢？对此问题的回答，有待后文实证结果揭示。

再次，省区市产业结构调整幅度的差异可能与该地区的资源禀赋有关。由图4-3显著看出，海南、西藏、青海以及宁夏四省区的产业结构调整指数接近于0。从纵向时间维度上来看，不同年份的产业结构调整幅度也没有显著变化。这表明，在样本期内，这些省区的制造业产业份额基本保持在一个相对稳定的水平。探究这一现象背后的根源，我们发现，这些省区的一个共同特点是其制造业高度依赖于资源型产业。这种对资源的高度依赖限制了其产业结构调整的空间。因此，地方政府在引领辖区产业结构转型升级过程中，其产业政策的制定和实施也会受到当地资源禀赋的约束。

最后，省区市的产业结构调整幅度与考察期的时间跨度之间并不存在简单的相关关系。虽然过半的省区市的产业结构调整幅度随着时间跨度的增加而增加，但也有不少省区在某些年份的4年期产业结构调整指数低于3年期甚至2年期产业结构调整指数。这表明这些省区的产业份额并非单调增加，而是有些年份有所增加，有些年份有所减少。

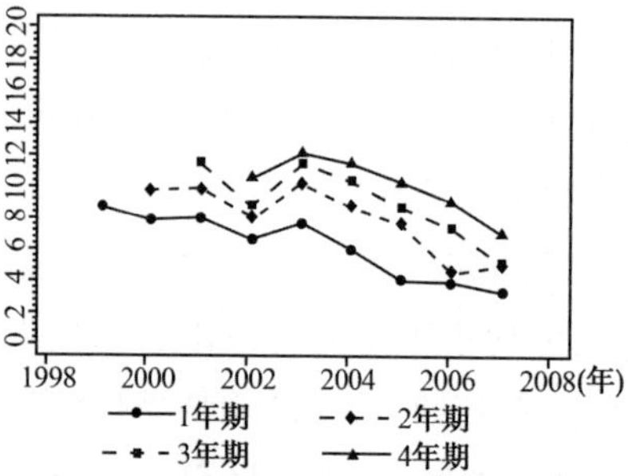

A. 北京产业结构调整指数时序图

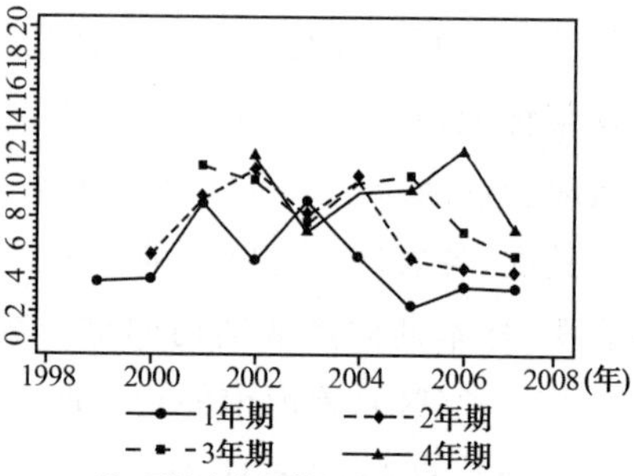

B. 天津产业结构调整指数时序图

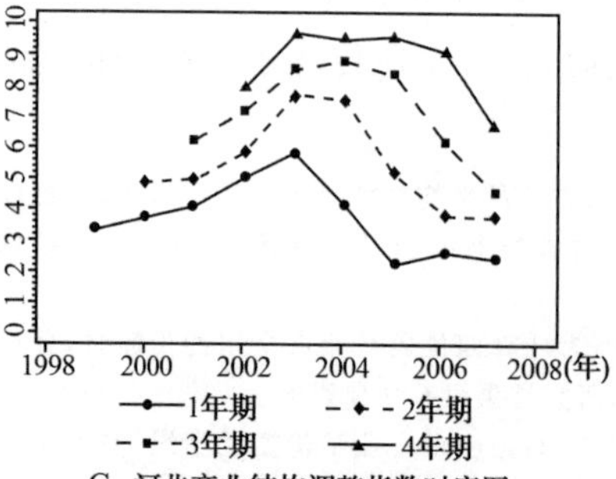

C. 河北产业结构调整指数时序图

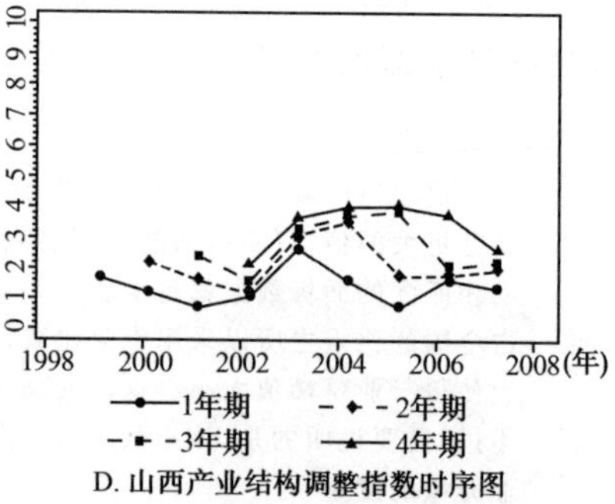

D. 山西产业结构调整指数时序图

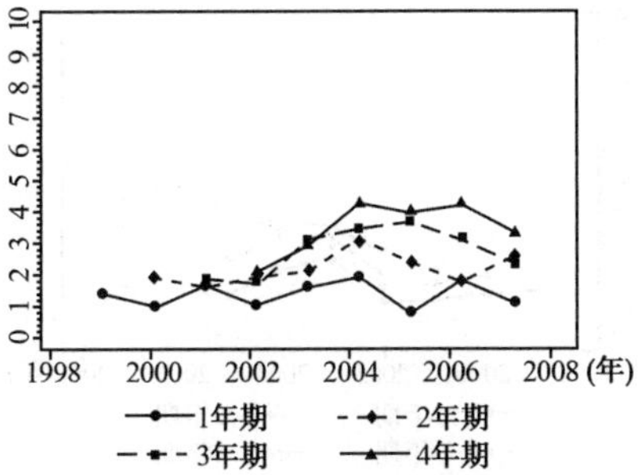

E. 内蒙古产业结构调整指数时序图

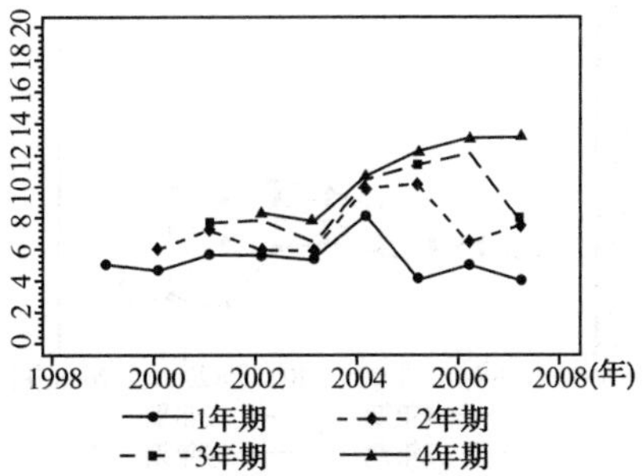

F. 辽宁产业结构调整指数时序图

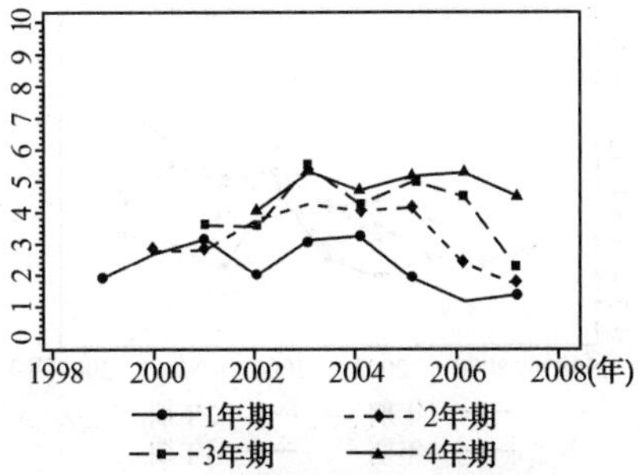

G. 吉林产业结构调整指数时序图

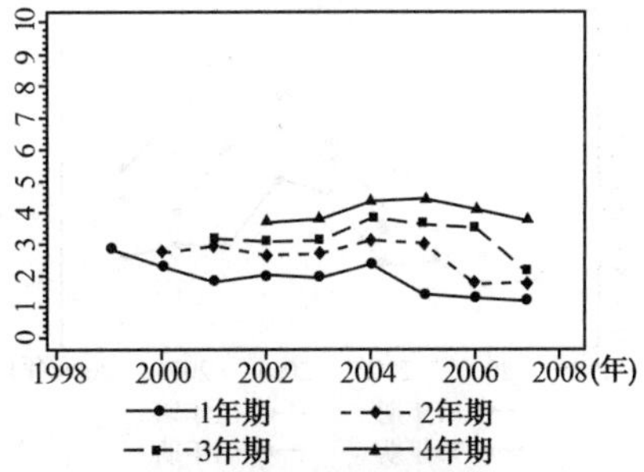

H. 黑龙江产业结构调整指数时序图

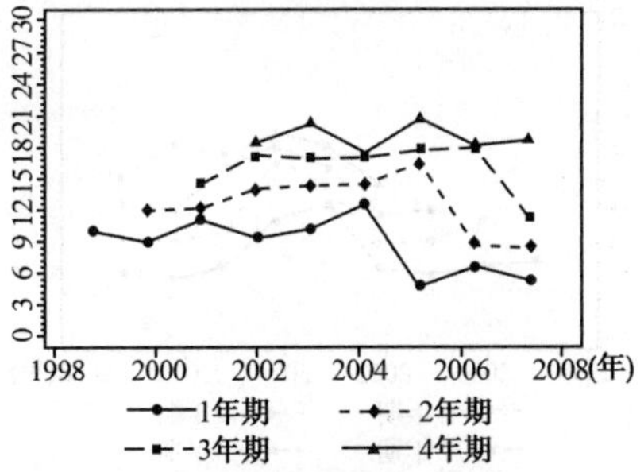

I. 上海产业结构调整指数时序图

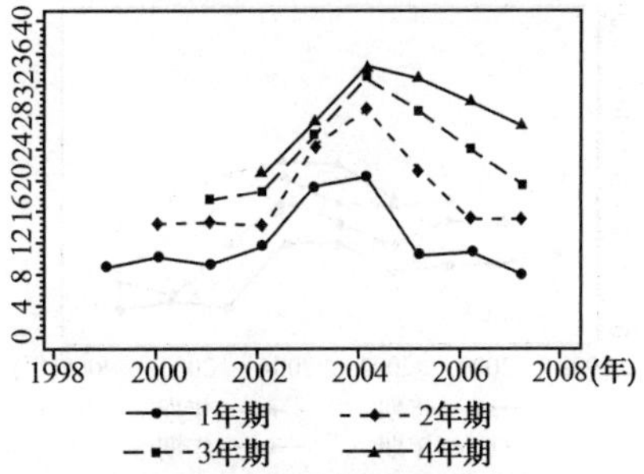

J. 江苏产业结构调整指数时序图

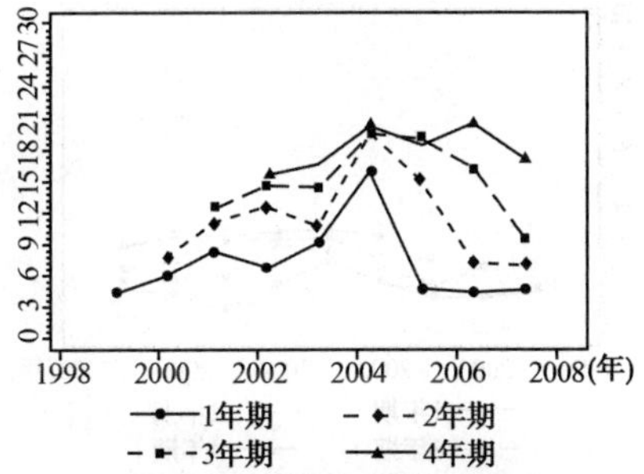

K. 浙江产业结构调整指数时序图

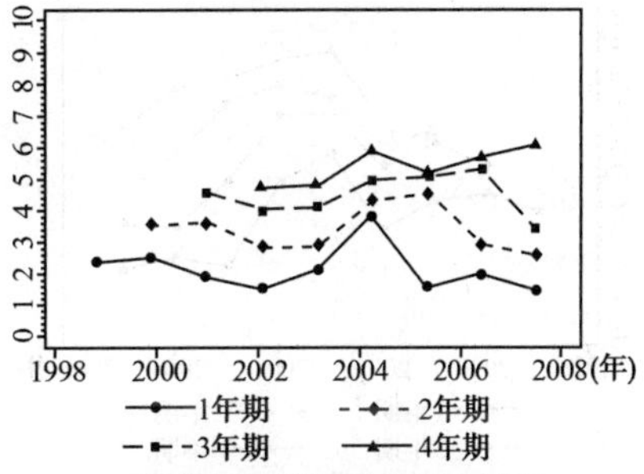

L. 安徽产业结构调整指数时序图

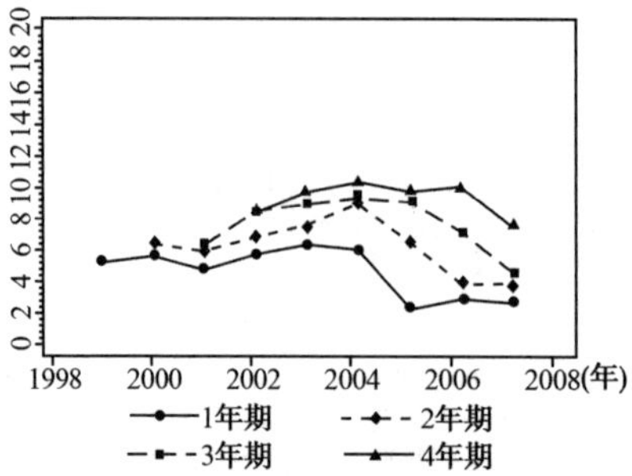

M. 福建产业结构调整指数时序图

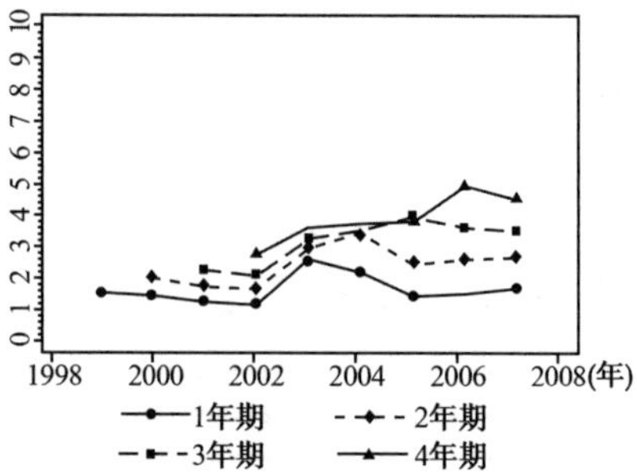

N. 江西产业结构调整指数时序图

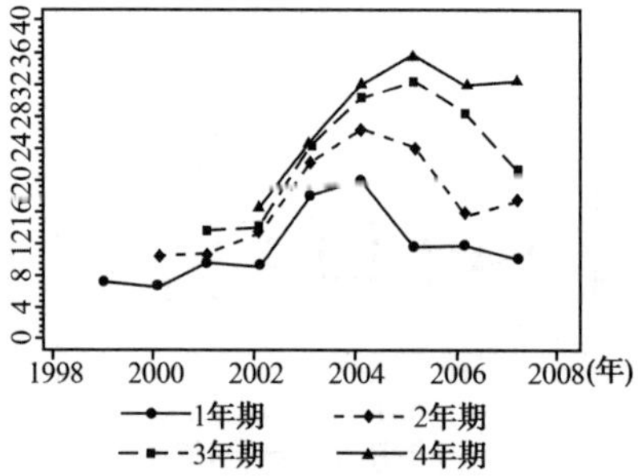

O. 山东产业结构调整指数时序图

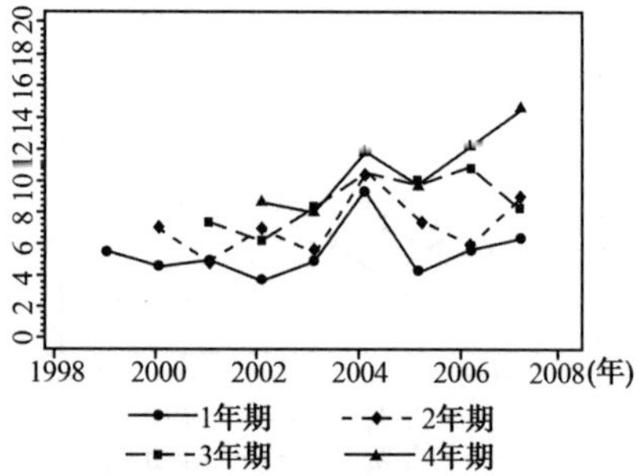

P. 河南产业结构调整指数时序图

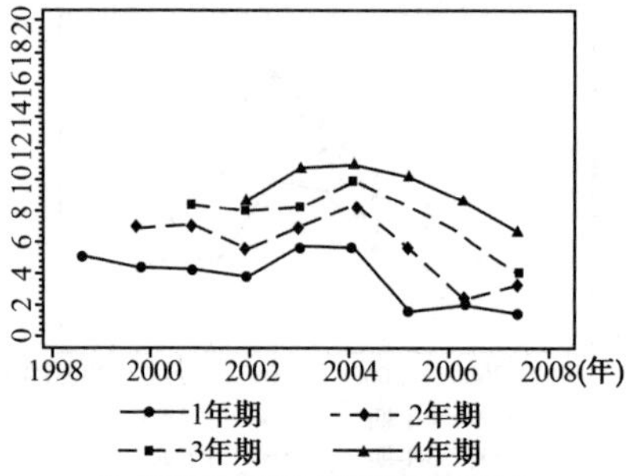

Q. 湖北产业结构调整指数时序图

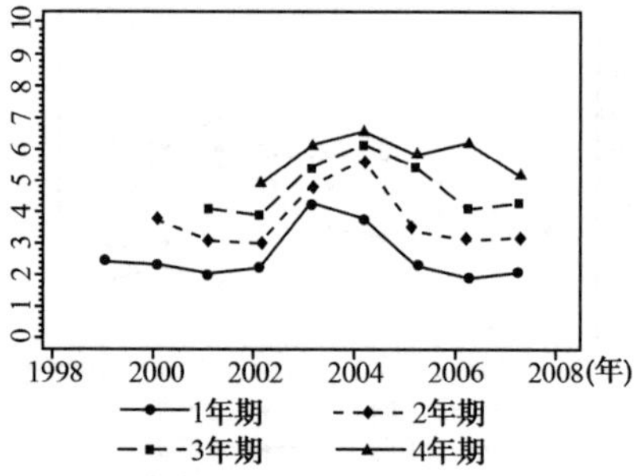

R. 湖南产业结构调整指数时序图

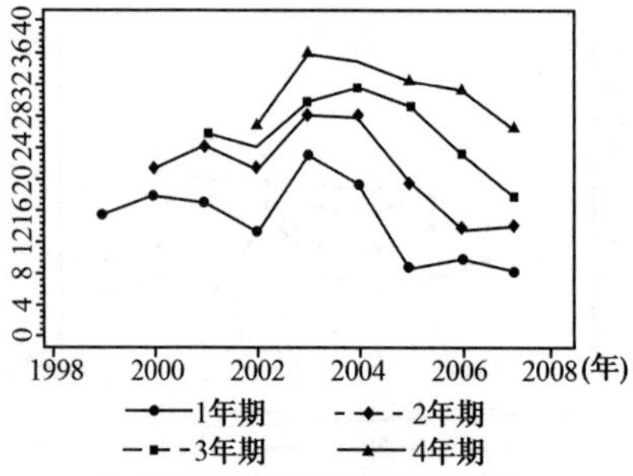

S. 广东产业结构调整指数时序图

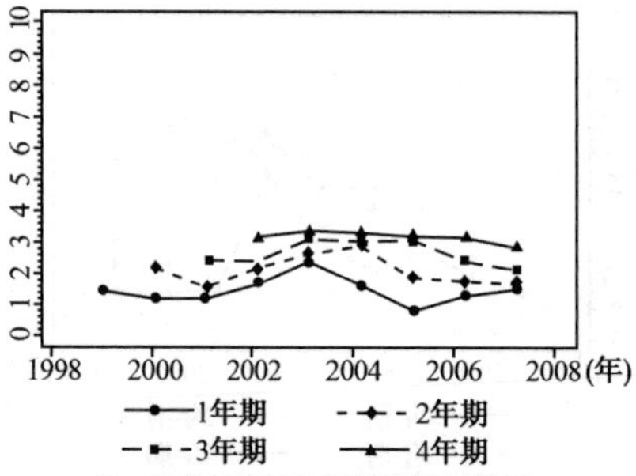

T. 广西产业结构调整指数时序图

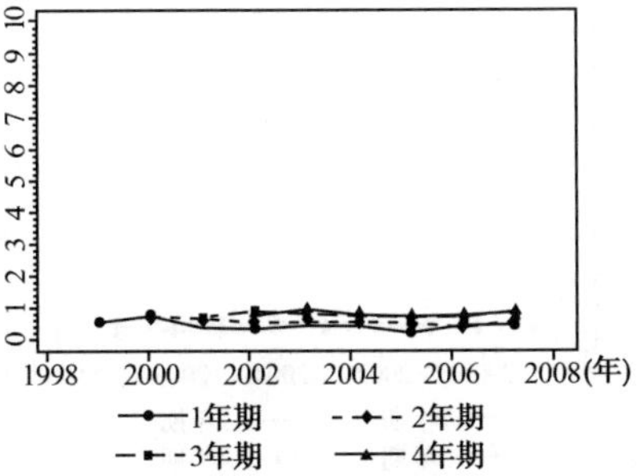

U. 海南产业结构调整指数时序图

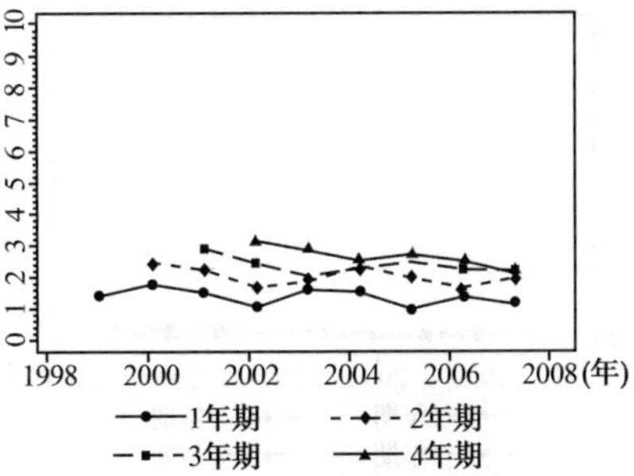

V. 重庆产业结构调整指数时序图

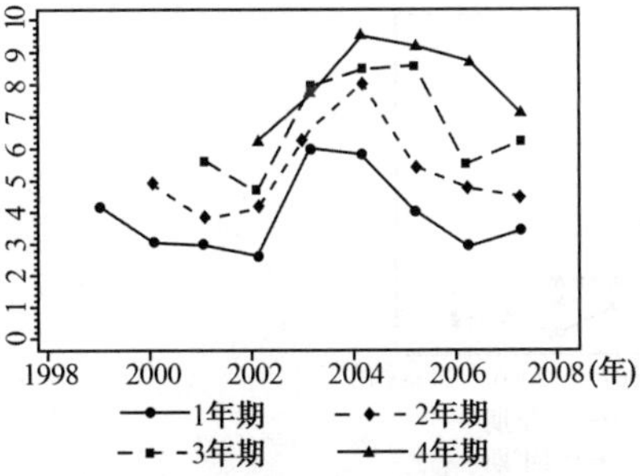

W. 四川产业结构调整指数时序图

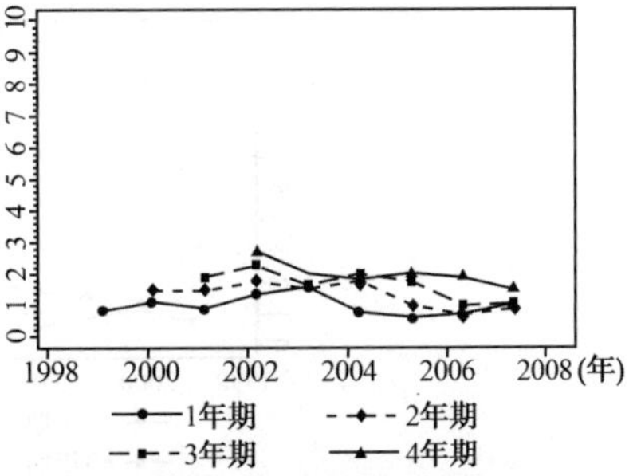

X. 贵州产业结构调整指数时序图

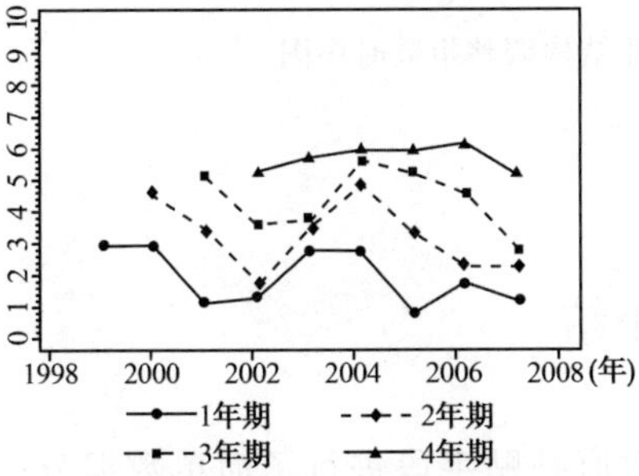

Y. 云南产业结构调整指数时序图

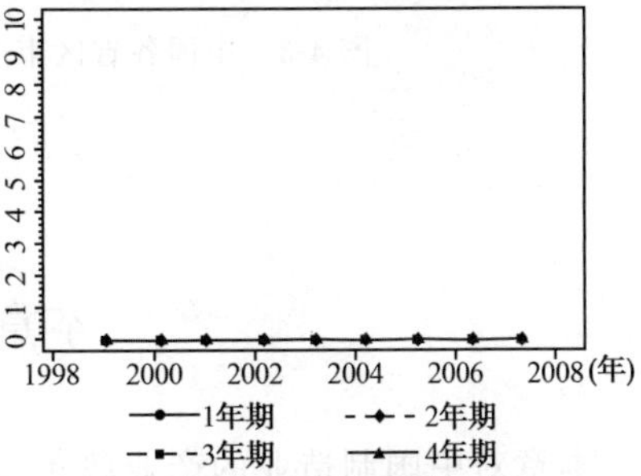

Z. 西藏产业结构调整指数时序图

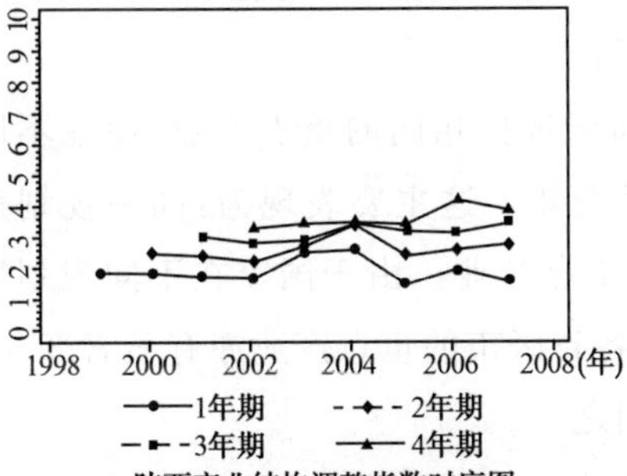

a. 陕西产业结构调整指数时序图

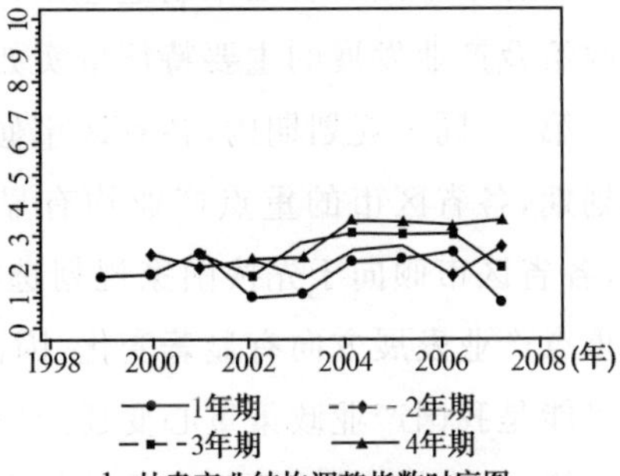

b. 甘肃产业结构调整指数时序图

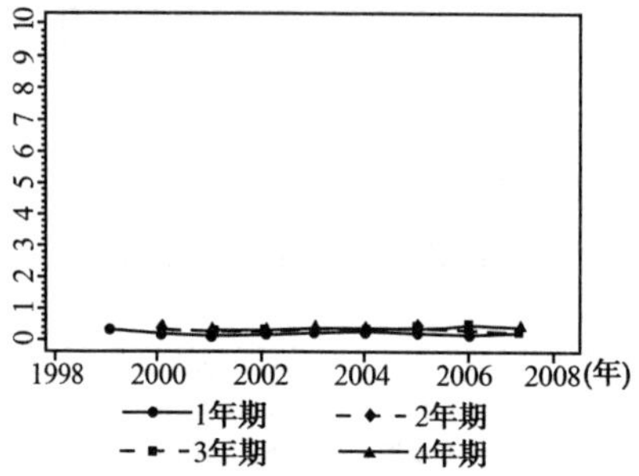

c. 青海产业结构调整指数时序图

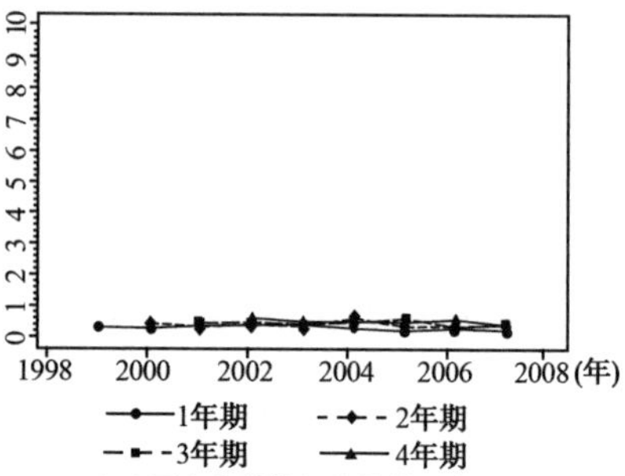

d. 宁夏产业结构调整指数时序图

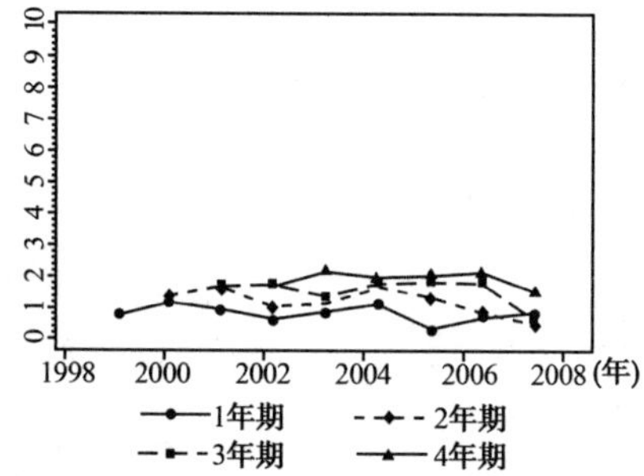

e. 新疆产业结构调整指数时序图

图 4-3　中国各省区市产业结构调整指数时序图

本章小结

本章对中国制造业的产业政策及政府补贴手段进行了简单数据分析，并且测算了中国各省区市制造业的产业结构变动指标，发现中国制造业产业政策及产业发展的主要特征事实如下：

第一，同一规划期内，各省区市倾向于选择相同的重点产业，而在不同规划期，各省区市的重点产业均有显著变化。这主要表现为：同一规划期内，各省区市倾向于先按国家规划选择重点产业。由于国家在不同规划期的重点产业发展方向有显著变化，因而各省区市的重点产业亦有显著变化，这可能是我国产业政策重心变迁的原因之一。

第二，在样本期内，无论是单位企业补贴额还是补贴总金额均有显著提高，这表明政府补贴这一产业政策手段越来越重要，能够直接体现政府的产业政策目标和方向。政府在运用补贴这一产业政策手段时，也体现了产业政策的倾斜性，即主要针对几个重点扶持产业进行补贴，而不是对各产业平均运用补贴。

第三,中国各省区市的产业结构调整状况具有以下明显特征。首先,横向比较发现,各省区市产业结构调整程度存在巨大差异,市场化程度较高的东部沿海地区产业结构变动幅度较大,而西部地区较小,由此我们推断各省区市产业结构调整幅度与当地市场环境发育程度相关。其次,纵向比较发现,同一省区市不同年份的产业结构变动幅度不存在单调变化趋势,而是具有一定的周期性,而这种周期性与官员任期具有一定的关联性。再次,省区市的产业结构调整幅度可能受制于当地的资源禀赋条件,数据表明,自然资源高度依赖型省区市的产业结构调整幅度很小,几乎为零。最后,各省区市产业结构调整幅度并非随着时间推移单调增加,而是有近一半的省区市出现了逆转,在更长考察期内的产业结构调整幅度反而低于较短考察期的产业结构调整幅度。

第五章　产业政策选择机制

在对产业政策效应进行实证分析之前，有必要厘清产业政策的选择机制。本章通过构建严谨的数理模型，揭示政府的产业政策选择机制。

引　言

改革开放至“十一五”规划之前，中国经济经过近30年的粗放式发展，经济和社会面临的资源和环境约束日益强化，产业结构优化升级是中国经济可持续发展的必由之路。因此，国家自“十一五”规划以来，就把“转变经济发展方式，促进产业转型升级”作为政府经济工作的重中之重。在国家“五年规划”的指引下，各级地方政府积极响应，纷纷提出改造提升传统制造业、培育发展战略性新兴产业，推动辖区产业结构变动。在此过程中，产业政策发挥着重要作用。产业政策面临的根本问题是要研究资源在产业间的配置与再配置。基于此，产业政策需要解决的首要问题就是：在发展一国经济时，具体应该重点发展什么产业？因此，制定产业政策，首先要确定其重心，即政府重点扶植哪种类型的产业以促进整个产业结构的转换。从中自然就引申出所需扶植产业的选择基准问题。由此，我们提出问题：政府如何选择重点扶持的产业才能提升产业政策的有效性？该问题实质上是产业政策的选择问题，厘清产业政策的选择机制，有望为中国政府正确运用产业政策引领产业结构变动提供科学的理论依据。

周振华分析了日本经济学家提出的重点产业选择基准在政策实践中失效的原因，并提出发展中国家产业政策选择基准的一个新的假说。然而其假说基于以下立论：第一，发展中国家更多的是有效供给不足，而不是有效需求不足。第二，发展中国家经济发展的关键是“瓶颈”制约，而不是笼统的资源制约。显然，以上立论已经与中国经济发展的现状不符，有必要在新的经济发展形势下，探讨中国产业政策选择的基准。还有一些学者对产业政策进行了研究，然而这些研究基本上限于描述性统计或定性分析，缺乏必要的定量分析，更没有严谨的数理模型。

本章内容是对现有产业政策研究的深化，以产出最大化为政府产业政策目标[①]，构建了一个政府和厂商之间的序贯博弈模型，以提供公共产品的形式将政府引入生产函数中，阐明政府为何以及如何通过调整产业发展所需的公共产品投资决策选择重点扶持哪些产业，内生地进行产业结构调整。我们发现，当经济体外部出现一个新产业时，政府是否对该新兴产业发展所需要的公共产品进行投资，是由新兴和传统产业中公共品的产出弹性大小以及隐瞒产出的成本大小决定的。当这些参数满足一定条件时，政府应该对新兴产业进行公共品投资。另外，本章的模型对政府如何把握其对产业的干预程度，具有一定的启示。政府对产业的干预程度取决于其设定的税率。模型中最优的税率由产业中厂商隐瞒产出的成本决定。因此，政府对产业的干预程度应该因产业而异，根据产业自身特征灵活调整。

与本章关系最密切的是阿西莫格鲁(D. Acemoglu)的研究，其通过构建一个序贯博弈模型，研究如何在精英集团掌控的国家征税过多带来的扭曲与国家能力太弱带来的无效率之间取得平衡。模型中国家机器由一个自利的统治者控制，他一方面尽力将资源转为私用，另一方面也会投资社会生产性公共产品。政府太强或太弱均会产生扭曲。当政府太强时，会征税过多，使得经济体中私人部门的经济活动受到抑制。而国家太弱时，征得的税会较少，统治者预期到未来获取的租金有限因而对公共产品投资不足。本章将阿西莫格鲁的序贯博弈模型拓展到两部门情形，考察当经济体中出现一个新兴产业时，政府以经济体折现的总产出最大化为目标，如何内生地进行产业结构调整升级决策，并决定是否引入新兴产业。

本章将政府在产业结构变动中的作用模型化。关于政府在产业结构变动中的作用，存在两种截然相反的观点。支持政府作用的最早的观点来自旧结构经济学，它们强调市场失灵及政府在改变经济结构、促进经济发展中的作用。与之相对应的是 20 世纪 70 年代流行至今的以“华盛顿共识”为主流的观点，它否定政府作用，强调政府失灵，片面侧重市场作用。林毅夫于 2010 年提出新结构经济学的理论框架，试图融合上述两种对立观点，该理论承认市场配置资源的基础性作用，同时强调政府在产业结构升级中的协调和引导作用。不难发现，以上关于政府在产业结构变动中作用的研究多

---

① 该目标与中国现行“向上负责”的干部管理体制和 GDP 政绩考核目标下产生的政治激励相吻合。

为定性描述，未能将作用模型化。现有的关于产业结构变动的理论研究，虽然很好地从供给和需求角度将产业结构变迁的动力机制模型化，但是这些研究凸显的是市场在产业结构变动中的作用，其生产函数的设定完全按照新古典经济学的假定，没有将外部性及规模报酬递增引入模型，因而未能为产业政策的制定和实施提供理论依据，更未涉及政府在产业结构变动中的作用。本章的理论模型通过将政府公共产品投资设定成私人投资的互补品，以提供生产必需的公共产品的形式将政府引入生产函数中，将政府在产业结构变动中的作用模型化，深化了政府在产业结构变动中作用的研究。

市场经济对应着市场的另一重重要含义，即市场是一种资源配置方式。它与行政计划构成了社会经济的两大资源配置方式。资源配置是通过交易实现的，交易方式分为买卖的、管理的和限额的三类，其中买卖的方式就是市场交易。采用哪种方式配置资源，取决于哪种方式的交易成本更低。因此政府和市场的边界问题，也是行政计划和市场手段哪种配置效率更高的问题。本章中政府通过征税，集中部分社会资源进行公共品投资，通过行政计划手段进行资源再配置。均衡时存在最优税率，表明政府通过行政计划手段干预产业发展，具有一个最优干预边界。未达到或越过这个边界，均无法实现社会产出最大化的目标。

本书与蒂布特(C. Tiebout)模型中“用脚投票”的观点也是相吻合的。在蒂布特模型中，“用脚投票”的权利使得公众能够寻求到更适合自己的公共物品——税收组合，也使得“用脚投票”机制成为地方政府之间的制衡机制。本章中，政府的决策实际上是在产出中征税部分用于公共品投资和不征税部分留给厂商投资之间进行权衡，这实际上也是一个最优的税收与公共品投资水平组合问题，这一组合是由经济体中的参数内生决定的。

本章第一节是模型设定；第二节详细求解模型，给出模型的关键性结论，并进行比较静态分析；最后是本章小结。

第一节　模型设定

一个经济体有单位化为 1 的无穷多个同质的生产者，他们原先一直从事产业 1，生存为无穷期限，$t=1,2,\cdots,+\infty$。生产者 i 从事产业 1 的投入是 e_{1t}^{i} 和 A_{1t}，其中，e_{1t}^{i} 是生产者 i 自己投入的要素，可以看作努力程度、资本投入等，A_{1t} 是由政府投入的公共品，可以看作基础设施、公共教育等。产业 1 中任一生产者 i 的生产函数为：

$$y_{1t}^{i}=(A_{1t})^{\varphi_1\alpha_1}(e_{1t}^{j})^{1-\alpha_1},\quad i=1,2,\cdots \tag{5-1}$$

α_1 为产业 1 中公共品的产出弹性，$0<\alpha_1<1$，公共品的产出弹性越大，表明政府的公共品投资对产业 1 的产出越重要。φ_1 是反映产业 1 中所投入公共品的边际收益是递增还是递减的参数，对 A_{1t} 求二阶导数可得；$\varphi_1<1$，$\varphi_1=1$ 和 $\varphi_1>1$ 分别表示边际收益递减、不变和递增。

该经济体中有政府，政府对生产进行征税，产业 1 的税率为 τ_{1t}。

生产者 i 可以选择隐瞒自己的产出中 $z_{1,t}^{i}$ 的比重，$0\leqslant z_{1,t}^{i}\leqslant 1$，被隐瞒的部分不用交税，但有 δ_1 比重的隐瞒成本，$0<\delta_1<1$。① 生产者 i 的产出为 y_{1t}^{i}，则实际交税的部分为 $y_{1t}^{i}\cdot(1-z_{1,t}^{i})$，实际所交的税收为 $\tau_{1t}\cdot y_{1t}^{i}\cdot(1-z_{1,t}^{i})$，总隐瞒成本为 $\delta_1\cdot y_{1t}^{i}\cdot z_{1,t}^{i}$，税后净产出为 $y_{1t}^{i}-\tau_{1t}\cdot y_{1t}^{i}\cdot(1-z_{1,t}^{i})-\delta_1\cdot y_{1t}^{i}\cdot z_{1,t}^{i}$，净利润为：

$$\pi_{1,t}^{i}=y_{1t}^{i}-\tau_{1t}\cdot y_{1t}^{i}\cdot(1-z_{1,t}^{i})-\delta_1\cdot y_{1t}^{i}\cdot z_{1,t}^{i}-e_{1t}^{i} \tag{5-2}$$

生产者 i 的目标是实现净利润折现和的最大化 $\max\sum_{t=0}^{+\infty}\beta^{t}\cdot\pi_{1,t}^{i}$。

政府的总税收为 T_t，$T_t=\int_1\tau_{1t}\cdot y_{1t}^{i}\cdot(1-z_{1,t}^{i})\mathrm{d}i$，用来进行下一期的公共品投入，当期的公共品完全折旧，转移方程为：$A_{1,t+1}=T_t$。假定政府是利他的，其目标是实现总产出 Y_t 折现和的最大化 $\max\sum_{t=0}^{+\infty}\beta^{t}\cdot Y_t$，$Y_t=\int_1 y_{1t}^{i}\mathrm{d}i$。

在 $t=t_0$ 时，由于国际经济的发展，在其他经济体内出现了另一种产业：产业 2，可以将其视为高新技术产业。产业 2 的生产需要 e_{2t}^{i} 和另一种公共品的投入 A_{2t}，如果生产者 i 从事产业 2，那么他的生产函数是：

$$y_{2t}^{i}=(A_{2t})^{\varphi_2\alpha_2}(e_{2t}^{i})^{1-\alpha_2} \tag{5-3}$$

类似地，α_2 为产业 2 中公共品 A_{2t} 的产出弹性，$0<\alpha_2<1$。φ_2 是反映投入产业 2 的公共品的边际收益是递增还是递减的参数。为了简化讨论，不妨先设 $\varphi_1=\varphi_2$，统一用 φ 表示。

此时，该经济体内的政府考虑是否把一部分税收用于投入公共品 2，以期引入产业 2，实现从 t_0 开始总产出折现和的最大化。如果引入了产业 2，原来在产业 1 中的生产者可以无成本地进入产业 2，政府同样对产业 2 的生产征税，税率为 τ_{2t}，从事产业 2 的生产者 i 同样可以隐瞒自己 $z_{2,t}^{i}$ 比例

① 本书将企业为了避税采取某些措施隐瞒部分产出，由此带来的成本界定为隐瞒成本，其度量方式为产出的一定比例 δ_1。

的产出，被隐瞒的部分同样存在 δ_2 比重的隐瞒成本，$0 \leqslant z_{2,t}^{i} \leqslant 1, 0 < \delta_2 < 1$，实际所交的税为 $\tau_{2t} \cdot y_{2t}^{i} \cdot (1 - z_{2,t}^{i})$，净利润为：

$$\pi_{2,t}^{i} = y_{2t}^{i} - \tau_{2t} \cdot y_{2t}^{i} \cdot (1 - z_{2,t}^{i}) - \delta_2 \cdot y_{2t}^{i} \cdot z_{2,t}^{i} - e_{2t}^{i} \tag{5-4}$$

生产者 i 实现从 t_0 期开始净利润折现和的最大化。

若经济体中同时存在产业 1 和产业 2，且产业 1 中生产者的数量为 ξ，则总税收为：

$$T_t = \int_0^{\xi} \tau_{1t} \cdot y_{1t}^{i} \cdot (1 - z_{1,t}^{i}) \mathrm{d}i + \int_{\xi}^{1} \tau_{2t} \cdot y_{2t}^{i} \cdot (1 - z_{2,t}^{i}) \mathrm{d}i \tag{5-5}$$

经济体中总产出为：

$$Y_t = \int_0^{\xi} y_{1t}^{i} \mathrm{d}i + \int_{\xi}^{1} y_{2t}^{i} \mathrm{d}i \tag{5-6}$$

因此，整个经济体存在如下顺序的博弈：

第一步，在 $t = t_0$ 时，给定上一期的总税收 $T_{t_0 - 1}$，政府选择对两个产业公共品的投入水平 A_{1,t_0} 和 A_{2,t_0}。

第二步，原来从事产业 1 的生产者选择是否进入产业 2，选择结束后，将产业 1 中生产者的数量记为 ξ，则产业 2 中生产者的数量为 $1 - \xi$。

第三步，每一个产业中的每一个生产者选择要素 e_{jt}^{i} 的投入量，j 区分不同产业，$j = 1, 2$。

第四步，政府制定每一个产业的税率 τ_{1t}, τ_{2t}。

第五步，每一个产业中的每一个生产者 i 选择自己产出中要隐瞒的比重 $z_{j,t}^{i}$。

第六步，政府选择下一期的公共品投入水平 A_{1,t_0+1} 和 A_{2,t_0+1}。

第七步，进入 $t = t_0 + 1$，从这一期开始，政府和生产者之间每一期的博弈只进行以上第三到第六步，一直循环到无穷。

第二节　求解马尔科夫完美均衡

我们将马尔科夫(Markov)完美均衡(MPE)定义为：在时期 t 存在一系列策略 $(\{e_{jt}^{i}\}, \tau_{jt}, \{z_{jt}^{i}\}, A_{j,t+1})$，这些策略仅取决于经济体当期状态 A_{jt} 以及上述博弈顺序中同一时期之前的所有博弈主体行为。因此，马尔科夫完美均衡(MPE)由一系列策略 $(\{e_{jt}^{i}(A_t)\}, \tau_{jt}(A_t), \{z_{jt}^{i}(A_t)\}, \{A_{j,t+1}(A_t)\})$ 给出。

下面用倒推法求解马尔科夫完美均衡(MPE)。对于某一期 $t, t = t_0$，

$t_0+1,t_0+2,\cdots$

(1)给定 $\{A_{jt},A_{jt_0}e_{jt}^i,\tau_{jt}\},j=1,2,\xi$,产业 j 中的生产者 i 选择隐瞒产出的比例 $z_{j,t}^i$,以实现其当期净利润最大化,可以得到:

$$z_{j,t}^{i*}(A_{jt},A_{jt_0},e_{jt}^i,\tau_{jt},\xi)=\begin{cases}1, & \tau_{jt}<\delta_j\\ [0,1], & \tau_{jt}=\delta_j, \quad j=1,2\\ 0, & \tau_{jt}>\delta_j\end{cases} \tag{5-7}$$

(2)给定 $\{A_{jt},A_{jt_0},e_{jt}^i\},j=1,2,\xi$,代入(5-7)式,政府选择 τ_{1t},τ_{2t} 以实现当期总税收最大化,可以得到:

$$\tau_{j,t}^*(A_{jt},A_{jt_0},e_{jt}^i,\xi)=\delta_j,\quad j=1,2 \tag{5-8}$$

(3)给定 $\{A_{jt},A_{jt_0}\},j=1,2,\xi$,代入(5-7)式和(5-8)式,产业 j 中的生产者 i 选择 e_{jt}^i 以实现当期净利润最大化,我们得到:

$$e_{jt}^{i*}(A_{jt},A_{jt_0},\xi)=(A_{jt})^{\varphi}[(1-\delta_j)(1-\alpha_j)]^{1/\alpha_j},\quad j=1,2 \tag{5-9}$$

$$y_{jt}^{i*}(A_{jt},A_{jt_0},\xi)=(A_{jt})^{\varphi}[(1-\delta_j)(1-\alpha_j)]^{(1-\alpha_j)/\alpha_j},\quad j=1,2 \tag{5-10}$$

$$\pi_{jt}^{i*}(A_{jt},A_{jt_0},\xi)=(A_{jt})^{\varphi}(1-\delta_j)^{1/\alpha_j}\alpha_j(1-\alpha_j)^{(1-\alpha_j)/\alpha_j},j=1,2 \tag{5-11}$$

$$\begin{aligned}T_t^*(A_{jt},A_{jt_0},\xi)=&\xi\delta_1(A_{1t})^{\varphi}[(1-\delta_1)(1-\alpha_1)]^{(1-\alpha_1)/\alpha_1}\\&+(1-\xi)\delta_2(A_{2t})^{\varphi}[(1-\delta_2)(1-\alpha_2)]^{(1-\alpha_2)/\alpha_2}\end{aligned} \tag{5-12}$$

$$\begin{aligned}Y_t^*(A_{jt},A_{jt_0},\xi)=&\xi(A_{1t})^{\varphi}[(1-\delta_1)(1-\alpha_1)]^{(1-\alpha_1)/\alpha_1}+(1-\xi)(A_{2t})^{\varphi}\\&[(1-\delta_2)(1-\alpha_2)]^{(1-\alpha_2)/\alpha_2}\end{aligned}$$

(4)给定 $\{A_{jt_0}\},j=1,2,\xi$,代入(5-9)至(5-12)式,政府选择 A_{1t},A_{2t} 来实现 t_0 期开始总产出折现和的最大化,且满足转移方程。

①当 $\xi=1$ 时,

$$\max\sum_{t=t_0+1}^{+\infty}\beta^t\cdot Y_t=\max\sum_{t=t_0+1}^{+\infty}\beta^t\cdot(A_{1t})^{\varphi}[(1-\delta_1)(1-\alpha_1)]^{(1-\alpha_1)/\alpha_1}$$

$$\text{s.t.}\quad A_{1t}+A_{2t}=\delta_1(A_{1,t-1})^{\varphi}[(1-\delta_1)(1-\alpha_1)]^{(1-\alpha_1)/\alpha_1}$$

解得:

$$V(A_{jt_0},\xi=1)=\sum_{t=t_0+1}^{+\infty}\beta^t\cdot y_{1,t}^*$$

$$y_{1,t}^*(A_{jt_0},\xi=1)=A_{1,t}^{*\varphi}[(1-\delta_1)(1-\alpha_1)]^{(1-\alpha_1)/\alpha_1} \tag{5-13}$$

$$\begin{cases}A_{1t}^*(A_{jt_0},\xi=1)=A_{1,t_0}^{\varphi^{t-t_0}}[\delta_1(1-\delta_1)^{(1-\alpha_1)/\alpha_1}(1-\alpha_1)^{(1-\alpha_1)/\alpha_1}]^{1+\varphi+\varphi^2+\cdots+\varphi^{t-t_0}}\\A_{2t}^*(A_{jt_0},\xi=1)=0\end{cases} \tag{5-14}$$

$$\begin{cases}\pi_{1t}^{i*}(A_{jt_0},\xi=1)=(A_{1t}^*)^{\varphi}(1-\delta_1)^{1/\alpha_1}\alpha_1(1-\alpha_1)^{(1-\alpha_1)/\alpha_1}\\ \pi_{2t}^{i*}(A_{tj_0},\xi=1)=0\end{cases}\tag{5-15}$$

②当 $\xi=0$ 时，

$$\max\sum_{t=t_0+1}^{+\infty}\beta^t\cdot Y_t=\max\sum_{t=t_0+1}^{+\infty}\beta^t\cdot(A_{2t})^{\varphi}[(1-\delta_2)(1-\alpha_2)]^{(1-\alpha_2)/\alpha_2}$$

$$\text{s.t.}\quad A_{1t}+A_{2t}=\delta_2(A_{2,t-1})^{\varphi}[(1-\delta_2)(1-\alpha_2)]^{(1-\alpha_2)/\alpha_2}$$

解得：

$$V(A_{jt_0},\xi=0)=\sum_{t=t_0+1}^{+\infty}\beta^t\cdot y_{2,t}^*$$

$$y_{2,t}^*(A_{jt_0},\xi=0)=(A_{2,t}^*)^{\varphi}[(1-\delta_2)(1-\alpha_2)]^{(1-\alpha_2)/\alpha_2}\tag{5-16}$$

$$\begin{cases}A_{2t}^*(A_{jt_0},\xi=0)=A_{2,t_0}^{\varphi^{t-t_0}}[\delta_2(1-\delta_2)^{(1-\alpha_2)/\alpha_2}(1-\alpha_2)^{(1-\alpha_2)/\alpha_2}]^{1+\varphi+\varphi^2+\cdots+\varphi^{t-t_0}}\\ A_{1t}^*(A_{jt_0},\xi=0)=0\end{cases}\tag{5-17}$$

$$\begin{cases}\pi_{2t}^{i*}(A_{jt_0},\xi=0)=(A_{2t}^*)^{\varphi}(1-\delta_2)^{1/\alpha_2}\alpha_2(1-\alpha_2)^{(1-\alpha_2)/\alpha_2}\\ \pi_{1t}^{i*}(A_{tj_0},\xi=0)=0\end{cases}\tag{5-18}$$

(5)给定 $\{A_{jt_0}\}$，$j=1,2$，生产者选择进入产业 1 还是产业 2，来实现其净利润折现和最大化。若生产者 i 选择进入产业 1，意味着：$\sum_{t=t_0}^{+\infty}\beta^t\pi_{1t}^{i*}(A_{jt_0},\xi=1)\geqslant\sum_{t=t_0}^{+\infty}\beta^t\pi_{2t}^{i*}(A_{jt_0},\xi=0)$，一个充分条件是 $\forall t\geqslant t_0$，$\pi_{1t}^{i*}(A_{jt_0},\xi=1)\geqslant\pi_{2t}^{i*}(A_{jt_0},\xi=1)$，也即：

$$\left[\frac{A_{1t}^*(A_{jt_0},\xi=1)}{A_{2t}^*(A_{jt_0},\xi=0)}\right]^{\varphi}\cdot\frac{(1-\delta_1)^{1/\alpha_1}\alpha_1(1-\alpha_1)^{(1-\alpha_1)/\alpha_1}}{(1-\delta_2)^{1/\alpha_2}\alpha_2(1-\alpha_2)^{(1-\alpha_2)/\alpha_2}}\equiv\eta_t>1\tag{5-19}$$

反之，若 $\eta_t<1$，生产者 i 会选择进入产业 2。

(6)政府选择 A_{1,t_0}，A_{2,t_0} 来实现总产出折现和的最大化。若政府支持产业 1，要求 $V(A_{jt_0},\xi=1)\geqslant V(A_{jt_0},\xi=0)$，一个充分条件是：

$$\forall t=t_0,t_0+1,t_0+2,\cdots$$

$$y_{1,t}^*(A_{jt_0},\xi=1)\geqslant y_{2,t}^*(A_{jt_0},\xi=0)\tag{5-20}$$

产业 1 中每个生产者的产出更大，把(5-14)和(5-17)式代入(5-20)式得：

$$\frac{[A_{1,t}^*(A_{jt_0},\xi=1)]^{\varphi}[(1-\delta_1)(1-\alpha_1)]^{(1-\alpha_1)/\alpha_1}}{[A_{2,t}^*(A_{jt_0},\xi=0)]^{\varphi}[(1-\delta_2)(1-\alpha_2)]^{(1-\alpha_2)/\alpha_2}}\geqslant 1\tag{5-21}$$

上式左右两边同乘以 $\dfrac{\alpha_1(1-\delta_1)}{\alpha_2(1-\delta_2)}$ 可得：

$$\forall t \geqslant t_0, \eta_t \geqslant \frac{\alpha_1(1-\delta_1)}{\alpha_2(1-\delta_2)} \tag{5-22}$$

即若政府支持产业 1，则要求每一期公共品的投资满足(5-22)式。

反之，若政府支持产业 2，要求每一期公共品的投资满足：

$$\forall t \geqslant t_0, \eta_t \leqslant \frac{\alpha_1(1-\delta_1)}{\alpha_2(1-\delta_2)} \tag{5-23}$$

因此，$\frac{\alpha_1(1-\delta_1)}{\alpha_2(1-\delta_2)}$ 与 1 的大小关系，决定了政府是否支持新兴产业 2。若 $\frac{\alpha_1(1-\delta_1)}{\alpha_2(1-\delta_2)}>1$，当(5-22)式成立时有 $\eta_t \geqslant \frac{\alpha_1(1-\delta_1)}{\alpha_2(1-\delta_2)}>1$，$\forall t \geqslant t_0$，而当(5-23)式成立时却不能必然推出 $\eta_t<1$，$\forall t \geqslant t_0$。这意味着，当 $\frac{\alpha_1(1-\delta_1)}{\alpha_2(1-\delta_2)}>1$ 时，若政府支持产业 1，使每一期的公共品投资都满足(5-22)式，则使得总产出的折现和最大；对生产者来说，这样的公共品投资也能使得其利润的折现和最大。反之，若此时政府支持产业 2，使一期的公共品投资都满足(5-23)式，将使总产出的折现和最大，但是对生产者来说，这样的公共品投资并不一定使其利润的折现和最大。所以当 $\frac{\alpha_1(1-\delta_1)}{\alpha_2(1-\delta_2)}>1$ 时，政府应该支持产业 1 而不是支持新兴产业 2。

若 $\frac{\alpha_1(1-\delta_1)}{\alpha_2(1-\delta_2)}<1$，当(5-23)式成立时有 $\forall t \geqslant t_0, \eta_t \leqslant \frac{\alpha_1(1-\delta_1)}{\alpha_2(1-\delta_2)}<1$，而当(5-22)式成立时却不能必然推出 $\eta_t>1$，$\forall t \geqslant t_0$。这意味着，当 $\frac{\alpha_1(1-\delta_1)}{\alpha_2(1-\delta_2)}<1$ 时，若政府支持产业 2，使每一期的公共品投资都满足(5-23)式，将使得总产出的折现和最大；对生产者来说，这样的公共品投资也使得其利润的折现和最大。反之，若此时政府支持产业 1，使一期的公共品投资都满足(5-22)式，将使总产出的折现和最大，但是对生产者来说，这样的公共品投资并不一定使其利润的折现和最大。所以当 $\frac{\alpha_1(1-\delta_1)}{\alpha_2(1-\delta_2)}<1$ 时，政府应该支持新兴产业 2 而不是产业 1。

当 $\frac{\alpha_1(1-\delta_1)}{\alpha_2(1-\delta_2)}=1$ 时，政府既可以选择只支持产业 1，也可以选择只支持产业 2，还可以选择同时支持产业 1 和产业 2。若政府同时支持产业 1 和产业 2，要求 $V(A_{jt_0}, \xi=1)=V(A_{jt_0}, \xi=0)$。一个充分条件是：政府对公共品 1 和公共品 2 的投资满足使(5-22)和(5-23)式的等号成立的条件，此时

很容易推出 $\forall t \geqslant t_0, \eta_t = 1$，这意味着 $\sum_{t=t_0}^{+\infty}\beta^t \pi_{1t}^{i*}(A_{jt_0}, \xi = 1) = \sum_{t=t_0}^{+\infty}\beta^t \pi_{2t}^{i*}(A_{jt_0}, \xi = 0)$。即对生产者来说，选择产业 1 与选择产业 2 无差异，带来的利润的折现和都是相等的，此时既会有生产者从事产业 1 又会有生产者从事产业 2，所以政府可以同时支持产业 1 和产业 2。

因此，当 $\frac{\alpha_1(1-\delta_1)}{\alpha_2(1-\delta_2)} > 1$ 时，政府应该选择支持产业 1 而不支持产业 2，也就是不进行产业结构调整；当 $\frac{\alpha_1(1-\delta_1)}{\alpha_2(1-\delta_2)} < 1$ 时，政府应该选择支持产业 2 而不支持产业 1，也就是要进行全面的产业结构调整；当 $\frac{\alpha_1(1-\delta_1)}{\alpha_2(1-\delta_2)} = 1$ 时，政府可以只支持产业 1，不进行产业结构调整，也可以只支持产业 2，进行全面的产业结构调整，还可以同时支持产业 1 和产业 2，进行部分的产业结构调整。因此是否进行产业结构调整取决于 $\frac{\alpha_1(1-\delta_1)}{\alpha_2(1-\delta_2)}$ 与 1 的大小关系。

命题 1：政府是否引进新兴产业进行产业结构调整，取决于参数表达式 $\frac{\alpha_1(1-\delta_1)}{\alpha_2(1-\delta_2)}$ 的大小：当参数取值使得该表达式大于 1 时，政府不应该引入新兴产业；当参数取值使得该表达式小于 1 时，政府应该引入新兴产业；当参数取值使得该表达式等于 1 时，是否引入新兴产业对实现社会折现的总产出最大化无影响。

①若 $\frac{\alpha_1(1-\delta_1)}{\alpha_2(1-\delta_2)} > 1$，马尔科夫完美均衡是：

政府的公共品投资满足 $A_{1,t_0}^* = T_{t_0-1}, A_{2,t_0}^* = 0$，对 $\forall t = t_0, t_0+1, t_0+2, \ldots$，$A_{2t}^*(A_{jt_0}, \xi = 1) = 0$，

$A_{1t}^*(A_{jt_0}, \xi = 1) = A_{1,t_0}^{*\,\varphi^{t-t_0}}\left[\delta_1(1-\delta_1)^{(1-\alpha_1)/\alpha_1}(1-\alpha_1)^{(1-\alpha_1)/\alpha_1}\right]^{1+\varphi+\varphi^2+\ldots\varphi^{t-t_0}}$。

税率满足：$\tau_{j,t}^* = \delta_j, j = 1, 2$。

生产者选择不进入产业 2，投入 $e_{1t}^{i*} = (A_{1t}^*)^{\varphi}\left[(1-\delta_1)(1-\alpha_1)\right]^{1/\alpha_1}$，此时不隐瞒产出。

②若 $\frac{\alpha_1(1-\delta_1)}{\alpha_2(1-\delta_2)} < 1$，马尔科夫完美均衡是：

政府的公共品投资满足 $A_{2,t_0}^* = T_{t_0-1}, A_{1,t_0}^* = 0$，对 $\forall t = t_0, t_0+1, t_0+2, \ldots$，$A_{1t}^*(A_{jt_0}, \xi = 0) = 0$，

$$A_{2t}^{*}(A_{jt_0},\xi=0)=A_{2,t_0}^{\varphi^{t-t_0}}\left[\delta_2(1-\delta_2)^{(1-\alpha_2)/\alpha_2}(1-\alpha_2)^{(1-\alpha_2)/\alpha_2}\right]^{1+\varphi+\varphi^2+\dots\varphi^{t-t_0}}。$$

税率满足：$\tau_{j,t}^{*}=\delta_j,j=1,2$。

生产者选择全部进入产业 2,投入 $e_{2t}^{i*}=(A_{2t}^{*})^{\varphi}[(1-\delta_2)(1-\alpha_2)]^{1/\alpha_2}$,此时不隐瞒产出。

③若 $\dfrac{\alpha_1(1-\delta_1)}{\alpha_2(1-\delta_2)}=1$,马尔科夫完美均衡是：

政府的公共品投资满足 $A_{1,t_0}^{*}+A_{1,t_0}^{*}=T_{t_0-1}$,对 $\forall t=t_0,t_0+1,t_0+2,\dots,(A_{1t}^{*}/A_{2t}^{*})^{\varphi}=\eta$,

$$A_{1t+1}^{*}+A_{2t+1}^{*}=\xi\delta_1(A_{1t}^{*})^{\varphi}[(1-\delta_1)(1-\alpha_1)]^{(1-\alpha_1)/\alpha_1}+(1-\xi)\delta_2(A_{2t}^{*})^{\varphi}[(1-\delta_2)(1-\alpha_2)]^{(1-\alpha_2)/\alpha_2}。$$

税率满足：$\tau_{j,t}^{*}=\delta_j,j=1,2$。

生产者可任意地进入产业 2,投入 $e_{1t}^{i*}=(A_{1t}^{*})^{\varphi}[(1-\delta_1)(1-\alpha_1)]^{1/\alpha_1}$,$e_{2t}^{i*}=(A_{2t}^{*})^{\varphi}[(1-\delta_2)(1-\alpha_2)]^{1/\alpha_2}$,此时不隐瞒产出。

证明从略,由上面的分析可得。

命题 2:政府是否应该引入新兴产业,取决于新兴产业和传统产业中公共品产出弹性以及两产业中隐瞒产出的相对难易程度。新兴产业中公共品的产出弹性越大,越应该引入新兴产业;新兴产业中隐瞒产出越容易,越应该扶持新兴产业。因此,政府的产业结构调整决策是内生地决定于经济体中产业特征的。

证明:当 $\dfrac{1-\delta_1}{1-\delta_2}$ 不变时,$\dfrac{\alpha_1}{\alpha_2}$ 越大,$\dfrac{\alpha_1(1-\delta_1)}{\alpha_2(1-\delta_2)}$ 越有可能大于 1。α_1,α_2 是两种产业中公共品的产出弹性,$\dfrac{\alpha_1}{\alpha_2}$ 越大意味着,相比于产业 2,产业 1 中公共品的产出弹性更大,这说明公共品投资在产业 1 的产出中所占的份额更大、对产业 1 的产出更重要,因此从政府实现产出最大化的角度来说,应该更支持产业 1。反之,应该支持新兴产业 2。

当 $\dfrac{\alpha_1}{\alpha_2}$ 不变时,$\dfrac{1-\delta_1}{1-\delta_2}$ 越大,$\dfrac{\alpha_1(1-\delta_1)}{\alpha_2(1-\delta_2)}$ 越有可能大于 1。δ_1,δ_2 是两种产业中生产者隐瞒产出的边际成本,决定了政府可以征收的最高税率,$\tau_1=\delta_1,\tau_2=\delta_2$,$\dfrac{1-\delta_1}{1-\delta_2}$ 越大意味着 $\dfrac{\delta_1}{\delta_2}$ 越小,即 $\dfrac{\tau_1}{\tau_2}$ 越小。这说明,相比于产业 2,产业 1 的税率更低,生产者从事产业 1 的净利润更高,因此从实现净利润最大值的角度来说,生产者也更希望政府支持产业 1。反之,生产者希望政府扶持新兴产业 2。

以上模型中隐藏成本 δ 实际上反映了政府的强弱，δ 越大，税率越高，政府税收收入越多，政府用于干预经济的可支配收入越多，此时的政府是强政府；相反，δ 越小，税率越低，政府税收收入越少，政府的预算约束越紧，此时的政府是弱政府。但是由于生产函数中两个生产要素——政府提供的公共产品以及厂商提供的投资是互补品，δ 既不能太大，也不能太小。考虑两个极端的情形，当 $\delta=0$ 时，政府由于征不到税，会选择公共品投资为 0，而当 $\delta=1$ 时，厂商会选择不投资。两种情形下，产出均为 0。由此可见，存在一个最优的 δ，它既不能太大，也不能太小。在我们的马尔科夫完美均衡(MPE)中，政府的最优税率分别等于各个产业中厂商隐瞒产出的成本。一个产业中厂商隐瞒其产出的成本越高，政府对该产业设定的税率也越高。因此，有以下命题：

命题 3：政府对产业的干预程度取决于其设定的税率。政府最优税率等于相应产业中厂商隐瞒产出的成本，隐瞒产出越难，越应该设定更高的税率。因此，政府对产业的干预程度因产业而异。

证明：由(5-8)式及命题 1 可知 $\tau_1=\delta_1$，$\tau_2=\delta_2$，从而得证。

本章小结

本章通过构建政府和厂商之间的序贯博弈模型得到以下主要结论：

第一，当一个新兴产业出现时，政府是否应该投资该产业发展所必需的公共品，培育该产业发展，取决于新兴产业与传统产业自身的一些特征。因此，从实现经济体中折现的总产出的最大化角度来看，政府的产业结构调整决策是内生的，而非政府任意而为的。新兴产业中公共品的产出弹性越大，隐瞒产出越容易，越应该引入新兴产业。

第二，政府对产业的干预程度取决于产业中厂商隐瞒其产出的难易程度。模型中最优税率等于产业中厂商隐瞒产出的成本。厂商隐瞒产出越难，政府越应该对该产业设定更高的税率。因此，政府对产业的干预程度因产业特征而异。

第三，政府干预过多或过少均会产生扭曲。政府过强，干预过多，会降低厂商投资的积极性；而政府过弱，会导致公共产品投资不足。因此，应该平衡政府和市场的边界，适度干预，既保护厂商的投资积极性，又确保政府能够提供一定的公共产品。

本章的结论具有以下政策含义：

第一，政府有必要而且能够通过实施合理的产业政策在产业结构调整中发挥积极作用。新结构经济学给出了三点理由。首先，在产业升级和多样化过程中，企业需要各种经济体中的新产业信息。而这些信息的收集和处理成本高昂，但是享用信息的边际成本为零。因此新产业信息的收集和提供具有正的外部性，单靠市场机制是无法完全解决的。其次，产业升级和多样化过程本身是一个创新过程，也是一个成本高昂的试错过程。先驱企业成功了，其他企业会纷纷仿效进入这个“对的”行业，挤占其利润空间；失败了也为其他企业传递了相应的信息。因此，先驱企业的成本和收益是极不对称的，产生了正的外部性。最后，产业升级和多样化需要与其发展水平相适应的软硬件基础设施，个体企业在作生产决策时很难将基础设施建设纳入成本，而基础设施的改进却对其他企业具有正的外部性。以上分析表明，政府在产业升级和多样化过程中必须发挥积极的因势利导作用，提供市场无法提供或供给不足的公共产品，包括新产业信息、基础设施，并为先驱企业补偿外部性。

第二，产业政策选择应该建立在充分尊重市场机制作用的基础上。我们的模型表明，从实现经济体折现的总产出最大化目标来看，政府是否应该引入新兴产业，取决于新兴产业和传统产业自身的一些特征。因此，政府的产业结构调整决策是内生于经济体自身特征的，而非政府任意为之，政府产业政策选择最终取决于市场。因此，政府在结构转型升级中应该充分考虑市场因素的制约作用，尊重产业结构变动的内在市场规律，避免由纠正市场失灵走向政府失灵。《国民经济和社会发展第十四个五年规划和2035年远景目标纲要》对“十四五”时期我国全面深化改革，构建高水平社会主义市场经济体制的要求是：坚持和完善社会主义基本经济制度，充分发挥市场在资源配置中的决定性作用，更好发挥政府作用，推动有效市场和有为政府更好结合。本章模型的结论为这一规划要求提供了重要的理论依据。

第三，政府在运用产业政策促进产业发展时，应该合理界定政府和市场的边界，做到有所为有所不为。政府在产业发展中的“所为”体现在提供产业发展所需的公共产品上，“所不为”指的是不要直接对产业进行物质或人力资本投资。这与新结构经济学的政策主张是一致的。按照新结构经济学的政策含义，政府在产业升级和多样化中的作用主要体现在三个方面：一是收集和提供新产业信息，二是提供和协调基础设施投资，三是补偿先驱企业外部性。可见政府提供的均是具有正的外部性的公共产品，这些产品依靠市场机制无法提供或提供不足。政府提供这些公共产品，可以促进产业升级和多样化进程。如果政府为了所“不该为”，选择性地扶持特定企业或产业，则会破坏企业或产业间公平竞争的环境，扭曲经济体中相对价格结构，恶化资源配置状况，从克服市场失灵走向政府失灵。

第四，产业政策干预程度要因产业而异。模型结果表明，政府对产业征收的最优税率取决于产业中厂商隐瞒其产出的成本高低。产业中该隐瞒成本越高，政府应该设定的税率越高；投资的公共产品越多，政府对产业发展的干预程度越大。因此，产业政策对不同产业的最优干预程度并非相同，而是因产业而异。一般来讲，一个新兴产业在其成长期，对于前文提及的三种公共产品的需求都比较大，政府有必要运用产业政策扶持新兴产业成长。相反，对于那些相对已经成熟的产业，政府扶持的作用就没有那么重要。

第六章　产业政策制定主体对产业结构变动的影响

在上一章中，我们通过理论模型说明政府能够在产业结构变动中发挥积极的因势利导作用，然而政府作为产业政策的制定主体，是否对产业结构变动产生显著的影响，是一个尚待检验的实证问题。本章通过检验省级政府官员更替时，其辖区产业结构变动幅度有无显著变化，对上述问题作出了回答。

引　言

产业结构变动，是中国经济持续发展的必由之路，也是中国目前面临的重大挑战。正因如此，中国政府在引领产业结构调整上不遗余力，"调结构，促转型，提质量，增效益"已成为各级政府工作的重中之重。早在2008年，汪洋到广东赴任省委书记伊始，就提出实施劳动和产业"双转移"的发展战略，引领推动广东省的产业结构变动。国家"十二五"规划更是不惜重墨，描绘中国产业发展未来的方向，引领中国产业结构变动。[①] 自国家"十二五"规划以来，各级地方政府积极响应，纷纷提出改造提升传统制造业、培育发展战略性新兴产业，推动辖区产业结构变动。面对中国各级官员在产业结构变动中的积极身影，人们不禁会问：官员能引领辖区产业的转型升级吗？如果回答是肯定的，那么这种引领作用有多大？这种引领作用是否因条件而异？

林毅夫的新结构经济学为政府官员引领产业结构变动提供了一般性的理论基础。他明确指出，发达国家和发展中国家在世界产业链中所处的位置不同，产业转型升级的方式不同。发达国家处于世界产业链的最前沿，企业难以在"谁是下一个有前景的新产业"上形成共识，政府也没有更准确的

① 国家"十二五"规划第三篇的标题就是"转型升级　提高产业核心竞争力"。

信息。因此，发达国家的产业升级主要靠市场。发展中国家处于世界产业链的中后端，在产业结构变动时，所投资的是技术成熟、产品市场已经存在、处于世界产业链内的“新产业”，是有先验信息的。因此，在发展中国家，企业很容易对“哪一个是有前景的新产业”形成共识，政府相对于企业具有总量信息优势，可以利用这一信息优势制定产业政策，引导产业升级。2010年林毅夫提出新结构经济学，倡导以新古典经济学的方法研究政府和市场在产业升级中的协调作用，并明确政府应该通过实施适宜的财政政策、货币政策、金融发展政策、外资引进及外贸开放政策，提供或协调基础设施投资，以降低单个企业的交易费用，促进经济体的产业升级和经济发展。

显然，新结构经济学在理论上揭示了政府官员引领产业结构变动的可能性及其渠道。但是，至少在我们的知识范围内，这一论断还缺乏系统性的经验证据。瞿宛文分析了中国政府如何不断修订汽车产业政策、引领汽车产业发展，并形象地把产业政策概括为“超赶共识监督下的中国产业政策模式”。但她的分析只局限于汽车产业。徐现祥等的研究与本章的研究更加接近，他们采用省委书记、省长的跨地交流样本，发现省委书记、省长在辖区产业发展选择上主要是重点发展第二产业、重视农业和忽视第三产业。其不足是分三次产业考察了官员对辖区经济增长的推动作用，并没有直接考察对三次产业结构调整的影响。

因此，本章构造了31个省区市1998～2007年省委书记、省长与辖区四位码产业结构相匹配的20个面板数据，系统性定量考察地方官员对辖区产业结构变动的影响，实证结果支持新结构经济学的论断。具体而言，在1998～2007年，当其他条件不变时，平均而言，省委书记、省长在短期内能引领辖区产业结构变动；在任第1、2、3年的引领效应大致分别为20%、15%和10%，到了任期的第4年，引领效应开始不显著。这意味着，与新结构经济学的理论预期一致，产业结构变动在短期可以靠官员引领，在长期主要靠市场主导，市场是实现资源有效配置的根本机制。

另外我们还发现，省委书记、省长在产业结构变动中的引领效应与其面临的政治激励正相关，即政府官员引领辖区产业结构变动是对上级给予的政治激励的反应。这个发现与实证分析中国经济增长的政治经济学文献是吻合的。近年来，越来越多的经济学文献采用实证经济学的方法探讨中国政治体制制度对经济发展的各种影响。众多以人事体制运行为研究切入点的文献发现，地方官员会对政治晋升激励作出反应①，从而中央主导的干部人事管理体制与区域经济发展紧密相连。徐现祥等从省级领导的来源、去向、任期、更替、特定晋升途径、特定任职经历等维度发现，地方官员能够对辖区经济增长产生显著影响。不过现有文献还没有考察省级领导影响辖区增长的渠道是什么，本章的探索则贡献了一个可能的渠道：响应上级号召，引领辖区产业结构调整。

在实证分析中，本章没有采用自然实验方法考察官员对产业结构调整的引领作用，只是识别了官员与辖区产业结构变动之间的相关关系，没有证实二者之间的因果关系。为了验证这种相关关系是稳健的，本章采用了三种策略。一是根据产业结构变动的相关文献，在考察官员引领产业结构变动时，本章引入了大量控制变量。二是把省委书记、省长样本划分为两类：选举年上任的样本和非选举年上任的样本。在官员任命体制下，后者更多的是在贯彻落实中央的政策指示，具有更强的内生性，相对而言，前者是弱内生性的样本。本章采用了这种弱内生性样本，重新考察地方官员与辖区产业结构变动之间的关系。三是构造两种“反事实”：把连任虚构为更替，人为调整官员更替的时间点。采用这些“反事实”的样本，回归结果变得不显著，从而反证本章的基本结论。

本章第一节是理论假说；第二节是数据与实证方法；第三节是实证分析部分，系统性考察官员引领辖区产业结构变动作用的大小；第四节进一步考察官员面临的政治激励和市场约束；最后是本章小结。

第一节　理论假说

产业结构变动是与经济增长相伴的现象，产业结构变迁也成为经济增长与发展研究的不变的主题。关于产业结构变迁的文献主要有两类，分别从需求和供给角度解释产业结构变迁的核心驱动力。一类文献强调恩格尔法则，认为随着收入的增长，人们会更多地消费收入弹性更高的产品。这类观点居于主流地位，其代表性学者包括墨菲(K.M.Murphy)、松山(K.Matsuyama)、埃切瓦利亚(C.Echevarria)、莱特纳(J.Laitner)、卡塞利(F.Caselli)、科尔曼(W.Coleman)、戈林(D.Gollin)以及陈晓光和龚六堂等。另一类

① 奥珀(S.Opper)、布雷姆(S.Brehm)和陶然等认为以官阶晋升为核心的政治激励可能没有如此重要。

则由鲍莫尔(W.Baumol)提出,强调要素替代弹性对于产业结构变迁的影响,研究学者有恩盖和皮萨里德斯(L.R.Ngai & C.A.Pissarides)、阿西莫格鲁和圭列里(D.Acemoglu & V.Guerrieri)、陈体标、徐朝阳等。

这些学者严谨地从消费者偏好及生产技术进步的角度解释经济结构变迁背后的动力机制,凸显的是市场在结构变动中的作用,较少涉及政府的作用。与之相对应的观点来自林毅夫称为旧结构经济学的学派。他们强调市场失灵,凸显政府在改变经济结构、促进经济发展中的作用,代表性的学者包括赫希曼(A.Hirschman)、纳克斯(R.Nurkse)以及罗森斯坦-罗丹,主张政府通过强力推动工业化进程、直接配置资源进行投资、在大机器工业部门建立公有制企业等方式来克服市场失灵。从现实看,在这种思想指导下的经济发展绩效却适得其反。

林毅夫等人在2007～2010年试图在旧结构经济学和新自由主义的基础上,提出新结构经济学的理论框架,倡导以新古典经济学的方法研究经济结构及其变迁,强调发挥市场和政府在产业结构升级中的协同作用。2007年,林毅夫提出潮涌现象,指出发展中国家处于世界产业链的中后端,企业对新兴产业拥有共识,政府相对于企业更具有总量信息优势,可以利用总量信息优势制定产业政策,以引导产业升级。毕竟,产业升级的过程很可能成为一个成本高昂的试错过程。到了2010年,林毅夫提出新结构经济学,倡导以新古典经济学的方法研究政府和市场在产业结构变迁中的协调作用,强调市场在资源配置中的基础性作用,同时指出政府应该在产业转型升级中发挥积极的、因势利导的作用。具体而言,这种作用体现在"为新产业提供信息、为同一产业中不同企业的相互关联投资提供协调、为先驱企业补偿信息外部性,以及通过鼓励外商直接投资来培育新产业这四个方面"。

在此基础上,新结构经济学对发展中国家推动经济结构转型升级的可行政策进行了初步探讨。首先是政府可以通过财政政策来改善基础设施,为产业多样化和产业升级提供因势利导的支持;其次是利率与金融发展政策,通过实施低利率政策刺激企业投资,进而提高生产率和促进产业升级,通过发展多元化的金融结构体系为各类企业提供适宜的金融信贷支持;最后是外资引进和贸易开放政策,通过引进外资带来技术、管理、市场渠道和社会网络,通过参与全球贸易、利用后发优势实现技术赶超。

改革开放以后,中国经历了40多年的经济增长和结构转型,是分析经济结构变迁的极佳样本。在人口众多和腹地广阔的中国,实际上是众多的地方经济增长一起汇成了一个举世瞩目的经济奇迹。源于中央实施的经济分权及处于经济社会转型期,地方政府手中拥有众多的资源和政策权力,包括前文述及的新结构经济学所强调的财政政策、金融信贷政策、外资引进及外贸开放政策，从而能够影响经济增长和产业结构变动；又由于中国各级政府实行“首长负责制”①，各级首长拥有政府系统的核心决策权力和资源调配权力，基于此，我们提出本章的第一个理论假说。

理论假说1：在给定的市场水平下，地方官员在短期可以引领辖区产业结构变动。

对于理论假说1，我们有两点需要补充和强调。一是在理论假说中，引领产业结构变动的主体是政府官员，而不是政府。官员是政府组织中最为基本和重要的能动微观主体，各级官员共同造就了整个政府组织的运转。若探讨政府在产业结构调整中的影响，自然会延伸至政府官员在辖区产业结构变动中的作用与影响。“政治路线确定之后，干部就是决定因素”，是毛泽东同志对中国官员个人作用的通俗描述。② 二是地方官员对辖区产业结构变动的影响可能是短期的。这种短期性源于以下几个方面的综合作用。首先，官员本身是有任期的，理性的地方官员为了实现其任期内效用最大化，会致力于在任期内内部化产业结构变动的好处。其次，如前所述，政府在经济结构变动中的作用很大程度上体现在基于信息优势的因势利导作用，政府利用相对于企业而言的总量信息优势，制定产业政策以引导产业结构变动。但是，一旦政府官员利用这种总量信息引领产业结构变动，这种信息将逐渐转化为公共信息，使得政府官员很难长期保持这种总量信息优势。最后，正如新结构经济学所强调的，有效配置资源的根本机制是市场不是政府，产业结构变动作为生产要素的再配置过程也必然遵循这一基本规律。③

地方官员可以影响辖区产业结构变动，但问题是，地方官员具有影响产业结构变动的动机吗？地方官员引领产业结构变动可能源于政治激励。中国现行的宏观政治体制对地方官员的产业结构变动效应构成体制约束。中国的干部治理是“任命制”，上级对下级官员的职业发展具有最终决定权。

---

① 中国政府的“首长负责制”，正式确立于1982年五届人大五次会议通过现行宪法的时候。需要指出的是，党委系统中并不实行“首长负责制”，而是实行集体领导的“党委制”，决策的主体是集体，但书记“负总责”，由书记主持党委的工作，并对党委的日常工作作出处理。

② 胡锦涛总书记在庆祝中国共产党成立90周年大会上，再次引用了这句话。

③ 众多发达国家和新兴经济体中具有代表性的主导产业的发展和壮大是政府适当引导和市场充分主导相结合的结果。例如，美国政府在硅谷发展的早期提供了大量的订单需求、研发补贴、知识产权保护、人才集聚优惠等政策支持，使其能够最终在市场化经营模式下取得巨大成功。此外，日本、韩国等国家的汽车、电子产业政策在这些产业发展的早期也发挥了显著的促进作用，但其有效性随着这些产业向世界产业和技术前沿的靠近逐渐减弱，即产业政策的有效性随着一国及其产业赶超过程的结束而减弱。从这一角度出发，发展中国家政府的产业政策一定程度上是为克服对“赶超”形成阻碍的“市场缺陷”所采取的政策。

地方官员为了实现连任和晋升等职业发展，需要遵从和满足上级的目标与偏好，这就是所谓的政治激励。一些专家基于中国省级官员样本，提供了政治激励存在的经验证据。① 兰德里(F.Landry)和林挺进基于地级官员样本证实了地级官员也面临着政治激励。张五常认为，县级竞争是中国经济繁荣的精髓，郭刚则基于中国县委书记、县长的样本，给出了县级官员晋升竞争的经验证据。② 当政治激励存在时，与上级保持一致，最大限度地满足上级诉求，自然成为地方官员谋求政治生涯发展的理性选择。如果中央把"经济结构调整"和"产业结构优化"作为工作重心③，那么理性的地方官员会对此作出反应。

"政治激励"因地方官员在职业发展中所面临的"竞争效应"而得到强化或改变。首先，地方官员面临纵向维度的职业晋升竞争。新上任的官员期望在新的工作岗位上做出新的成绩，超越前任，做出与前任相比更加突出或不同的成绩。因此，新上任的官员就有很强的动机去实施差异化策略，推行与前任官员不同的政策。这种差异化策略在产业政策上往往表现为选择不同的或者新兴的重点产业，有意识地将资源或要素投入这些产业，从而引起产业结构的调整。其次，地方官员不仅要面对与前任官员的"无形竞争"，还要面对同级官员的有形竞争，即地方官员面临横向维度的"标尺竞争"。④ 为了在众多同级官员的竞争中胜出，不同的官员由于发展环境、工作经历、个人偏好等差异，会实施差异化的产业政策⑤，从而官员更替伴随着产业政策的不连续性，导致产业结构调整加剧。最后，干部治理中的强制退休和有限任期制度等安排，更进一步加剧了官员之间的竞争，强化了官员实现快速

① 当然，并非所有实证研究都支撑这个理论假说，奥珀和布雷姆、陶然等就未发现经济增长绩效显著影响官员晋升的结果。

② 郭刚发现，基于绩效考核的官员评价和任免体系使得县委书记(县长)倾向于在任期的关键时点上(任期的第 3 年和第 4 年)增加政府支出，以此来增加其晋升机会。

③ 1994 年中国颁布《90 年代国家产业政策纲要》，标志着中央政府开始利用产业政策引导产业结构调整升级，其后的各个"五年规划"均把"经济结构调整"和"产业结构优化"作为其重要组成部分。

④ 在自然垄断产业的政府规制中，规制者与企业之间信息不对称是常态，为了提升规制效果，规制者会利用一切可以得到的信息来克服这种信息不对称。一种方法就是通过比较面临相似技术环境的企业绩效来了解目标企业的技术参数，进而制定规制价格。这种方法叫作"标尺竞争"(Yardstick Competition)。最早将标尺竞争理论用于自然垄断分析的是施莱费尔(A.Shleifer)，而贝斯利(T.Besley)和凯斯(A.Case)则首次将标尺竞争理论应用于政府管理体制研究。张晏等认为，与贝斯利和凯斯提出的民主选举政体下自下而上的标尺竞争不同，中国地方政府是对上负责，从而形成了一种基于上级政府评价的自上而下的标尺竞争。

⑤ 当然，面对这种竞争，一些地方官员可能会理性地选择放弃。

晋升的内在动机。王贤彬等通过研究发现，中国新上任省级官员的平均年龄约 55.5 岁，这个年龄距离国家规定的省部级官员强制退休年龄 65 岁还有近 10 年时间。10 年时间可以覆盖两个完整的任期，新任官员还具有很强的连任或晋升动机。基于此，我们提出第二个理论假说。

理论假说 2：地方官员引领辖区产业结构变动在一定程度上源于政治激励。

正如新结构经济学所反复强调的，从根本上说，产业结构形成及其变迁是资源禀赋结构变化和市场发育成熟作用的结果，市场是产业结构调整的根本决定力量，政府在产业结构升级中的引导作用必须建立在承认市场配置资源的基础性作用之上。缺乏市场支持的产业结构调整，往往难以持续，耗费各方资源和精力；顺应和借助市场运作力量所进行的产业结构调整，往往事半功倍，成功推动产业结构升级和经济可持续发展。可以说，地方官员引领辖区产业结构变动既面临着政治激励，也面临着市场约束。当然，如果把假说 1 和 2 整合起来，本章所揭示的即为，在给定的市场水平下，当中央要调整经济结构时，面临政治激励的地方官员会作出理性的反应——引领辖区产业结构变动。

第二节 数据与实证方法

一、数据说明

本章将构造省委书记、省长与辖区四位码产业结构变动相匹配的面板数据。产业数据由国有及规模以上工业企业数据库中企业数据加总得到，样本区间是 1998～2007 年。省委书记、省长数据来自王贤彬等人的研究。

在中国，省委书记、省长的平均任期只有 4 年，地级官员的平均任期更短，比如地级市长的任期平均不到 3 年。在这么短的任期内，即使官员能够引领辖区产业结构调整，也很难在二位码产业层面上体现出来。基于此，本章采用企业数据库分省区市按四位码产业加总，得到各省区市四位码产业样本，进而构造四位码产业的结构调整指数，考察省级官员对辖区产业结构调整的影响。

具体而言，本章所采用的产业结构调整指数(Structural Change Index,

简称 SCI)为[①]：

$$SCI_{i,t}^{n} = 0.5 \times \sum_{j=1}^{J} \mid indshare_{j,i,t,} - indshare_{j,i,t-n} \mid, \quad n = 1,2,3,4 \tag{6-1}$$

其中，i、t 和 j 分别表示省区市、时间和四位码行业；n 表示时间跨度，是匹配省委书记、省长任期与辖区四位数产业结构变动的纽带。在产业结构调整指数中，n 表示度量产业结构变动的跨度是 n 年；在官员数据中，n 表示官员任期的第 n 年。$indshare_j$ 为行业 j 占全国或本省制造业总额的比重。因此，$(indshare_{j,t} - indshare_{j,t-n})$ 度量的是行业 j 所占比重在 n 年内的变动情况。考虑到每个四位码产业所占比重既可能上升亦可能下降，因而在式(6-1)中，先对比重变动值取绝对值，然后加总得到每个省区市内四位码产业结构的累计变动量。显然，产业结构调整指数越大，产业结构变动越剧烈，反映了在经济增长过程中，生产要素在经济各部门之间的再配置过程。[②]

为了从不同角度度量产业结构变化程度，本书分别从增加值、总产出、销售额和就业等角度度量产业结构变动，构造了 5 类结构调整指数。每类指数的跨度分别为 1～4 年，因此，每个省区市合计有 20 种产业结构变动指数。

根据官员任期赋值，构造官员任期虚拟变量 D_tenure^n，$n = 1,2,3,4$。[③] 具体赋值为：当官员在任第 n 年时，D_tenure^n 等于 1，其他等于 0；当超出官员实际最长任期时，D_tenure^n 也为 0。

根据 n 的赋值，本章构建了 1998～2007 年，全国 31 个省区市的省委书记、省长的任期与其辖区产业结构变动相匹配的 20 个面板数据。具体而言，任期第 n 年的省委书记、省长与辖区跨度为 n 年的产业结构变动指数相匹配，即对每类产业结构变动指数，本章构建了 4 个官员与之相匹配的面板数据，合计是 20 个相匹配的面板数据。由于省委书记、省长是有限任期，考

---

① 布朗代(A.Brender)和德拉赞(A.Drazen)在度量政府支出结构变化时，也采用了类似的构造方法。

② 不过，需要说明的是，该指数不具有方向性，只是度量产业结构变动情况，并不是对产业升级的度量。

③ 官员任期变量 *tenure* 的赋值方法：官员上任当年 *tenure* 取 0，次年取 1，依次类推。当同一省区连续两年发生同一类型官员更换或一任官员任期不满一年时，不予考虑。官员离任当年记为其任期最后一年。

察期的时间跨度越长，官员样本就越少①，因此这 20 个面板数据的样本并不相等。

二、数据描述性统计

表 6-1 是主要变量的描述性分析。由第 2 列可知，时间跨度越长，产业结构变动幅度越大。就增加值、总产出、销售额和就业量占全国比重而言，第 4 期的产业结构变动指数分别是第 1 期的 2.2 倍、2.5 倍、2.5 倍和 2.6 倍；按照占本省的比重看，二者的比值是 2。

第 5 列报告了 D_tenure^n 为 1 与 D_tenure^n 为 0 的产业结构调整指数均值之差，是对官员产业结构引领效应的一个描述性统计。就 5 类指数 1～3期的变动情况而言，二者之差都是正的，但只有采用就业量度量产业结构变动时，二者之差至少能够通过显著水平为 10%的统计检验，能够拒绝二者之差等于 0 的零假设。到了第 4 期，即省委书记、省长在任第 4 年，二者之差或正或负，但都不显著。这表明，平均而言，官员任期内的产业结构变动幅度较大，但官员的显著影响似乎集中在任期的前期。

表 6-1 中后 5 列报告了控制变量的均值，从最后一列看，D_tenure^n 为 1 与 D_tenure^n 为 0 的控制变量均值之差或正或负，且都不显著，表明各控制变量的组均值无显著差异。

为了更直观地考察官员有无更替时各省区市产业结构调整幅度的差异，汇制图 6-1、6-2、6-3 和 6-4。从图中可以直观看出，大多数省份有更替与无更替年份差异均大于 0。具体来讲，1 年期增加值结构调整指数大于 0 的省份数为 18，2 年期增加值结构调整指数大于 0 的省份数为 23，3 年和 4 年均为 20。由此可见，官员更替后第 2 年差异大于 0 的省份个数增至最多，其后又有所减少。

① 当 n 的最大值取 7 时，我们发现地方官员在短期内对辖区产业结构调整没有任何影响。具体内容请参阅后面的分析。

表 6-1　主要变量描述性统计

	总体均值	D_tenure^n 为 0 的均值(1)	D_tenure^n 为 1 的均值(2)	均值之差 (2)－(1)		总体均值	D_tenure^1 为 0 的均值(1)	D_tenure^1 为 1 的均值(2)	均值之差 (2)－(1)
增加值 SCI^1	3.79	3.58	4.14	0.56	创新能力 *Innov.*	0.09	0.08	0.09	0.01
增加值 SCI^2	5.47	5.19	6.14	0.95	在校大学生人数 ln*collstu*	12.25	12.29	12.24	－0.05
增加值 SCI^3	6.91	6.47	8.19	1.72*	年平均工资 ln*awage*	9.47	9.51	9.44	－0.07
增加值 SCI^4	8.29	7.99	9.62	1.63	出口额占比 *export*	0.10	0.10	0.10	－0.00
全省份额 SCI^1	13.17	12.95	13.53	0.58	矿业就业比例 *mineral*	0.14	0.14	0.14	－0.00
全省份额 SCI^2	18.45	18.13	19.20	1.07	赫芬达尔指数 *HHI*	0.07	0.07	0.07	－0.00
全省份额 SCI^3	22.56	22.28	23.37	1.09	货运总量对数 ln*cargo*	10.45	10.41	10.48	0.07
全省份额 SCI^4	26.71	26.73	26.63	－0.10	g^1	7.91	7.88	7.92	0.04
总产出 SCI^1	3.09	2.89	3.43	0.54	g^2	15.97	15.45	16.18	0.73
总产出 SCI^2	4.81	4.52	5.51	0.99	g^3	23.88	22.50	24.37	0.87

续表

	总体均值	D_tenure^n 为 0 的均值(1)	D_tenure^n 为 1 的均值(2)	均值之差 (2)－(1)		总体均值	D_tenure^1 为 0 的均值(1)	D_tenure^1 为 1 的均值(2)	均值之差 (2)－(1)
总产出 SCI^3	6.26	5.83	7.52	1.69*	g^4	33.28	30.45	33.91	3.46
总产出 SCI^4	7.66	7.34	9.09	1.75	大企业份额 *large*	0.92	0.91	0.92	0.01
销售额 SCI^1	3.09	2.89	3.43	0.54	外资企业份额 *foreign*	0.07	0.07	0.07	−0.00
销售额 SCI^2	4.81	4.53	5.50	0.97	内资企业份额 *domestic*	0.87	0.87	0.87	−0.00
销售额 SCI^3	6.28	5.84	7.52	1.68*	市场 *market*	5.49	5.51	5.48	−0.03
销售额 SCI^4	7.67	7.35	9.08	1.73	财政分权指数 *fiscaldes*	1.16	1.17	1.13	0.04
总就业 SCI^1	2.73	2.49	3.15	0.66**					
总就业 SCI^2	4.25	3.94	5.01	1.07**					
总就业 SCI^3	5.75	5.40	6.74	1.34*					
总就业 SCI^4	7.23	6.96	8.42	1.46					

说明：表中第 5 和第 10 列是组均值之差，星号代表均值检验的显著性水平。均值检验的原假设：D_tenure^n 为 0 的均值等于 D_tenure^n 为 1 的均值。

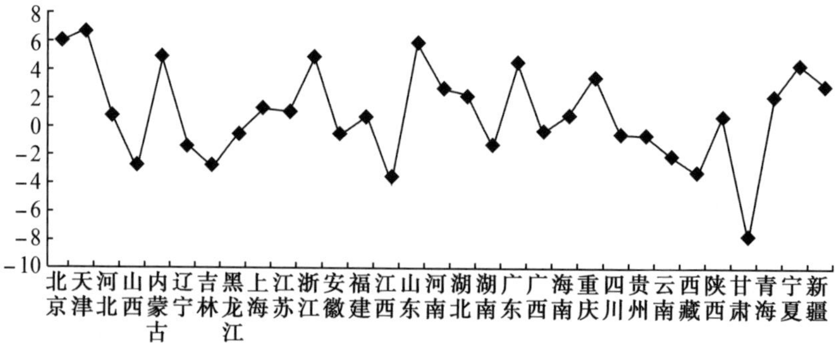

图 6-1　省委书记、省长更替 1 年后产业结构调整指数均值与非更替年份均值之差

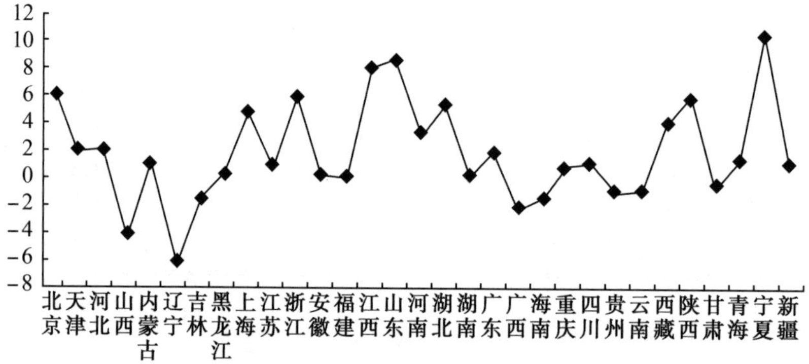

图 6-2　省委书记、省长更替 2 年后产业结构调整指数均值与非更替年份均值之差

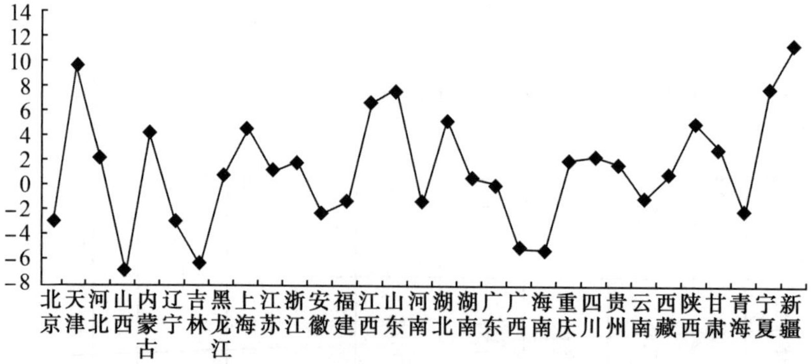

图 6-3　省委书记、省长更替 3 年后产业结构调整指数均值与非更替年份均值之差

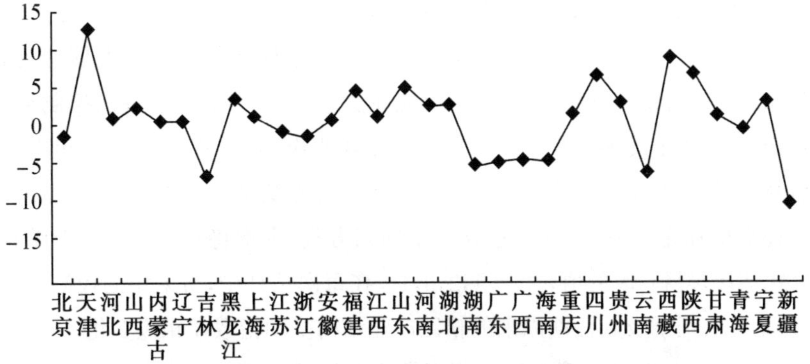

图 6-4　省委书记、省长更替 4 年后产业结构调整指数均值与非更替年份均值之差

三、实证模型

本章考察地方官员引领辖区产业结构变动的实证模型，设定如下，

$$SCI^{n}_{i,t} = \beta_0 + \beta^{n}_1 D\_tenure^{n}_{i,t} + \Theta X_{i,t} + \alpha_i + \gamma T + \varepsilon_{i,t}, \quad n=1,2,3,4 \tag{6-2}$$

其中，β^{n}_1 是本章关心的核心回归系数，度量在第 n 年任期的地方官员对其上任以来辖区产业结构变动的影响程度，本章把其占相应结构调整指数均值的比重定义为官员的产业结构引领效应。[①] 新结构经济学强调市场是产业结构调整的根本决定力量，因此，本章在试图识别官员产业结构引领效应时，尽量控制各种市场因素。我们选取了 α 和 T 分别控制省区市固定效应和时间趋势。X 和 Θ 分别是控制变量向量及其对应的回归系数向量。具体而言，本章选取了四类控制变量。第一类是影响产业结构调整的供给因素。将结构变化归因于供给因素的代表性学者有鲍莫尔(W.Baumol)、恩盖(L.R.Ngai)和皮萨里德斯(C.A.Passarides)等，强调不同部门的生产率或技术水平差异导致了生产要素重新配置，推动产业结构变动。本章用企业创新能力和在校大学生人数度量供给因素。第二类是影响产业结构调整的需求因素。需求因素驱动产业结构调整的代表学者有切瓦利亚(C.Echevarria)等，他们论证了收入和工资水平上升导致产业结构变迁的机制，强调随着经济发展水平提高，人们对消费品的需求变化引起生产结构的相应变化。本章选择了 2 个需求因素的控制变量：职工年平均工资和出口额占工业总产值的比例，后者用来度量国外需求状况。第三类控制变量是行业特征，本章选择了4 个变量：(1)矿业就业比例，用来反映一个省区市基期的资

---

① 本书从 5 个不同方面度量产业结构，构造了 5 类合计 20 个面板数据，采用不同类型的产业结构指数得到的回归系数显然并不可比，而占其相应均值的比重则具有一定的可比性。

源依赖度①;(2)货运总量,用来反映交通运输业发达程度;(3)赫芬达尔指数,用来反映一个省区产业专业化程度;(4)一个地区的制造业发展速度,速度越快,官员调整产业结构的空间可能越大。第四类是企业特征控制变量,本章选择了企业规模和所有制,即大企业就业份额、外资企业份额和内资企业份额。为了下文行文方便,表 6-2 列出了主要变量定义及计算方法。

还需要补充的是,式(6-2)包含 4 个回归方程,本章将对每一类产业结构指数分别估计,得到 β_1^n 的值, $n=1,2,3,4$。在每次估计中,所采用的控制变量相同,只是官员任期及其任期以来的辖区产业结构变动指数在相应变化。

表 6-2　主要变量定义及计算方法

	变量符号	变量名称	计算(取值)方法
因变量	SCI^n	n 年期产业结构调整指数	参见公式(6-1)
核心解释变量	D_tenure^n	n 年期官员任期虚拟变量	参见第三节第一小节
供给因素	*Innov.*	创新能力	新产品产值占当年销售额比例
	ln*collstu*	在校大学生人数	在校大学生人数的对数
需求因素	ln*awage*	年平均工资	省的年平均工资的对数
	export	出口额占比	全省出口额占工业总产值的比例
行业特征	*mineral*	矿业就业比例	矿业就业人数占总就业人数之比
	HHI	赫芬达尔指数	各行业就业份额平方的累加和
	ln*cargo*	货运总量对数	全省货运总量的对数用来反映本省的基础设施状况
	g^n	n 年期增长率	t 期省的制造业增加值(或产出/销售额/总就业人数)对数减去 t-n 年的相应对数值

① 控制变量采用就业人数而非制造业增加值比例的原因有两个:一是规模以上工业企业数据库中就业人数的数据最齐全,二是为了最大限度地避免控制变量与增加值增长率和增加值产业结构调整指数可能存在的共线性。

续表

	变量符号	变量名称	计算(取值)方法
企业特征	*large*	大企业份额	员工数大于100的企业就业人数占总就业的比例
	foreign	外资企业份额	外商投资企业就业人数占总就业比例
	domestic	内资企业份额	内资企业就业人数占总就业比例

第三节　地方官员对产业结构变动的影响

一、基本结果

基于所构造的20个省委书记、省长与辖区产业结构变动相匹配的面板数据，本章采用方程(6-2)分别作回归分析，结果发现，地方官员在短期内能够影响辖区产业结构变动。

表6-3报告了20个回归方程的部分回归结果。在表6-3中的第2、3列，即方程1～4部分，报告了采用增加值占全国份额度量产业结构变化的回归结果。具体而言，每一行报告一个回归结果。当省委书记、省长在第1年任期时，$\beta_1^1=0.65$，能够通过显著水平为5%的统计检验。这表明，当其他条件不变时，平均而言，省委书记、省长上任1年时，辖区产业结构调整指数将显著地提高0.65个单位，占1年期产业结构调整指数均值的17%，即上任1年的省委书记、省长对辖区产业变动的引领效应是17%。当省委书记、省长上任2年时，$\beta_1^2=0.82$，能够通过显著水平为5%的统计检验，占2年期产业结构调整指数均值的15%。这表明，当其他条件不变时，平均而言，上任2年的省委书记、省长对辖区产业结构变动的引领效应是15%。上任3年时，$\beta_1^3=0.72$，也能够通过显著水平为5%的统计检验，但占3年期产业结构调整指数均值的比重下降到10%。这表明，当其他条件不变时，平均而言，上任3年的省委书记、省长对辖区产业结构变动的引领效应为10%。上任4年时，$\beta_1^4=0.19$，回归系数绝对值变小，而且不显著。这意味着，到了任期的第4年，省委书记、省长对辖区产业结构调整已经没有显著的引领作用。总之，表6-3中的方程1～4部分揭示了省委书记、省长在短期内能

够显著引领辖区产业结构调整，其引领效应随着任期的增加而下降。

表 6-3 中的第 4、5 列，即方程 5～8 部分，报告了采用增加值占全省份额度量产业结构变化的回归结果。当省委书记、省长在任第 1 年时，$\beta_1^1=0.53$，符号是正号，但不显著。当省委书记、省长上任 2 年时，$\beta_1^2=1.29$，能够通过显著水平为 5%的统计检验，占 2 年期产业结构调整指数均值的 7%。这表明，当其他条件不变时，平均而言，上任 2 年的省委书记、省长对辖区产业结构变动的引领效应是 7%。上任 3 年时，$\beta_1^3=1.25$，能够通过显著水平为 10%的统计检验，但占 3 年期产业结构调整指数均值的比重下降到 5.5%。这表明，当其他条件不变时，平均而言，上任 3 年的省委书记、省长对辖区产业结构变动的引领效应为 5.5%。上任 4 年时，$\beta_1^4=0.52$，回归系数不显著。这意味着，到了任期的第 4 年，省委书记、省长对辖区产业结构调整也是没有显著的引领作用。

采用总产出和销售额占全国份额度量产业结构变化的回归结果分别对应表 6-3 中的方程 9～12 部分和方程 13～16 部分。先看方程 9～12 部分，当省委书记、省长在任第 1 年时，$\beta_1^1=0.64$，能够通过显著水平为 5%的统计检验，占 1 年期产业结构调整指数均值的 21%。这表明，当其他条件不变时，平均而言，上任 1 年的省委书记、省长对辖区产业结构变动的引领效应是 21%。当省委书记、省长上任 2 年时，$\beta_1^2=0.8$，能够通过显著水平为 5%的统计检验，占 2 年期产业结构调整指数均值的 17%。这表明，当其他条件不变时，平均而言，上任 2 年的省委书记、省长对辖区产业结构变动的引领效应是 17%。上任 3 年和 4 年时，省委书记、省长的回归系数符号仍然是正号，但不再显著。当采用销售额占全国份额度量产业结构变化时，省委书记、省长的产业结构引领效应呈现相同的变化趋势。上任 1、2 年时，回归系数分别为 0.63 和 0.77，分别通过显著水平为 10%和 5%的检验，相应的引领效应分别为 20%和 16%。到了第 3、4 年时，省委书记、省长任期虚拟变量的回归系数符号仍然是正号，但不再显著。

表 6-3 基本结果:地方官员引领产业结构调整

	方程 1～4		方程 5～8		方程 9～12		方程 13～16		方程 17～20		
被解释变量	增加值占全国份额		增加值占全省份额		总产出占全国份额		销售额占全国份额		就业人数占全国份额		
	D_tenure^n	R^2	D_tenure^n	R^2	D_tenure^n	R^2	D_tenure^n	R^2	D_tenure^n	R^2	*Obs.*
$n=1$	0.65** (0.32)	0.28	0.53 (0.58)	0.22	0.64** (0.32)	0.27	0.63* (0.32)	0.27	0.75** (0.33)	0.22	79
$n=2$	0.82** (0.35)	0.29	1.29** (0.62)	0.29	0.80** (0.35)	0.30	0.77** (0.34)	0.30	0.83* (0.42)	0.26	48
$n=3$	0.72** (0.32)	0.32	1.25* (0.74)	0.38	0.51 (0.31)	0.32	0.49 (0.31)	0.32	0.46* (0.26)	0.27	17
$n=4$	0.19 (0.33)	0.28	0.52 (0.79)	0.24	0.14 (0.38)	0.29	0.10 (0.39)	0.29	0.01 (0.28)	0.30	86

说明:(1)回归方法为异方差稳健的固定效应回归;括号中是异方差稳健的回归系数标准差;***、**、*分别表示1%、5%、10%的显著性水平;在本表中,只报告了 β_1^n 的回归系数及其相应标准差;具体的回归方程如下:

$$SCI_{i,t}^n = \beta_0 + \beta_1^n D\_tenure_{i,t}^n + \theta_1 innov + \theta_2 \ln collstu + \theta_3 export + \theta_4 mineral + \theta_5 HHI + \theta_6 \ln cargo + \theta_7 g^n + \theta_8 large + \theta_9 foreign + \theta_{10} domestic + \alpha_i + \gamma T + \varepsilon_{i,t}$$

(2)被解释变量为总产出(销售额或就业人数)结构调整指数时,增长率为对应的增长率。

(3)表 6-3 被分为方程 1～4、5～8、9～12、13～16 和 17～20 等五个部分,每部分 $n=1,2,3,4$,每一行报告一个回归结果。

表6-3中的方程17～20部分，报告了采用就业人数占全国份额度量产业结构变化的回归结果。省委书记、省长上任的前3年，相应的回归系数都是显著的，系数大小分别为0.75、0.83和0.46，相应的引领效应分别为27%、20%和8%。到了上任的第4年时，省委书记、省长任期虚拟变量的回归系数符号仍然是正号，同样也是不再显著。

总之，本章从五个方面度量辖区产业结构变动都得到类似的结论。当其他条件不变时，平均而言，省委书记、省长能够引领辖区产业结构变动，在任第1年的引领效应大致为20%，这种引领效应随着任期的增加而下降，到了任期的第3年或第4年，引领效应开始变得不显著。

二、稳健性检验

本小节将采取以下三种策略检验本章的发现——地方官员在短期内能够引领辖区产业结构变动——是否稳健。

第一种策略是增加 n 的取值，验证地方官员只具有短期引领效应不局限于本章所构造的面板数据。在构建省委书记、省长任期与辖区产业结构变动相匹配的面板数据时，本章只考察了4年以内的产业结构变动情况；如果地方官员对产业结构调整的影响效果需要较长时间才能观察到，那么本章所构造的面板数据可能观察不到地方官员的引领效应。为此，本章又构造了 $n=5,6,7$ 的省委书记、省长任期与辖区产业结构变动相匹配的面板数据，回归结果见表6-4第1～4列，即方程1～3。从回归结果看，本章关心的核心回归系数 β_1^5、β_1^6、β_1^7 全部为负且不显著，即官员在任期的5～7年对辖区的产业结构变化仍然没有显著引领作用。这表明，本章的发现并不局限于之前所构造的 $n=1,2,3,4$ 的面板数据。

第二种策略是考察官员上任所可能具有的内生性。官员更替有两种情形：一是换届选举年更替，另一种是非换届年更替。在官员任命制的体制下，换届年上任是正常的更替，非换届年更替往往体现上级或中央的某些特定用意或意图，从而具有更强的内生性。另外，由于存在代省长情形，为了最大限度地降低更替样本可能存在的内生性，本章仅保留选举年上任或连任的书记样本，重新匹配面板数据，得到相对而言是弱内生的样本。表6-4中的方程4～7部分报告了相应的回归结果。这时，本章所关心的核心系数分别为2.67、3.39、2.25和0.81，系数绝对值明显变大，是基于全部样本回归系数的4倍(见表6-3中的方程1～4部分)，而且几乎都能通过显著水平为1%的统计检验。不过，尽管系数变大，但官员引领效应的变化趋势没有变。选举年上任的官员第1～4年的引领效应分别为70%、62%、33%和10%，仍然是随着任期的增加而下降，是短期的。

表 6-4　稳健性检验

	方程 1～3			方程 4～7				方程 8～13				
长任期样本				弱内生性样本				虚构更替样本				
考察期	D_tenure^n	R^2	*Obs.*	考察期	D_tenure^n	R^2	*Obs.*		考察期	D_tenure^n	R^2	*Obs.*
$n=1,2,3,4$	同表 6-3 方程 1～4 部分			$n=1$	2.67*** (0.95)	0.36	195	连任视为更替	$n=1$	0.08 (0.36)	0.25	279
$n=5$	−0.50 (0.39)	0.31	155	$n=2$	3.39** (1.14)	0.39	180		$n=2$	−0.08 (0.31)	0.26	248
$n=6$	−0.06 (0.34)	0.22	124	$n=3$	2.25*** (0.65)	0.43	158		$n=3$	−0.02 (0.25)	0.30	217
$n=7$	−0.39 (0.34)	0.27	93	$n=4$	0.81* (0.44)	0.34	141		$n=4$	−0.01 (0.19)	0.28	186
								推后 2 年上任	$n=2$	−0.52 (0.32)	0.28	248
								推后 3 年上任	$n=2$	−0.32 (0.28)	0.27	248

说明：被解释变量为各行业增加值占全国份额的产业结构调整指数，其他同表 6-3。

第三种策略是人为地改变官员上任的年份，构建一种“反事实”。如果本章的基本发现是稳健的，那么基于这种“反事实”则观察不到官员的引领效应。人为地改变官员上任年份主要有两种类型：一是人为地把官员上任年份提前，二是推后。前者不是构造有效“反事实”的方法。因为，人为提前官员上任年份，能“捕捉”到上一任官员的影响。由于官员任期比较短，人为推后官员上任年份也要注意，因为推后过多期会“捕捉”到下一任官员的影响。基于此，本章仅把官员上任年份人为地推后 2～3 期来考察官员在任第 2 年对产业结构变动的影响。① 由表 6-4 中的方程 12～13 部分回归结果可知，人为推后官员上任年份后，本章所关心的核心回归系数均不显著。

以上分析表明，本章在基本结果部分中的发现——省委书记、省长在短期内能够引领辖区产业结构变动——是相当稳健的。

三、结果分析

省委书记、省长的产业结构引领效应是短期的，而不是长期的，有两种可能的解释：一是地方官员不做“功不在当任”的事，行为具有短期化；二是地方官员无法长期引领产业结构调整。

地方官员行为短期化可能并不是官员产业引领效应逐渐消退的主要原因。由表 6-4 中的方程 1～3 部分可知，当官员的任期长达 7 年时，省委书记、省长也只是在任期的前 3 年对辖区产业结构调整具有显著影响。如果官员有能力调整辖区产业结构，那么后 3 年足够其引领辖区产业结构调整。当 $n=5,6,7$ 时，本章所关心的核心回归系数不显著，一个可能的原因是，地方官员的法定任期是 5 年，任期超过 5 年的样本都是连任的地方官员。为了检验这个可能的原因，本章人为地把选举年连任的省委书记、省长视为新上任的地方官员，按照第 2 个任期上任的第 $n(n=1,2,3,4)$ 年重新匹配面板数据。官员任期虚拟变量 D_tenure^n 的赋值方法是：连任官员 $tenure=6,7,8,9$ 时，D_tenure^n 分别取 1，2，3，4。表 6-4 中的方程 8～11 部分报告了相应的回归结果，本章所关心的核心回归系数 β_1^1 为正，不显著，β_1^2、β_1^3 和 β_1^4 为负，也不显著。这意味着，即使重新按照第 2 个任期考察，地方官员也没有显著地引领辖区产业结构调整。

基于此，我们倾向于认为，省委书记、省长只能短期内引领辖区产业结

① 之所以选择官员上任第 2 年的影响，是因为在基准回归结果中，无论从哪个角度度量产业结构变动，省委书记、省长上任第 2 年始终对产业结构调整具有显著影响。

构调整。按照新结构经济学的理论，地方官员能够引领辖区产业结构调整，是因为中国处于世界产业链的中后端，产业升级时有先验信息，政府官员相对于企业具有总量信息优势，可以利用这一信息优势制定产业政策来引导产业升级。但问题是，一旦地方官员开始利用其掌握的信息优势引导辖区产业升级，企业和市场也就逐渐了解了政府所掌握的信息，并对地方官员的引领行为作出反应：跟进、观望或抵触。这时，政府官员不再掌握有关产业结构变动的信息优势；除非其掌握新的信息优势，否则只能够短期内引领辖区产业结构变动，而无法实现长期引领。从这种意义上说，本章发现地方官员只能在短期内引领辖区产业结构调整与新结构经济学的理论推论是一致的。

中共十六大就提出走新型工业化道路，“以信息化带动工业化，以工业化促进信息化”，但工业化与信息化融合不够，中国工业的信息化水平与发达国家存在很大的差距。《国民经济和社会发展第十四个五年规划和2035年远景目标纲要》提出我国到2035年基本实现新型工业化、信息化、城镇化、农业现代化，建成现代化经济体系的远景目标。信息化作为“四化”之一，其重要性可见一斑。具体到产业政策的制定和实施领域，政府做好信息管理将有助于提升产业政策效果，具体体现在以下方面：第一，政府提供信息公共产品。首先，政府相对于企业具有总量信息优势；其次，信息的公共产品性质决定了私人愿意提供的信息量总是低于社会最优的信息量。因此，政府应该收集产业和技术发展的相关信息并向社会公布。第二，提高信息透明度。产业政策是政府“有形之手”配置资源的重要抓手。为了实现公平公正的目标，将资源配置到效率最高的地方，必须从产业政策制定和实施的各个环节提高信息透明度，以便相关职能部门和公众监督。

第四节　政治激励与市场约束

在理论假说部分，本书已经强调，受到中国宏观政治体制的约束，官员引领辖区产业调整升级可能源于其所面临的政治激励。在本小节，我们尝试验证中国的宏观政治体制特征对地方官员产业结构变动效应的影响。具体来讲，本小节通过考察地方官员的产业结构引领效应是否随着官员特征不同而变化，试图识别政治激励是否构成官员致力于辖区产业结构调整的潜在动力。

为此，实证模型(6-2)调整为：

$$SCI_{i,t}^{n}=\beta_0+\beta_1^n D\_tenure_{i,t}^{n}+\beta_2^n D\_tenure_{i,t}^{n}\times feature+\beta_3^n feature+\Theta X_{i,t}+\alpha_i+\gamma T+\varepsilon_{i,t}\ ,\quad n=1,2,3,4 \tag{6-3}$$

在模型(6-3)中，$feature$ 是所要考察的影响因素。β_2^n 和 β_3^n 分别度量了所考察的影响因素对官员产业结构引领效应和辖区产业结构变动的影响，其他变量含义同(6-2)式。这时，省委书记、省长对辖区产业结构变动的影响则为 $\beta_1^n+\beta_2^n feature$ 。

坦白而言，直接度量一个地方官员所面临的政治激励并不是一件很容易的事情。根据现有文献进展，本小节将采取两个实证策略间接度量政治激励。

一个策略是从年龄的角度间接度量地方官员所面临的政治激励。现有文献已发现，官员年龄对其晋升有显著的负影响。1982 年中共中央颁布《关于建立老干部退休制度的决定》之后，中国形成了省部级正职官员 65 岁退休的制度。由于省委书记、省长的平均任期为 4 年，上任当年年龄超过 61 岁的官员，在任期结束时获得连任或晋升的机会很小，他们所面临的政治晋升激励较弱，因此，本章按照官员上任当年年龄是否大于 61 岁构造虚拟变量 $ageup61$①，间接度量官员所面临的政治激励。

表 6-5 中的方程 1～4 部分报告了相应的回归结果。与表 6-3 中的方程 1～4 部分的回归结果相比，引入地方官员所面临的政治激励后，本章所关心的核心回归系数 β_1^n，无论是系数大小还是显著水平都没有任何变化；β_3^n 全部不显著，即政治激励对辖区产业结构变动并没有直接影响；省委书记、省长在任第 1～4 年的交叉项的系数 β_2^n 全部为负，β_2^3 和 β_2^4 能够通过显著性水平为 5%的统计检验。这意味着，与理论预期一致，省委书记、省长面临的政治激励越弱，其引领辖区产业结构调整的效应就越小。

考虑到地方官员同时还面临着财政激励，本章进一步控制财政收入分权程度进行回归。由表 6-5 中的方程 5～8 部分可知，财政分权在官员上任的第 3、4 年开始对辖区产业结构调整有显著的直接影响；与表 6-5 中的方程 1～4 部分相比，政治激励的影响并没有发生多少实质性变化。

---

① 具体赋值为：官员上任当年年龄大于 61 岁为 1，否则为 0。

表 6-5　宏观政治体制影响：省委书记、省长上任当年的年龄大于 61 岁

	方程 1～4				方程 5～8					
	不控制财政分权				控制财政分权					
	D_tenure^n	$ageup61$	$D\_tenure^n \times ageup61$	R^2	D_tenure^n	$ageup61$	$D\_tenure^n \times ageup61$	$fiscaldes$	R^2	$Obs.$
$n=1$	0.65* (0.32)	0.22 (0.32)	−0.17 (0.39)	0.28	0.70** (0.34)	0.33 (0.45)	−0.12 (0.37)	0.21 (0.81)	0.30	270
$n=2$	0.86** (0.36)	0.77 (0.72)	−1.81 (1.13)	0.29	0.75** (0.33)	1.48 (1.14)	−2.79* (1.62)	1.49 (1.40)	0.32	240
$n=3$	0.75** (0.33)	0.49 (0.66)	−1.69** (0.67)	0.32	0.61* (0.32)	1.06 (1.06)	−1.46 (0.88)	1.93** (0.90)	0.35	210
$n=4$	0.22 (0.34)	−0.05 (0.59)	−1.39** (0.67)	0.29	0.21 (0.33)	0.63 (0.76)	−1.22* (0.70)	1.79*** (0.52)	0.32	180

说明：被解释变量为各行业增加值占全国份额的产业结构调整指数，其他同表 6-3。

另一个策略是从国家区域发展战略的角度间接度量地方官员所面临的政治激励。在样本期内，中央先后推出了西部大开发、振兴东北老工业基地和中部崛起等重大区域发展战略。① 在任命体制下，地方官员为了得到政治连任和晋升等职业发展回报，需要遵从上级的目标与偏好；而且对于实施国家区域发展战略的这些省区市，中央在政策和财政上都给予支持。理性的地方官员会对此作出反应。因此，本章构造了三大区域发展战略虚拟变量 $3strat$②，间接度量官员所面临的政治激励。

表 6-6 报告了相应的回归结果。与表 6-3 中的方程 1～4 部分的回归结果相比，引入三大区域发展战略后，本章所关心的核心回归系数 β_1^n 发生了一些变化：在任第 1、2 年的回归系数增大了 1 倍，相应的引领效应分别为 30％和 20％，在任第 3 年的回归系数开始不显著；β_3^n 全部不显著，即三大区域发展战略对辖区产业结构变动并没有直接影响；省委书记、省长在任第 1～2年的交叉项的系数 β_2^n 显著为负。这意味着，与理论预期的相反，在实施三大区域发展战略的省区市，平均而言，省委书记、省长引领辖区产业结构调整的效应相对更小些。

面对国家发展战略，地方官员并没有产生相应的结构调整效果。一个可能的原因是中西部地区不够完善的市场环境制约了官员引领产业结构调整的能力。③

总而言之，上述实证结果表明，宏观政治体制的制约作用使得政治激励在一定程度上构成官员引领辖区产业结构变动的动机，但是官员的产业结构引领效应还在很大程度上受制于辖区的市场环境。其实，这恰与新结构经济学所强调的一致：市场是资源配置的根本机制，政府的协调和引导作用必须建立在尊重市场机制的前提下。

---

① 1999 年 9 月，中共十五届四中全会通过的《中共中央关于国有企业改革和发展若干重大问题的决定》明确提出：国家要实施西部大开发战略。西部大开发的范围主要包括重庆、四川、贵州、云南、西藏、陕西、甘肃、青海、宁夏、新疆、内蒙古、广西 12 个省区市。该战略于 2000 年正式开始实施。2003 年 10 月，中共中央、国务院下发《关于实施东北地区等老工业基地振兴战略的若干意见》，开始实施振兴东北等老工业基地战略。战略涵盖范围主要包括东北三省。本书以 2004 年作为正式实施年份。2005 年 10 月，党的十六届五中全会正式把“中部崛起”列入国家“十一五”规划。战略所指中部包括山西、江西、河南、湖北、湖南和安徽 6 省。本书中我们将 2006 年作为战略正式实施年份。

② 当省份属于西部 12 省区市且年份为 2000 年之后，或省份为东北三省且年份为 2004 年之后，或省份为中部 6 省且年份为 2006 年之后时，赋值为 1，否则为 0。

③ 当然，这还需要更加深入细致的研究，感谢罗党论、陈顺源的建议，本书将另作研究。

表 6-6　市场约束

	D_tenure^n	$3\,strat$	$3strat \times D\_tenure^n$	R^2
$n=1$	1.13** (0.47)	0.00 (0.32)	−1.17** (0.50)	0.30
$n=2$	1.36** (0.56)	0.19 (0.70)	−1.17** (0.55)	0.31
$n=3$	0.78 (0.53)	−0.04 (0.67)	−0.14 (0.64)	0.32
$n=4$	−0.14 (0.48)	0.01 (0.66)	0.75 (0.58)	0.29

说明：被解释变量为各行业增加值占全国份额的产业结构调整指数，其他同表 6-3。

本章小结

经过改革开放 40 多年的快速发展，产业结构变动逐渐成为中国经济发展的必由之路。在产业结构调整过程中，如何协调政府和市场的作用，如何发挥地方官员的作用，是广为关注但又充满争议的话题。

在理论上，从发展中国家与发达国家在产业结构变动中所面临的信息不同出发，新结构经济学明确指出，发展中国家的政府利用总量信息优势制定产业政策、扶持符合本国禀赋优势的产业实现产业结构变动。显然，新结构经济学揭示了政府官员引领产业结构变动的可能性，但还缺乏系统性的经验证据。本章系统考察省级官员对辖区产业结构变动的影响，旨在以中国为例为新结构经济学提供一些系统性的经验证据。

本章首先构造了中国省委书记、省长与其辖区四位码产业结构变动相匹配的 20 个面板数据，然后基于这些面板数据实证分析省委书记、省长对其辖区产业结构变动的影响。结果发现，在 1998～2007 年，当其他条件不变时，平均而言，省委书记、省长在短期内能引领辖区产业结构变动，在任第 1、2、3 年的引领效应大致分别为 20%、15%和 10%，到了任期的第 4 年，引领效应开始不显著。本章还发现，省委书记、省长的引领效应与其面临的政治激励正相关。这些发现与新结构经济学的理论推论是一致的。按照新结构经济学的理论，中国地方官员之所以能够引领辖区产业结构调整，根植于其相对于企业具有总量信息优势。但问题是，一旦地方官员开始引导辖区产业结构变动，企业和市场也就逐渐了解了地方官员所掌握的信息，并对地方官员的引领行为作出反应。因此，地方官员只能够短期内引领辖区产业变动，而无法长期引领，这种引领受制于市场环境。

本章的发现可能面临其他解释的潜在挑战。比如，这种短期变动也有可能是政治力量和市场主体互动的结果，即官员变更打破了原有的企业与政府之间的关系网络，产生了政策不确定性，使得企业经营状况发生变化，从而引起产业结构变动。但是，根据已有实证文献发现，官员变更带来政策不确定性所产生的效应一般局限在官员变更当年和后一年，随后不确定性经济效应迅速消退。另外，官员变更所产生的政策不确定性广泛地存在于各类产业当中，我们并不能简单判断政策不确定性将在产业间产生不对称影响从而导致产业结构变动。依据这两点讨论，本章认为，尽管理论上官员变更期间的确会有政策不确定性产生，但是本章的发现依然是能够成立的，即地方官员倾向于在短期内引领辖区产业结构变动。

总之，本章的发现是相当稳健的，揭示了地方官员引领产业结构变动须建立在市场配置资源的基础性作用之上，这对于中国正在进行的“转方式、调结构”具有一定的政策含义。如何协调政府和市场的作用，并更好地发挥地方官员的作用？新结构经济学将其总结为“有效市场”与“有为政府”：一是强调“有效市场”，强调进一步完善市场，增强市场在资源配置中的主导作用；二是不能忽视“有为政府”。“有为政府”不仅仅指政府需要弥补“市场失灵”，还指政府机构与职能的改革，包括简政放权、取消错误干预与管制的过程。“政府有为”在经济结构转型升级中表现为发挥政府的因势利导作用，即支持符合潜在比较优势的产业，而不是违背市场规律。

当然，本章只是系统考察了地方官员作为产业政策制定的主体能够引领辖区产业结构变动以及引领作用的大小，并没有考察地方官员通过什么手段或渠道引领辖区产业结构变动，本书将在后续章节对这些问题予以进一步研究。

第七章　政府补贴对产业结构变动的影响

在第六章中我们发现，政府作为产业政策制定主体，能够对辖区产业结构变动产生显著的影响，但是没有考察政府通过何种手段或渠道影响产业结构变动。政府影响产业结构变动，是通过制定产业政策，并选择实施相应的产业政策手段实现的。在众多的产业政策手段中，政府补贴具有可控性强等优点，往往成为政府优先采用的手段。① 因此，在上一章考察了产业政策制定主体对产业结构变动的影响后，本章进一步研究作为产业政策手段的政府补贴对产业结构变动产生了怎样的影响。

引　言

进入21世纪以来，国家层面的“五年规划”均把“转变经济发展方式，促进产业转型升级”作为政府工作的重中之重。在国家规划的指引下，各级地方政府积极响应，纷纷提出推动制造业优化升级、发展壮大战略性新兴产业，实现辖区产业结构变动。林毅夫提出新结构经济学的理论框架，强调市场是实现资源有效配置的根本机制，同时指出由于市场失灵、知识溢出、协调成本、信息外部性等方面的因素，政府仍应积极主动发挥因势利导作用，为产业升级和多样化提供便利。新结构经济学为当前政府实施产业政策提供了一定的理论依据。但是，阿吉翁等直接地指出，现在的问题已不是产业政策是否有存在的必要性，而是如何设计和实施产业政策以促进增长和提高福利。尽管新结构经济学也对发展中国家推动经济结构转型升级的可行政策进行了初步探讨，指出政府可以通过实施财政政策来改善基础设施，对

① 林毅夫在2012年夏季达沃斯论坛上接受记者采访时指出，未来中国的经济增长仍然需要投资来拉动，但是新一轮投资要更多依靠财政支出，而非信贷，因为过多使用货币政策容易引起投机行为。

产业多样化和产业升级提供因势利导的支持，但是现有文献并未为中国政府究竟可以通过何种手段引领产业结构变动，其引领产业结构变动的效果如何等更加具体的问题提供答案。

为了促进产业的发展，地方政府过去往往依赖行政手段干预经济，但这带来的是命令结果而不是激励效果，因此并不是好的选择。市场经济的主体是企业，如果本地企业在市场激励下不能够达成地方政府的既定目标，那么地方政府实施补贴加以“利益诱导”则成为一种可以依赖的方式。事实上，国家早在“十二五规划”的“培育发展战略性新兴产业”一章中把“综合运用风险补偿等财政优惠政策”作为发展战略性新兴产业的政策手段；部分省区市的“十二五规划”中也把设立新兴产业发展专项资金和产业投资基金作为培育新兴产业的重要抓手。由此可见，政府已经意识到使用财政补贴手段引导产业结构变动的重要性。因此，财政补贴是否会对产业结构变动产生影响，是一个值得深入探讨和研究的问题。

第一节　理论假说

经济发展本质上是一个技术、产业不断创新，结构不断优化的过程。在经济发展过程中政府及官员扮演重要角色。中国干部治理具有“党管干部”和对上负责的重要特点，各级干部是由中央和上级进行考核和任命的。在中央将经济增长和经济结构转型升级作为重要目标的背景下，各级地方政府均有极大的激励动机跟进，推动本地产业不平衡发展和产业结构调整。

产业政策是一系列对产业发展有重大影响的制度和安排的总和，政府引领产业结构变动是通过实施产业政策实现的，而产业政策的实施又依赖于一系列的产业政策工具与手段。政府的产业政策手段可以分为间接诱导手段和直接限制手段。间接诱导手段是政府启动经济杠杆进行间接经济管理的手段，主要有：(1)财政手段。实现产业政策目标的财政手段主要包括政府投资、财政补贴、减免税或增税、特别折旧等。(2)金融手段。实现产业政策目标的金融手段主要包括贷款差别利率、贷款不同期限、贷款政策保证等。(3)外贸手段。主要包括对限制进口商品实行保护关税(高关税、阶梯式关税)，而对急需进口商品则实行减税；为鼓励出口实行出口退税或减税等。(4)政府订购。政府通过对商品和劳务的订购，刺激新兴产业发展和推动较落后产业或地区的发展。直接限制手段是政府依据法律、运用行政权力实行直接经济管理的手段，主要有配额制、许可制、对工资与价格的直接控制。由此可见，政府的产业政策工具有很多，但主要还是集中在财政、金融和外贸等间接诱导手段上，特别是财政手段方面。而在众多的财政手段中，财政补贴历来是政府实现经济目标的重要手段，因此自然成为政府实现产业政策目标的重要手段。自 20 世纪 80 年代初以来，中央和地方之间进行了显著的财政分权，地方政府拥有很大的财政自主权，更加强化了财政补贴作为产业政策手段的重要性。

大量文献从企业微观角度考察政府财政补贴对企业运营的影响。陈晓和李静考察了政府补贴的经济效益，发现地方政府积极参与企业盈余管理，在上市公司配股融资、提升企业业绩方面发挥了积极作用。唐清泉和罗党论以上市公司为样本，研究发现政府补贴有助于公司社会效益的发挥，但对公司经济效益没有显著影响；当上市公司是国有企业时，政府补贴在维护社会目标方面的作用更为显著。杨其静和杨继东则发现政府补贴提高了公司的人均工资，补贴导致的工资差异并非来自补贴本身，而是由“是否获得补贴”背后的政治联系所决定。邵敏和包群发现当政府对企业的补贴力度相对合适的时候，政府补贴能够显著地促进企业生产率水平的提高。但是，以上研究均是关注政府补贴对企业自身经济或社会效益的影响，并未涉及政府补贴对中观产业层面及宏观经济层面的影响。本章则旨在考察政府补贴对产业结构变动的影响，以验证政府补贴是否构成政府引领产业结构变动的重要手段。

政府如何运用补贴影响产业结构变动呢？从理论上而言，政府可以从以下几个方面入手。首先，政府拥有相对于企业更多的总量信息，通过向特定新产业倾斜补贴，可以为企业提供符合本国或本地比较优势的新产业信息，从而促进符合本国或本地现阶段比较优势的“新产业”发展，引起产业相对份额变动。其次，在提供硬件和软件基础设施上，政府通过向私人投资提供投资补贴，补偿私人投资的正外部性，从而使得经济体中的硬件和软件基础设施与产业和经济发展水平相符，以促进结构升级和多样化。最后，政府以补贴的形式对先驱企业提供正外部性补偿，可以促进符合本国或本地比较优势的新兴产业发展，提高企业的自生能力，从而加快产业转型升级的步伐。

政府补贴对产业结构变动的影响，本质上是通过对微观企业个体的影响实现的。政府财政补贴是在某一确定的经济制度下，政府支付给企业和个人的，能够改变现有的产品、服务和生产要素相对价格结构，从而产生收入效应和替代效应的无偿支出。政府对企业的补贴形式有现金补贴、实物补贴、税收返还、财政贴息等四种。无论补贴的形式如何，它们均通过增加某种生产要素数量或降低某种生产要素的使用成本而放松企业的预算约束，其最终结果都会导致企业的投资增加，总产出水平增大。[①] 然而，政府并非对所有企业和产业平均使用补贴。现实中，各级各地政府有强烈的动机将地区产业和经济发展的方向导向高利润和高发展速度的部门，因为这些部门或产业能迅速提升地区经济总量、就业和税收。由此可见，政府补贴通过影响微观层面上产品、服务和生产要素相对价格结构，带来经济体中资源重新配置。得到补贴的企业的产出水平会增加，而未得到补贴的企业产出水平则会下降。企业之间产出份额的相对变化加总到产业层面上，必然表现为结构变动。

综上所述，由于政府有动机和能力推动产业结构变动，并且基于倾斜式产业政策实施的政府补贴是不平衡的，因此很可能会引致产业结构调整。[②] 由此，我们提出本章的第一个理论假说：

理论假说1：在中国现有的制度安排下，政府补贴能够显著影响产业结构变动。

同属于制造业的不同行业，在众多方面存在着巨大的差异。行业差异会导致企业主体面对政府补贴产生不同的反应，作出不同程度的投资或生产决策调整，引起幅度不等的产业结构变动效应。因此，微观体制特征会通过影响企业决策行为，进而通过行业的扩散机制，对产业结构变动产生显著的影响。在中国，其重要影响至少体现在行业的资本密集度、外部融资依赖度和所有制结构等方面。

首先，政府补贴的产业结构变动效应可能与行业资本密集度相关。资本密集度是行业最重要的特征之一。根据国际贸易理论中的雷布钦斯基定理（Rybczynski Theorem）推断可知，对于资本密集度高的行业，补贴使得其密集使用的要素即资本的数量增加，进而使得其绝对产量增加。因此，政府补贴在资本密集度越高的行业中产生的产业结构变动效应越大。

其次，政府补贴的产业结构变动效应与外部融资依赖度相关。对于企

---

① 财政补贴是一种改变商品相对价格结构的转移支付，相对价格结构的变化必然导致经济体中资源的重新配置，从而改变资源配置。而经济结构变动恰好是生产要素在经济各部门之间的再配置过程。

② 倾斜式产业政策指政府鼓励向一些行业或部门投资而不鼓励向其他行业或部门投资，从而促进产业不平衡发展的产业政策。

业而言，政府补贴除了直接改变企业本身的生产投资决策约束，同时还能改变企业更广范围内的投入要素资源约束，这至少存在着信息效应和资源效应两种机制。信息效应指政府补贴能起到信号发送功能，降低受补贴企业与外部关联经济主体的信息不对称程度；资源效应指政府补贴有助于强化受补贴企业的资源获取能力，提高企业的未来总收益。信贷资源是企业生存和发展的命脉，是联系外部宏观环境和企业发展的重要纽带。外部融资依赖度高的企业，较多依赖外部渠道获取信贷资源，外部信贷资源的可获取性对于其发展至关重要。政府对某企业或行业进行补贴时，外部关联经济主体特别是资金提供者便会接收到政府对该企业或行业进行扶持、引导的信号，进而增加对该企业或行业的融资支持。外部融资依赖度高的企业将能更加便利地利用其外部信贷资源，企业的生产性投资决策、进入决策和生产率增强型投资活动决策调整幅度更大，从而产出变动幅度更大。

最后，政府补贴的产业结构变动效应可能与行业的所有制结构有关。政府补贴引致产业结构变动，需要受补贴企业及相关企业的积极响应，才能取得显著效果。第一，由于国有企业在所有权上属于国家，政府以某种政策方式向国有企业发出行动指示时，国有企业会更加积极地响应，因此，当政府补贴以引导资源向特定产业流动为目的时，国有企业与非国有企业的反应程度会有所差异。第二，当政府对企业进行补贴以引导企业进入某些特定行业时，国有企业由于面临着显性或隐性的软预算约束，更加不怕行动失败，因而会更积极响应。第三，中国的大企业中绝大多数为国有企业，而大多数国有企业的高资本密集度特征在 1998 年国有企业改革之后愈加明显。① 前面的理论分析已经指出，政府补贴在资本密集度越高的行业中产生的产业结构变动效应越大。因此，行业的国有化程度与政府补贴的产业结构变动效应显著正相关。

综上所述，我们提出本章的第二个理论假说：

理论假说 2：微观体制特征对政府补贴的产业结构变动效应具有显著的影响，给定其他条件不变，行业的资本密集度、外部融资依赖度和国有化程度越高，政府补贴的产业结构变动效应越大。

以下，我们通过实证分析考察政府补贴是否对结构变动具有显著影响以及这种影响与行业特征有何关系，对上述理论假说分别作出检验。

---

① 我们对工业企业数据库中企业资本密集度的统计分析验证了这一点，国有控股工业企业的平均资本密集度显著高于非国有控股工业企业。

第二节　数据与实证方法

一、数据来源

本章将构造中国制造业四位码行业结构变动指标与政府补贴相匹配的面板数据。所有数据均来自国家统计局的国有及规模以上工业企业数据库，样本区间是1999～2007年。

二、实证分析

(一)实证模型

为了考察政府补贴对结构变动的影响，本章设定多元线性回归模型如下：

$$gshare_{i,t}=\beta_0+\beta_1\ln subsidy+\Theta X_{i,t}+\varepsilon_{i,t} \tag{7-1}$$

其中，i、t 分别代表产业和年份，以下省略下标。$gshare$ 代表产业增加值或就业份额的增长率，用以度量产业结构变动。本章我们分别采用增加值份额增长率 $gyshare$ 和就业人数份额增长率 $gempshare$ 两个指标，它们的计算方法如下：

$$gyshare_{i,t}=\ln yshare_{i,t}-\ln yshare_{i,t-1} \tag{7-2}$$

$$gempshare_{i,t}=\ln empshare_{i,t}-\ln empshare_{i,t-1} \tag{7-3}$$

这两个指标反映产业增加值(就业)份额的增长速度，用于度量结构变动的速度。该指标越大，表明产业份额的增长速度越快，结构变动越剧烈。$\ln subsidy$ 代表政府补贴①，按四位码行业和年度加总企业补贴再取对数得到，它的系数 β_1 是本章关注的核心系数，我们将其定义为政府补贴的产业结构变动效应。X 是控制变量向量，Θ 是其对应的系数向量。具体而言，控制变量向量 X 包括长期外部融资依赖度(fd)、短期外部融资依赖度(at)、国有化程度(soe)、资本密集度(kl)、创新能力(new)以及行业虚拟变量 α_i 和年度虚拟变量 γ_t 。

① 在回归方程(7-1)中，我们尝试用补贴率代替补贴额进行回归。结果发现，补贴率变量的系数根本不显著。对此结果，一个可能的解释是企业对政府补贴的依赖程度很低，政府补贴只是企业获取资源的次要渠道，因此补贴率对整个行业的结构变动状况没有显著影响。

(二)控制变量说明

1.长期外部融资依赖度(fd)

根据理论假说部分的阐述,外部融资依赖度是影响补贴产业结构变动效应的重要行业特征,因此我们尝试控制该变量。长期外部融资依赖度反映行业在中长期对外部融资的依赖程度,参考安苑和王珺的做法,我们以行业长期负债与固定资产之比度量长期外部融资依赖度。

2.短期外部融资依赖度(at)

同样根据理论假说的阐述,我们引入行业的短期外部融资依赖度作为控制变量。参考阿吉翁等度量资产有形性的指标,我们以行业存货占销售额的比例度量行业短期外部融资依赖度。

3.国有化程度(soe)

依据理论假说的分析,行业的所有制特征对补贴的产业结构变动效应具有显著影响。我们以行业国有和集体资本金占实收资本的比例代表行业的国有化程度,以此指标来控制行业的所有制特征差异对补贴产业结构变动效应的影响。

4.资本密集度(kl)

依据理论假说的分析,行业的资本密集度越高,补贴的产业结构变动效应越大,因此,我们以行业固定资产总额除以行业就业人数总量得到行业的资本密集度,作为控制变量。

5.创新能力(new)

行业的创新能力是行业增长的核心驱动力,因此我们以行业中新产品产值除以工业总产值度量行业创新能力。

第三节 政府补贴对产业结构变动的影响

一、基本结果

我们采用多元线性回归模型(7-1)实证检验政府补贴对结构变动的影响,表7-1报告了相应的回归结果。表7-1第2、4列未引入控制变量时,我们关注的政府补贴变量的系数 β_1 为正,且能通过显著性水平为1%的统计检验。但这不足以表明政府补贴和产业结构变动之间呈现稳定的正向关系，需要加入其他控制变量作进一步分析。引入控制变量后，表 7-1 第 3、5 列的回归结果表明，我们关注的系数 β_1 仍然为正，且能通过 1%显著性水平的统计检验。第 3 列中核心系数 $\beta_1=0.0032$，这表明，政府补贴每增加 1 个百分点，引起产业增加值份额增长率增加 0.0032 单位，即以增加值度量的政府补贴的产业结构变动效应为 0.0032。第 5 列中核心系数 $\beta_1=0.0276$，表明政府补贴每增加 1 个百分点，产业就业份额增长率增加 0.0276 单位，即以就业人数度量的政府补贴的产业结构变动效应为 0.0276。因此，仅考察补贴当期对产业结构变动的影响时，补贴既对增加值结构变动产生影响，也对就业结构变动产生显著为正的影响。但是一项补贴对产业结构变动的影响应该不局限于当期，后文中我们会对此作进一步检验。综上，整体而言，政府补贴增加，伴随着结构变动的加剧，初步验证了本章的理论假说 1——政府补贴能够显著影响产业结构变动。

表 7-1　基本结果：政府补贴与产业结构变动

	gyshare	*gyshare*	*gempshare*	*gempshare*
ln*subsidy*	0.0043***	0.0032***	0.0315***	0.0276***
	(0.0008)	(0.0008)	(0.0023)	(0.0022)
fd		−0.1000***		−0.2700***
		(0.0152)		(0.0407)
at		−0.0687***		−0.1330***
		(0.0124)		(0.0320)
soe		−0.0157		−0.2550***
		(0.0115)		(0.0318)
kl		−0.0003***		−0.0017***
		(8.60e−05)		(0.0002)
new		0.1640***		0.3810***
		(0.0392)		(0.1020)
constant	−0.0409*	0.0049	−0.2930***	0.0120
	(0.0245)	(0.0260)	(0.0669)	(0.0699)
Obs.	4886	4886	4270	4270
R^2	0.014	0.037	0.102	0.148

说明：回归方法为固定效应回归；括号中是回归系数标准差；***、**、* 分别表示 1%、5%、10% 的显著性水平。

在控制变量中，长期外部融资依赖度（*fd*）和短期外部融资依赖度（*at*）对增加值和就业结构变动的影响均显著为负，表明自有资金不足制约着行业扩张。国有化程度（*soe*）对增加值结构变动的影响不显著，但对就业结构变动具有显著为负的影响。这与中国国有企业的高资本密集度、低就业弹性特征是吻合的。资本密集度（*kl*）对增加值和就业结构变动的影响均显著为负，对此结果的一个可能解释是：资本密集度高的行业往往期初份额也较高，份额增长率和期初份额呈负相关关系。行业创新能力（*new*）对增加值和就业结构变动均具有显著为正的影响，这与迪朗东（G.Duranton）的理论推断是一致的。综上所述，所有控制变量的符号均比较合理，这表明实证模型（7-1）的设定是恰当的。

二、稳健性检验

对于稳健性问题，我们需要考虑以下两大问题。第一，我们的结果可能受到潜在的核心解释变量内生性问题的干扰；第二，我们的结果可能因遗漏重要解释变量而受到影响。我们分别对此进行讨论和处理。

（一）内生性问题

有一种可能的内生性偏误来源就是反向因果关系，即并非是高政府补贴提高了行业份额增长率，而是政府更倾向于为高份额增长率的行业提供更多补贴。为了纠正这种可能存在的内生性，下面我们采用四种方法进行检验（见表 7-2）。

表 7-2　稳健性检验

面板 A：弱内生性子样本		
	gyshare	*gempshare*
ln*subsidy*	0.0425***	0.0356***
	(0.0029)	(0.0028)
Obs.	2078	2060
R^2	0.3540	0.3410
面板 B：改用补贴变量的一阶滞后项		
	gyshare	*gempshare*
ln*subsidy*	0.0039***	0.0151***
	(0.0013)	(0.0024)
Obs.	4270	4270
R^2	0.0860	0.1550

续表

面板 C:采用两阶段最小二乘法

	gyshare	gempshare
ln*subsidy*	0.0134***	0.0133***
	(0.0034)	(0.0030)
Obs.	4125	4125
R^2	0.1140	0.1470
工具变量第一阶段回归 F 统计量	10.4300	14.4300
不可识别检验:AR 典则相关 LM 统计量	2478.1700	2478.1700
弱识别检验:Cragg-Donald F 统计量	6142.6500	6142.6500
SY 弱识别检验临界值:最大显著性检验水平扭曲程度 10%	16.3800	16.3800

面板 D:采用动态回归方法

	gyshare	gempshare
ln*subsidy*	0.0045***	0.0829***
	(0.0016)	(0.0042)
Obs.	4246	3609
Num. of sic	704	677

面板 E:排除其他可能的解释:单位产值税收优惠

	不控制单位产值税收优惠		控制单位产值税收优惠	
	gyshare	gempshare	gyshare	gempshare
ln*subsidy*	0.0032***	0.0276***	0.0030***	0.0275***
	(0.0008)	(0.0022)	(0.0008)	(0.0022)
taxholiday			2.3220***	1.5170
			(0.3820)	(1.0120)
Obs.	4886	4270	4886	4270
R^2	0.0370	0.1480	0.0450	0.1490

说明:(1)回归方法为固定效应回归;括号中是回归系数标准差;***、**、* 分别表示 1%、5%、10% 的显著性水平。

(2)所有回归中均控制行业和年份虚拟变量以及方程(7-1)中所有行业特征控制变量。

首先,我们计算了行业增加值和就业份额增长率的中位数值,并以此中位数为界,剔除了高于此中位数的样本,构造了低增加值份额增长率和低就业份额增长率两个弱内生性子样本。表 7-2 的面板 A 报告了弱内生性子样本的回归结果。弱内生性子样本的回归结果中，补贴变量的系数为正，且都能通过1%显著性水平的统计检验。与表7-1基本回归结果对比，弱内生性样本回归结果中补贴变量的系数明显增大，R^2显著提高。

其次，我们改用补贴变量的一阶滞后项代替补贴变量当期项作为核心解释变量进行回归，回归结果见表7-2的面板B。结果表明，补贴变量的一阶滞后项的系数为正，且能通过显著性水平为1%的统计检验。

再次，为了克服补贴变量自身可能存在的内生性，我们用补贴变量的一阶滞后项作为补贴变量的工具变量，采用两阶段最小二乘法进行回归，结果报告见表7-2的面板C。采用两阶段最小二乘法后，补贴变量的系数显著性水平没有发生任何变化，系数大小有所变化。工具变量的检验结果表明回归结果通过了所有工具变量的计量统计检验。

最后，我们采用高斯混合模型(GMM)回归方法，将补贴变量及被解释变量的一阶滞后项设为内生解释变量，由此来克服补贴变量可能存在的内生性。表7-2中面板D的回归结果表明，采用动态方法后，我们关注的补贴变量的系数仍然显著为正，而且系数明显增大。

以上实证结果一致验证了一点：在考虑了核心解释变量可能存在的内生性问题后，核心解释变量的系数依然显著为正，表明上文的基本回归结果具有稳健性。

（二）其他可能的解释

在政府运用产业政策的实践中，经常将补贴与税收优惠相提并论，这是因为二者的性质非常相近，其实施结果都是增加了企业的可支配收入。而事实上，税收优惠也是政府常用的产业政策手段之一。根据前文的基本发现，政府补贴能够显著影响产业结构变动，存在一个可能的替代性解释，即是税收优惠而非政府补贴影响了结构变动。为了排除这种可能的解释，我们在回归方程(7-1)中额外控制了行业的单位产值税收优惠($taxholiday$)，相应的结果见表7-2中面板E。① 回归结果表明，控制了单位产值税收优惠后，我们关注的政府补贴变量的系数大小和显著性水平几乎没有变化，由此排除了税收优惠影响了产业结构变动这种替代的解释。另外，税收优惠变量的系数在增加值份额增长率作为被解释变量时显著为正，这表明税收优惠对结构变动也具有显著的正向作用。

综上所述，在克服了核心解释变量的内生性问题以及排除其他可能的替代解释后，本章的基本结果——政府补贴能够显著影响产业结构变动依

① 税收优惠的计算方法可参见阿吉翁等人的研究。

然成立，因此，我们的实证结果是稳健的。

三、政府补贴产业结构变动效应的时间趋势

在基本回归中，我们仅考察了政府补贴在当期对结构变动的影响。但是，一项有效的政府补贴应该能够带来微观企业主体的积极响应，进而通过有效的行业扩散机制，带来持续稳健的产业结构变动效应。因此，我们更为关注政府补贴的产业结构变动效应是否具有持续性。为了考察政府补贴产业结构变动效应的时间趋势，我们在回归方程(7-1)中同时加入政府补贴变量以及它的一至四阶滞后项，设定回归方程如下：

$$gshare_{i,t}^{4}=\beta_0+\beta_1\ln subsidy_{i,t}+\beta_2 l1subsidy_{i,t}+\beta_3 l2subsidy_{i,t}+\beta_4 l3subsidy_{i,t}+\beta_5 l4subsidy_{i,t}+\Theta X_{i,t}+\varepsilon_{i,t} \tag{7-4}$$

其中 $gshare_{i,t}^{4}$ 代表 4 年期的产业增加值或就业份额的增长率，用以度量 4 年内的产业结构变动，下面我们分别采用 4 年期增加值份额增长率 *gyshare*4 和 4 年期就业人数份额增长率 *gempshare*4 两个指标，其计算方法类似于式(7-2)与(7-3)，将其中的“t-1”改成“t-4”即可。补贴变量及其滞后项的系数 β_1、β_2、β_3、β_4、β_5 是我们关注的核心系数，这 5 个系数中显著的系数之和代表补贴在 4 年内的累计产业结构变动效应。

方程(7-4)回归结果见表 7-3。以 4 年期增加值份额增长率作为被解释变量时，当期与滞后一期补贴变量的系数显著为正，且能通过 1％显著性水平的统计检验，补贴变量的二阶滞后项为负但不显著，三、四阶滞后项均显著为负，且能通过显著性水平为 1％的统计检验。以就业份额增长率作为被解释变量时，当期补贴变量的系数也是显著为正，且能通过显著性水平为 1％的统计检验，补贴变量的一阶滞后项为正但不显著，二至四阶滞后项均显著为负。以上结果表明，补贴仅在当期或下一期对产业结构变动有显著促进作用，到了补贴后的第 3、第 4 年，补贴对增加值和就业结构变动均有显著为负的作用。

表 7-3 政府补贴产业结构变动效应的时间趋势

	*gyshare*4	*gempshare*4
ln*subsidy*	0.1450***	0.0362***
	(0.0129)	(0.0052)
l1subsidy	0.0469***	0.0030
	(0.0143)	(0.0058)
l2subsidy	−0.0081	−0.0128**

续表

	*gyshare*4	*gempshare*4
	(0.0134)	(0.0054)
*l*3*subsidy*	−0.0667***	−0.0186***
	(0.0121)	(0.0049)
*l*4*subsidy*	−0.122***	−0.0067*
	(0.0098)	(0.0040)
Obs.	2189	2189
R^2	0.301	0.115

说明：(1)回归方法为固定效应回归；括号中是回归系数标准差；***、**、*分别表示1%、5%、10%的显著性水平。

(2)所有回归均控制行业和年份虚拟变量以及方程(7-1)中所有行业特征控制变量。

为了更清晰地看到补贴产业结构变动效应的时间变化趋势，我们绘制了补贴产业结构变动效应的时间趋势图(见图7-1)。从图7-1中可以明显看出，补贴仅在当期或下一期对结构变动产生了显著为正的影响，随后急剧下降到0左右；到了补贴后的第3、第4年，无论是用增加值还是就业份额增长率度量结构变动，补贴均不利于结构变动。因此，补贴并没有对结构变动产生因势利导的作用，它对产业结构变动的有利影响是短期的，且随着时间推移而消失甚至转为阻碍作用。对此结果有两个可能的解释。首先，这说明了中国各级政府采用补贴政策手段时，可能存在目标急功近利性和措施逆市场规律性等问题。根据新结构经济学分析框架，政府运用补贴手段促进产业结构变动时，主要应该将补贴用于收集和提供新产业信息、提供或协调基础设施投资以及补偿先驱企业外部性。然而上述用途均是短期内只有投入没有产出的投资，无法契合地方政府短期内拉动地方经济、彰显政绩的需求。因此，地方政府的理性选择可能是将补贴投向那些高利润率和高增长速度的成熟行业，对这些行业的投入见效快，但对产业结构转型升级和经济长远发展却是不利的。其次，从受补贴企业方面来看，补贴在短期内可放松其预算约束，使得其产出增加，但是如果企业没有把补贴用于研发等增强企业竞争力的活动，长期来看，补贴反而会强化企业的预算软约束，削弱其竞争能力。

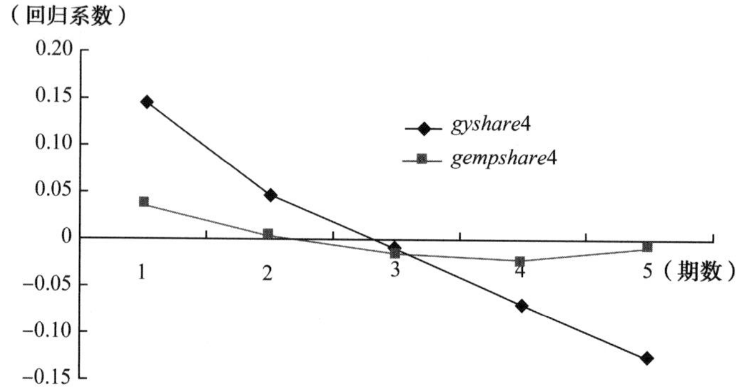

图 7-1　补贴产业结构变动效应的时间趋势图

补贴产业结构变动效应短期性的发现与宋凌云等在 2012 年的发现是一致的，即地方官员对产业结构变动的引领作用是短期的，随着时间推移而逐渐消失。本章的发现为政府(官员)产业结构引领效应的短期性提供了一个可能的解释。

在上述发现的基础上，我们特别考察了补贴的累计产业结构变动效应。分别将 5 个补贴变量系数中显著的系数累加，结果发现以增加值份额增长率作为被解释变量时，系数的累加和为正，而以就业份额增长率作为被解释变量时，系数的累加和为负。由此我们推断，政府采用补贴手段引领产业结构变动时，更加关注增加值份额增长率，而非就业份额增长率。对此结果，一个可能的解释是，地方政府更倾向于选择资本密集度高的行业作为重点产业，并将资源和要素导向这些产业，而这些高资本密集度的行业的就业弹性往往相对较低。另外，这与现行的干部管理体制下官员“为增长而竞争”“重 GDP 而轻就业”也是相吻合的。《国民经济和社会发展第十四个五年规划和 2035 年远景目标纲要》提出实施就业优先战略：健全有利于更充分更高质量就业的促进机制，扩大就业容量，提升就业质量，缓解结构性就业矛盾。本小节的实证结果为长期以来我国就业增长滞后于经济增长提供了一个可能的解释——地方政府“唯 GDP 至上”，更有动机选择能够更快增长从而带来更多税收的资本密集型行业作为重点产业进行扶持，另外我国长期受到抑制的利率也强化了地方政府优先发展资本密集型行业的动机。由此产生的不良后果不单是经济增长的低就业创造能力，还有较低的劳动收入份额。而劳动收入偏低显然不利于居民消费提升。新发展格局下我国要畅通国内大循环，必须立足于坚持扩大内需这个战略基点，加快培育完整的内需体系。因此为了更好地推进就业优先战略，必须进行干部管理体制、金融市场、产业政策制定、收入分配等多方面全方位的系统配套改革。

第四节　基于微观体制特征的考察

我们已经发现，政府补贴能够显著影响产业结构变动。在本小节，我们将考察微观体制特征对政府补贴产业结构变动效应的影响，实证检验政府补贴的产业结构变动效应与行业特征的关系，对理论假说 2 进行检验。为此，在方程(7-1)中引入行业特征变量与政府补贴变量的交叉项设定实证模型如下：

$$gshare_{i,t}=\beta_0+\beta_1\ln subsidy_{i,t}+\beta_2\ln subsidy_{i,t}\times feature_{i,t}+\beta_3 feature_{i,t}+\Theta X_{i,t}+\varepsilon_{i,t} \tag{7-5}$$

其中 $feature$ 代表所要考察的行业特征变量，依次为长期外部融资依赖度(fd)、短期外部融资依赖度(at)、资本密集度(kl)和国有化程度(soe)。交叉项系数 β_2 是本小节关注的核心系数，此时补贴对结构变动的净影响为 $\beta_1+\beta_2 feature$。其他变量含义同方程(7-1)。

一、外部融资依赖度

本小节考察外部融资依赖度对政府补贴产业结构变动效应的影响。在方程(7-5)中分别引入长期、短期外部融资依赖度变量与政府补贴变量的交叉项，回归结果见表 7-4 的面板 A 与面板 B。

面板 A 中引入长期外部依赖度与政府补贴变量的交叉项后，第 2 列中以增加值份额增长率作为被解释变量时，长期外部融资依赖度与政府补贴变量的交叉项的系数为正，且能通过显著性水平为 1%的统计检验；以就业份额增长率作为被解释变量时，长期外部融资依赖度与政府补贴变量交叉项的系数不显著。这表明，行业的长期外部融资依赖度越高，政府补贴的产业增加值结构变动效应越大，但就业结构变动效果不明显。这意味着政府补贴使得长期外部融资依赖度高的行业更加充分地利用了外部资金资源，扩张了实际产值，但这种产值扩张并不一定通过增加劳动力雇佣来实现，而更加可能是通过提高资本密集度而实现。因此，行业的长期外部融资依赖度越高，政府补贴的增加值结构变动效应越大。

面板 B 中引入短期外部依赖度与政府补贴变量的交叉项后，第 2 列中以增加值份额增长率作为被解释变量时，短期外部融资依赖度与政府补贴变量的交叉项不显著。第 3 列中以就业份额增长率作为被解释变量时，短期外部融资依赖度与政府补贴变量的交叉项的系数显著为正。现实中，政府给予企业补贴虽然不一定以增加其就业为目的，但是短期外部融资状况改善的企业在作出生产与投资决策调整时，往往首先调整雇员人数，进而才对长期资本投资进行调整，最终结果才表现为增加值的变动。因此，我们可以将补贴改变短期外部融资条件而影响就业结构变动视作补贴产业结构变动效应的中间结果，此时补贴对就业的正向作用已经凸显，但是对增加值的最终作用尚未显现。结果表明，行业的短期外部融资依赖度越高，政府补贴的就业结构变动效应越大。

在我国现行金融市场管理体制下，外部融资依赖程度较高的往往是中小企业，一方面它们的外部融资可得性较低，另一方面外部融资成本较高。而恰恰是中小企业更具有创造性和活力。在以创新驱动为主要特征的工业化中后期，产业政策扶持理应更多向科技型中小企业倾斜，为其提供设计、信息、研发、新技术推广、技术培训等全方位服务，为其开展自主创新提供场地、仪器设备、技术人才等方面的支持。

表 7-4　基于微观体制的考察

面板 A：长期外部融资依赖度		
	gyshare	*gempshare*
ln*subsidy*	−7.53e−05	0.0268***
	(0.0014)	(0.0037)
ln*subsidy* × *fd*	0.0188***	0.0049
	(0.0068)	(0.0181)
fd	−0.2210***	−0.3010**
	(0.0462)	(0.1240)
Obs.	4886	4270
R^2	0.039	0.148
面板 B：短期外部融资依赖度		
	gyshare	*gempshare*
ln*subsidy*	0.0017	0.0237***
	(0.0012)	(0.0032)
ln*subsidy*×*at*	0.0107	0.0310*
	(0.0065)	(0.0181)
at	−0.1220***	−0.2810***
	(0.0346)	(0.0922)
Obs.	4886	4270
R^2	0.038	0.149

续表

面板 C:资本密集度		
	gyshare	*gempshare*
ln*subsidy*	-0.0051^{***}	0.0173^{***}
	(0.0017)	(0.0046)
ln*subsidy*×*kl*	0.0002^{***}	0.0002^{**}
	(3.15e−05)	(8.25e−05)
kl	-0.0017^{***}	-0.0034^{***}
	(0.0003)	(0.0007)
Obs.	4886	4270
R^2	0.043	0.149
面板 D:国有化程度		
	gyshare	*gempshare*
ln*subsidy*	2.03e−06	0.0256^{***}
	(0.0013)	(0.0033)
ln*subsidy*×*soe*	0.0126^{***}	0.00896
	(0.0037)	(0.0106)
soe	-0.1040^{***}	-0.3180^{***}
	(0.0285)	(0.0809)
Obs.	4886	4270
R^2	0.040	0.148

说明:(1)回归方法为固定效应回归;括号中是回归系数标准差;***、**、*分别表示1%、5%、10%的显著性水平。

(2)所有回归中均控制行业和年份虚拟变量以及方程(7-1)中所有行业特征控制变量。

二、资本密集度

本小节我们实证检验行业的资本密集度对政府补贴的产业结构变动效应的影响。在方程(7-5)中引入资本密集度与政府补贴变量的交叉项,回归结果报告见表7-4的面板C。引入资本密集度与政府补贴变量的交叉项后,第2列中以增加值份额增长率作为被解释变量时,补贴变量的系数显著为负,但是计算得到补贴对结构变动的净效应为0.003,仍然为正。资本密集度与政府补贴变量的交叉项的系数为正，且能通过显著性水平为1%的统计检验。这表明，政府补贴到资本密集度越高的行业中，产生的产业结构变动效应越大。第3列中以就业份额增长率作为被解释变量时，政府补贴变量的系数显著为正，与基本结果一致。资本密集度与政府补贴变量的交叉项的系数为正，且能通过显著性水平为5%的统计检验。这同样表明，政府补贴的产业结构变动效应与行业的资本密集度显著正相关。

资本密集度越高的行业，政府补贴的产业结构变动效应越显著。这表明，政府将相同补贴投入资本密集型行业，较之劳动密集型行业能够更快实现其结构调整目标。这也为政府更倾向于选择资本密集型行业作为重点产业加以扶持提供了一个可能的解释。

三、国有化程度

最后我们检验政府补贴的产业结构变动效应与行业的国有化程度有何关系。在方程(7-5)中引入国有化程度变量与政府补贴变量的交叉项，相应的回归结果见表7-4的面板D。在引入国有化程度与政府补贴变量的交叉项后，第2列中以增加值份额增长率作为被解释变量时，政府补贴变量的系数为正但不显著，国有化程度与政府补贴变量的交叉项的系数为正，且能通过显著性水平为1%的统计检验，这表明行业的国有化程度越高，政府补贴的增加值结构变动效应越大。第3列中以就业人数份额增长率作为被解释变量时，政府补贴变量的系数显著为正，与基本结果一致，但是国有化程度与政府补贴变量交叉项的系数不显著。综上，国有化程度越高，政府补贴的产业结构变动效应越大。以上结果还表明，1998年国有企业改革之后，各级政府对国有企业的控制和扶持在很大程度上开始淡化就业的目标，而对于产出目标仍然相当重视。

以上实证结果验证了本章的理论假说2，即政府补贴的产业结构变动效应因行业特征而异，与行业外部融资依赖度、资本密集度与国有化程度显著正相关。

本章小结

本章以1999～2007年中国制造业企业为样本，构造了四位码行业与政府补贴相匹配的面板数据，实证检验政府补贴对制造业结构变动的影响，并且进一步考察微观体制特征对政府补贴的产业结构变动效应的制约作用。

我们发现,政府补贴显著提高了受补贴行业的份额增长率,即政府补贴对产业结构变动产生了显著为正的影响,但这种影响是短期的,仅在补贴的当期或下一期具有显著影响,随着时间推移而消失;政府补贴的产业结构变动效应受制于微观体制特征:行业外部融资依赖度、资本密集度、国有化程度越高,政府补贴的产业结构变动效应越显著。本章的结论揭示了补贴可以作为政府短期内影响结构变动的手段,政府补贴是否具有持续的正面影响依赖于其是否顺应市场规律,而政府补贴引领结构变动的强度则与各种行业特征高度相关。本章的发现具有以下政策含义:

第一,政府使用补贴手段引领产业结构变动必须尊重市场机制。政府可以在产业多样化和产业升级中发挥积极的协调和引导作用,但是这种作用必须建立在尊重市场机制对资源配置的基础性作用之上。政府补贴本身是政府直接配置资源的方式,必然对不同行业间的资源配置状况产生影响。政府如果不顾地方和产业自身的比较优势,滥用补贴手段发展不符合本国或本地区现阶段资源禀赋优势的产业,必然对经济体中的相对价格造成扭曲,恶化资源配置状况,从政府干预纠正"市场失灵"走向另一个极端——政府失灵。

第二,政府在使用补贴手段改变产业结构的过程中,应该重视其效应的持续性和稳定性。我们发现,补贴的产业结构变动效应具有短期性特征。这种短期性特征与中国政府的运行和激励机制密切相连。地方官员一方面与同级官员展开晋升"锦标赛",为增长而竞争,另一方面还面对其"前任"的无形竞争,此外还要受现行的干部管理体制中任期的约束,这些特征强化了地方官员在推动本地区经济发展时的目标短视性和行为急功近利性。结果是,各级政府(官员)的目标普遍是短期内经济效益最大化,这导致政府官员在使用补贴手段改变产业结构时,仅关注其短期效应和产出效应,忽略其长期效应和效率效应。实践中表现为将资源导向那些短期内可以拉动地区经济增长和提高本地财政收入的相对成熟的行业或部门,而对那些可以促进结构转型升级和经济长远可持续发展的新兴产业置之不理。这种产业补贴政策没有做到因势利导,因此可能不会引领产业升级。因此,政府应该逐步调整现有的官员治理和激励模式。

第三,政府在运用财政补贴等产业政策手段时,除了关注产业增加值对结构调整的效果外,还应关注政策手段对就业等维度的影响。对补贴的累计产业结构变动效应的考察结果表明,补贴的累计增加值结构变动效应为正,而累计就业结构变动效应为负。政府采用补贴手段提高了增加值份额增长率,却降低了就业份额增长率。导致这种结果的根源在于中国已有的干部管理体制的单一性强力激励。现有干部考核制度过于强调经济增长绩效的重要性,使得地方政府过分关注经济增长,很大程度上忽略了民生就业、环境保护等方面的工作。近年来,党中央明确将就业和环境保护等关乎民生的指标纳入干部考核指标体系,使得这些目标成为地方官员行为的实际约束,恰是对上述发现的有力回应。

第四,政府在采用一定的产业政策手段改变产业结构时,应该顺应和借助产业自身所具有的某些特征以达到更加显著的效果。行业的外部融资依赖度、资本密集度及国有化程度越高,补贴的产业结构变动效应越显著。因此,政府在产业政策手段的选择上,不能“一刀切”,采取一成不变的模式,而应该根据行业特征和政策手段自身的特征灵活选择,这样才能做到事半功倍,实现政策效果最大化。

本章的研究在一定程度上揭示了未来研究的可拓展之处:一是由于本章仅仅考察补贴对结构变动的影响,未关注补贴是否促进了产业升级以及是否改善了要素资源配置和提升了相关产业的生产率,因此我们无法评估现有补贴是否偏离了最优补贴水平,偏离程度有多大。这是未来针对政府补贴的产业结构变动效应研究最值得突破的方向。二是由于本章构造的是行业年度面板数据,在实证分析中仅控制了行业特征变量,对于影响产业结构变动的重要区域宏观经济变量未作考虑。尝试构造省区、产业和年度三维面板数据,进一步考察政府补贴及其他产业政策手段的产业结构变动效应,也是未来有意义的研究方向。

第八章　产业政策对产业增长的影响

《国民经济和社会发展第十四个五年规划和2035年远景目标纲要》对十四五时期我国经济发展的要求是：经济持续健康发展，增长潜力充分发挥，质量效益明显提升。制定和实施产业政策促进产业发展已经成为各级政府稳增长和提质量的重要抓手。基于此，本章考察产业政策是否促进了产业增长以及增长效应是否存在异质性。

引　言

在政府运用产业政策促进产业结构优化升级和经济发展的过程中，最常见的做法是选择适合经济体现阶段资源禀赋优势的、前后向关联性强的产业作为重点产业，有意识地将资源或优惠政策向重点产业倾斜，使得重点产业的要素份额增加或要素使用成本下降，在重点产业中产生更加显著的产业增长效应，以充分发挥这些产业对其他产业和国民经济的带动作用，加快产业转型升级的速度，促进一国经济更好更快地发展。只有重点产业的份额显著提升，产业政策调整产业间比例关系的目标才有可能实现，其他政策目标的制定和实施才具备必要的基础和条件。因此，本章关注的首要问题是：产业政策总体上是否显著提升了相应产业的份额，即产业政策的增长效应是否存在？

地方政府选择重点产业进行扶持，旨在提高这些产业的份额，发挥其对其他产业或整个国民经济的带动作用。然而这种政府配置资源并主导产业发展的行为本身就带有试错成分，导致政策效应具有不确定性。政府对产业信息的掌握不完备决定了政府并非总能选择"对"的产业进行扶持。以林毅夫为主的新结构经济学认为，发展符合经济体禀赋结构的产业才符合效率最大化原则。而能否识别出符合经济体禀赋结构的产业很大程度上取决于地方政府对产业的信息掌握完备程度。然而，信息掌握完备程度在不同产业类型间具有显著差异，使得地方政府识别并扶持“对”的产业的能力在不同产业类型间不相等，导致产业政策的增长效应在不同产业类型间可能存在显著差异。然而产业政策的增长效应具体到产业内部是否存在显著差异，归根结底是一个实证问题，因此，本章关注的第二个问题是：产业政策的增长效应是否具有异质性？

产业政策增长效应的存在性可为产业政策实施必要性提供经验依据，而产业政策增长效应的异质性及其原因分析可以为提升产业政策效果提供实践依据，因此，产业政策的增长效应的存在性与异质性问题对我国政府在“调结构，促转型，提质量，增效益”工作中如何提升产业政策效果具有重要指导意义。但是采用严谨的微观计量方法对产业政策的效应进行合理评估的文献却是不多，且为数不多的产业政策效应评估文献得到的结论又不一致：部分研究并未发现产业政策具有积极效应；另外一些国外研究则发现产业政策有效或者在一定条件下有效。以上研究从整体上分析我国产业政策效应，并未考察产业政策效应可能存在的异质性。黎文靖和李耀淘于 2014 年实证考察了产业政策微观绩效的异质性，发现产业政策对国有企业和民营企业的投资行为的影响显著不同。本章在以下方面对该研究可能有新的贡献：第一，该研究用不同所有权性质企业的融资约束程度差异解释产业政策投资效应的差异，本章则从信息掌握完备程度差异出发为产业政策的增长效应异质性提供了逻辑一致的解释，为政府提升产业政策效果提供了新的可能途径。第二，该研究考察产业政策对企业微观投资行为的影响，本章则研究产业政策对产业份额变动的影响。促进产业间份额的相对变动，是政府运用产业政策的题中之义，因此本章的研究结论具有更强的实践意义。第三，该研究基于中国转型经济特征分析产业政策对不同所有制企业投资行为的影响，其结论具有典型的中国特色；本章的研究虽然也基于中国样本，但本章研究的问题——产业政策的增长效应的存在性与异质性却具有一般性理论意义。

第一节　理论假说

中国是一个发展中大国，经济发展在很大程度上是地方层面推动与实现的。地方政府通过产业政策影响地方产业发展，一般是通过制定一系列的规划，确定政府产业发展的重点目标和方向以及产业政策手段，并按照规划实施具体的产业政策手段来影响地方产业发展和结构调整的。我国产业政策最直接明了的体现是在各级政府“五年规划”中列出重点产业[①]，确定相关产业发展目标和方向。为了实现“五年规划”确定的产业发展目标，各级政府会针对某一类或一个重点产业制定专项产业规划，明确并实施具体的产业政策手段和配套措施，将资源和要素导向这些重点产业。各级地方政府往往会采用财政手段、金融手段、外贸手段等间接产业政策手段推动产业政策目标的实现。无论地方政府采用何种产业政策手段，它对重点产业的影响本质上均是通过对微观企业个体的影响实现的。产业政策对重点产业中企业的扶持表现为增加某种生产要素数量或降低某种生产要素的使用成本，进而放松企业的预算约束，其最终结果都会导致企业的投资增加，总产出水平提高。得到扶持的企业的产出水平会提高，而未得到扶持的企业产出水平则会下降。这种企业微观层面的产出调整效应，加总到产业层面上，就表现为产业份额变动。

由此可见，地方政府有动机和能力推动产业发展，并且基于产业政策实施的各种产业政策手段可能通过影响企业微观个体引起产业份额变动，促进产业成长。综上所述，我们提出本章的第一个理论假说：

理论假说1：地方政府通过产业政策总体上显著提高了重点产业份额，产业政策的增长效应是存在的。

地方政府实施产业政策旨在促进重点产业更快成长，然而政策目标能否实现，很大程度上取决于地方政府是否选中“对”的产业进行扶持。新结构经济学认为，经济体的最优经济结构内生决定于经济体的要素禀赋结构，发展中国家的产业升级过程必须与反映物质人力资本积累与要素禀赋结构变化的比较优势变化相一致，只有这样，才能确保新产业中的企业具有自生能力。如果通过一些“扭曲”政策发展了不符合经济体比较优势的产业，则新产业中的企业不具备自生能力，需要持续的政策扶持，会导致资源利用效率低下。换言之，只有发展符合经济体要素禀赋结构优势的产业才符合效率最大化原则。由此可见，所谓“对”的产业是指符合经济体现阶段禀赋结构的产业。林(J.L.Lin)和蒙加(C.Monga)更进一步指出，发展中国家政府运用产业政策在产业升级和经济发展中发挥积极的因势利导作用的尝试多数是失败的，这主要源于其没有能力识别出适合本国禀赋结构和发展水平的产业。豪斯曼(R.Hausmann)和罗德里克(D.Rodrik)指出，产业升级和多样化本身很有可能是一个成本高昂的试错过程。地方政府对重点产业的选择

① “五年规划”是中国国民经济计划的一部分，主要是对全国重大建设项目、生产力分布和国民经济重要比例关系等作出规划，为国民经济发展远景规定目标和方向。

过程也无可避免地带有试错成分。这意味着地方政府并非总能选中符合当地禀赋结构的产业进行扶持。地方政府能否从众多产业中选出符合地区禀赋结构的产业取决于诸多因素,而政府所掌握的产业信息是非常重要的影响因素。

理论上,新结构经济学指出了信息在政府引领产业结构转型升级中的重要作用。2007年,林毅夫提出潮涌现象理论,认为发展中国家政府可以利用其相对于企业的总量信息优势制定产业政策来引导产业转型升级。林毅夫在新结构经济学中进一步强调,政府能够通过"为新产业提供信息"以及"为先驱企业补偿信息外部性",在结构变动中发挥因势利导作用,进一步凸显了信息对于政府引领产业结构变动的重要作用。本章则进一步认为,地方政府在不同类型重点产业中的信息完备程度差异,决定了它能否选择符合经济体资源禀赋结构与发展水平的产业进行扶持。

为了探讨信息差异对产业政策的增长效应的影响,以下按两个标准对重点产业进行分类:第一种,根据地方"五年规划"确定的重点产业是否与国家规划的重点产业相同,将其划分为与国家规划相同与相异的重点产业两类;第二种,根据重点产业微观特征差异,将重点产业细分为重点支柱产业、传统产业和新兴产业三类。体制和制度约束是影响政策绩效的重要因素。我国的宏观政治体制和微观产业特征决定了地方政府在不同类型产业中的信息完备程度具有显著差异。

首先,宏观政治体制特征使得地方政府在与国家规划相同与相异的重点产业上的信息完备程度不同,识别其中符合地区禀赋结构的产业的能力有差异。作为发展中国家,中国的产业链位于世界产业链中后端,有发达国家产业发展的轨迹可循,这使得政府能够通过制定国家产业政策为企业提供未来产业发展方向的总体前瞻信息。然而,由于产业成长具有不确定性和信息具有不完全性,这种国家层面的产业政策不可避免具有试错成分;再加上各地经济发展水平和禀赋结构千差万别,国家规划的重点产业可能并不完全符合当地禀赋结构,所以地方政府在产业政策上完全跟随中央的信息和策略可能并不会取得理想的效果。因此,尽管对上负责的干部管理体制决定地方政府在地方产业政策制定上需要响应上级号召,很大程度上以国家规划为蓝本,并将国家规划的重点产业列入地方规划,但现行政绩考核的单一强力激励决定了地方政府的首要目标仍然是在有限任期内快速拉动地方经济增长,地方政府在产业政策的实施上更多地采取因地制宜的策略。与国家规划相同的重点产业多数是地方政府响应上级号召被动选择的,地方政府在这类产业上信息完备程度较低,比较难以识别出符合当地禀赋结构的产业并加以扶持,在这类产业中可能无法产生显著的增长效应。与国家规划相异的重点产业多数是地方政府出于政治激励自主选择的，地方政府在这类产业上信息完备程度较高，更能识别出其中符合当地禀赋结构的产业并予以扶持，在这类产业中产生了显著的增长效应。综上，宏观政治体制特征使得地方政府在与国家规划相同与相异的重点产业之间的信息掌握完备程度不同，识别并扶持符合地区禀赋结构的产业的能力不等，导致两类产业的增长效应具有显著差异。

其次，微观产业特征使得地方政府在重点支柱产业、传统产业与新兴产业上的信息完备程度不同，识别其中符合地区禀赋结构的产业的能力有差异。宋凌云和王贤彬已经指出，支柱产业最为成熟，政府对该类产业的信息掌握得最为完备；传统产业由于改造提升的需要，可能会陷入短暂的衰退或波动之中，导致政府对该类产业的发展具有一定的不确定性；新兴产业处于培育发展阶段，政府对该类产业的信息掌握得最为匮乏。综上，地方政府在重点支柱产业中的信息完备程度最高，识别并扶持其中符合地区禀赋结构的产业的能力最强，在这类产业中产生的增长效应最为显著；地方政府在重点传统或新兴产业中的信息完备程度较低，识别并扶持其中符合地区禀赋结构的产业的能力较弱，在这类产业中可能不会产生显著的增长效应。总而言之，微观产业特征使得地方政府在重点支柱产业、传统产业与新兴产业之间的信息完备程度不同，识别并扶持其中符合地区禀赋结构的产业的能力不等，导致这三类产业的增长效应存在显著差异。

综上所述，体制和制度特征使得地方政府在不同类型重点产业中的信息完备程度不同，识别并扶持其中符合地区要素禀赋结构的产业的能力不等，在不同类型重点产业中产生的增长效应具有显著差异。据此，我们提出本章的第二个理论假说：

理论假说 2：产业政策的增长效应在不同产业类型间存在显著差异，政策效应的异质性可能源于政府在不同类型产业中的信息完备程度差异。

本章以下部分，我们通过实证分析验证地方政府产业政策的增长效应的存在性和异质性，对上述理论假说分别进行检验。

第二节　数据与实证方法

一、数据说明

为了实证考察中国制造业产业政策的增长效应的存在性和异质性，本章将构造各省区市制造业产业政策与二位码产业增长指数相匹配的面板数据。

(一)产业数据

所有产业数据均来自国家统计局的国有及规模以上工业企业数据库，样本区间是1999～2007年。数据处理方法参见本书第四章的“数据来源说明”。

(二)产业政策数据

由于地方产业政策的制定往往是通过各种规划予以统筹指导的，因此在本章中我们以各省区市“五年规划”中确定的重点产业为依据，构造重点产业虚拟变量，进而度量产业政策。

我们首先收集了中国30个省区市的“九五”“十五”以及“十一五”三个阶段的“五年规划”，并整理出其中的重点产业。各省区市在规划中提到的产业名称五花八门，与国民经济行业分类中的名称很难对应，为此我们作了以下简化和处理：

(1)国家和各省区市规划中均有一章专门讨论工业发展，其中会论述工业结构调整目标。我们将其中的所有制造业产业提取出来，视为重点产业。

(2)对于规划中提到的具体的制造产品，我们按照国民经济行业代码(GB/T 4754—2002)将其归入相应的二位码产业，比如将汽车归入交通运输设备制造业(行业代码37)，将水泥归入非金属矿物制品业(行业代码31)。

(3)对于规划中提到的新材料、新能源等，由于涉及众多行业，无法归入某个具体产业，不作考虑。

在收集整理各省区市重点产业的基础上，我们以下面几种方式构造重点产业指标以度量产业政策：

(1)对“五年规划”中提及的产业均视为重点产业，构造相应的重点产业虚拟变量。

(2)理论述评部分将各省区市的重点产业细分为“重点支柱产业、重点传统产业、重点新兴产业”三类，这些产业具有不同的产业特征，政府因此施以有差别的产业政策，因此在实证研究中我们也将按照上述分类，构造分类重点产业虚拟变量，考察不同类型的重点产业是否产生了不同的增长效应，以考察地方政府产业政策的异质性。

为了对中国产业政策的全貌有个基本了解，以下分别从三个维度对其进行统计分析。首先是横向维度跨省比较，考察同一规划期内不同省区市重点产业的相同与相异情况。其次是纵向时间维度跨期比较，分析同一省区市不同规划期重点产业的演变情况。最后，我们将各个省区市规划的重点产业与国家规划的重点产业进行对比，统计各省区市重点产业与国家规划的相同与相异情况。

为了从横向维度跨省比较，考察不同省区市同一规划期重点产业的差异情况，我们分别统计了 30 个二位码产业在不同规划期被选定为重点产业的次数，具体见图 8-1。由图 8-1 容易看出，按照各二位码产业被各省区市选为重点产业的次数排名，"九五"期间，排名前 5 位的产业依次为：有色金属冶炼及压延加工业(32)，食品制造业(14)，通信设备、计算机及其他电子设备制造业(39)，黑色金属冶炼及压延加工业(31)和纺织业(17)。"十五"期间，排名前 5 位的产业依次为：医药制造业(27)，通信设备、计算机及其他电子设备制造业(39)，电气机械及器材制造业(38)，非金属矿物制品业(30)和食品制造业(14)。"十一五"期间，排名前 5 位的产业依次为：医药制造业(27)，通信设备、计算机及其他电子设备制造业(39)，专用设备制造业(35)，有色金属冶炼及压延加工业(32)和化学原料及化学制品制造业(26)。进一步分析表明，同一阶段各省区市倾向于选择相同的产业作为重点产业。

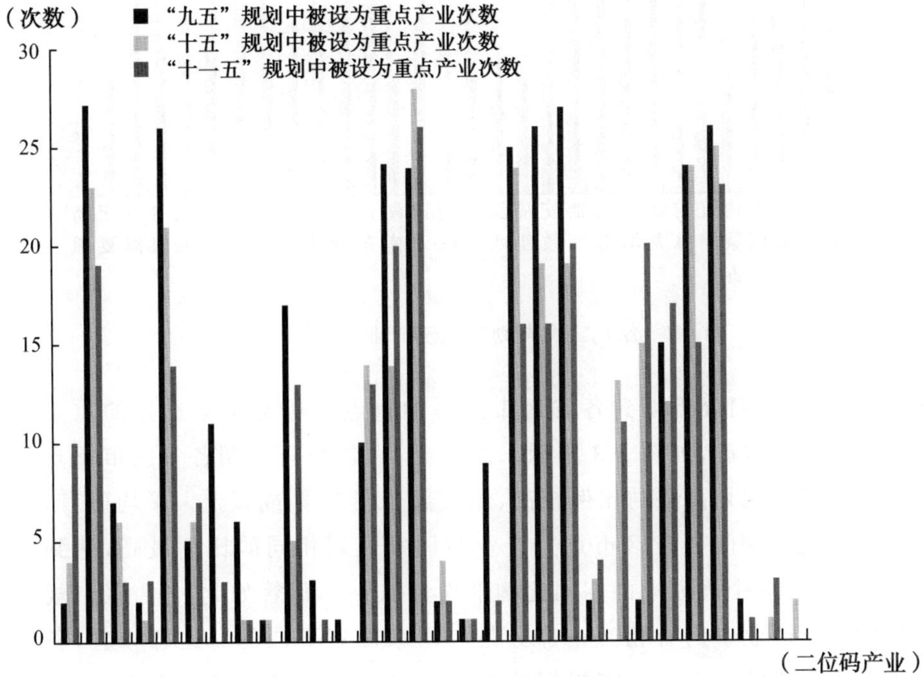

图 8-1　各个二位码产业在不同规划期被设为重点产业的次数

为了对重点产业在纵向时间维度上的变化有个基本认识，我们统计了各省区市在“九五”“十五”及“十一五”规划之间重点产业的变化情况(见图8-2)。可以看出,各省区市“十五”规划中重点产业相对于“九五”规划均有明显变化,其中不相同个数最多的是北京的14个,不相同个数最少的是内蒙古、福建、山东、湖南、四川、宁夏的4个。各省区市“十一五”规划的重点产业与“十五”相比也有显著差异。调整幅度最大的是浙江省的12个,较小的是吉林、上海、重庆的4个。因此,同一省区市不同规划期重点产业有显著变化。①

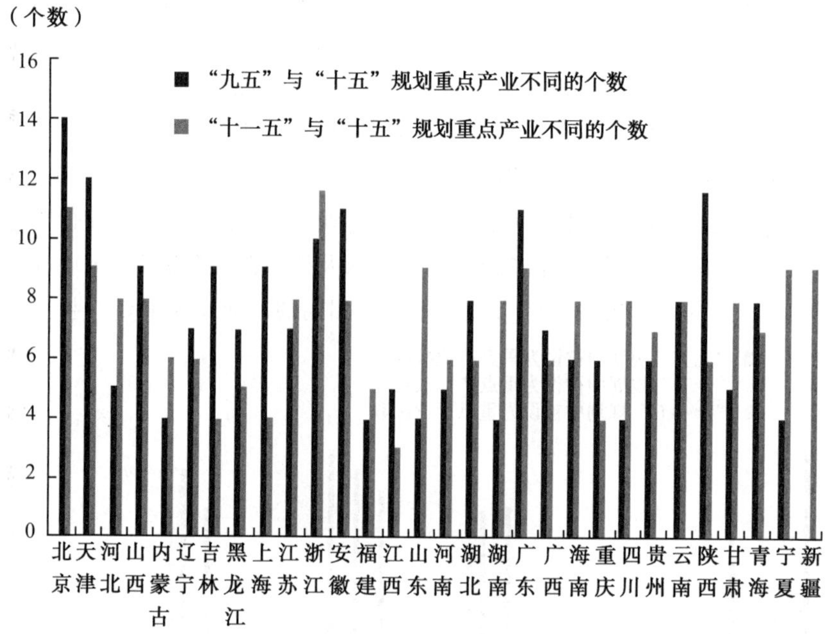

图8-2 各个“五年规划”中重点产业不相同的个数

最后,我们分析得到各省区市选择的重点产业与国家选择的重点产业的异同情况,如图8-3所示。总体而言,各个规划期各省区市重点产业与国家规划重叠的比例较高,绝大部分在50%或以上。平均而言,“十五”规划期间各省区市重点产业与国家规划相同的比例最高,达到79%,另外两个规划期的相同比例平均为55%。尽管如此,各省区市规划的重点产业中仍有相当一部分是与国家规划不同的。这意味着,各省区市一般倾向于按国家规划的产业发展方向选择自己的重点产业,

① 我们认为考察较长一段时间内政府产业政策的持续效果比较有意义,比如样本期内始终是重点新兴产业,其份额是否不断提升。但是由于不同规划期重点发展的产业均有显著变化,使得符合条件的样本数量非常有限,因而无法实现这一想法。

但也会综合考虑本地区产业发展的现状和优势，选择具有本地特色的重点产业，这表明地方政府在重点产业的选择上具有一定的自主性与能动性。

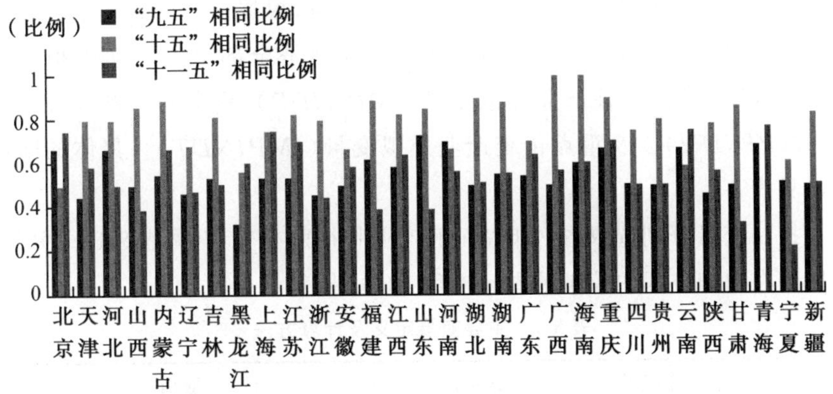

图 8-3　各省区市"五年规划"与国家"五年规划"重点产业相同比例

事实上，以上三个维度的分析结果有其内在联系。各省区市首先按照国家规划确定重点产业，而各省区市规划的重点产业与国家规划相同的比例平均高达 55%以上，这使得同一规划期内各省区市重点产业相似度很高。与此同时，不同规划期内国家规划确定的重点产业发展方向均有较大幅度的调整，各省区市很大程度上依据国家规划选择地方重点产业，使得同一省区市在不同规划期之间重点产业均有显著变化。

二、实证模型与变量说明

为了验证产业政策的增长效应的存在性和异质性，本章设定如下实证模型：

$$DXSHARE^{n}_{i,j,t} = \alpha_0 + \alpha_1 IMPIND_{i,j,t} + \Theta F_{i,j,t} + \varepsilon_{i,j,t}, \quad n = 1,2,3,4 \tag{8-1}$$

其中，$DXSHARE^{n}_{i,j,t}$为产业增长指数，用各省区市二位码产业占全省制造业份额的变化量来度量产业增长效应。本章中我们分别计算了各省区市二位码产业增加值、销售额和总产值三种产业增长指数。① 该指标的计算方法如下：

$$DXSHARE^{n}_{i,j,t} = XSHARE_{i,j,t} - XSHARE_{i,j,t-n}, \quad n = 1,2,3,4 \tag{8-2}$$

① 由于该指数度量的是某二位码产业占全省制造业份额的变化量，因此不需要作价格处理。

其中 X 代表产业增加值、销售额和总产值，数据由中国工业企业数据库中按省区市和二位码行业加总得到。$n=1,2,3,4$ 分别代表考察期时间跨度为第 1、2、3、4 年。①

本章的核心解释变量是重点产业虚拟变量，根据前文的数据描述和研究需要，我们一共构造了 4 个虚拟变量，分别是全部重点产业虚拟变量（*IMPIND*）、重点支柱产业虚拟变量（*IMPINDP*）、重点新兴产业虚拟变量（*IMPINDN*）以及重点传统产业虚拟变量（*IMPINDT*）。具体的赋值方法见表 8-1。

控制变量分别选取省区市特征和产业特征两类变量（见表 8-1）。另外，我们还在回归方程中控制了省区市和年份虚拟变量。②

表 8-1　主要变量定义及计算方法

	变量符号	变量名称	计算（取值）方法
因变量	$DXSHARE^n$	以各省区市二位码产业占全省份额度量的 n 年期产业增长指数	各省区市二位码产业当年 X（X 代表增加值、销售额、总产值）占全省的份额减去 n 年前的对应份额再乘以 100，代表份额变动的百分点数
核心解释变量	*IMPIND*	全部重点产业虚拟变量	将规划中提及的产业均视为重点产业，对应重点产业，虚拟变量取 1，否则取 0
	IMPINDP	重点支柱产业虚拟变量	仅将重点支柱产业视为重点产业，对应重点支柱产业，虚拟变量取 1，否则取 0
	IMPINDN	重点新兴产业虚拟变量	仅将重点新兴产业视为重点产业，对应重点新兴产业，虚拟变量取 1，否则取 0
	IMPINDT	重点传统产业虚拟变量	仅将重点传统产业视为重点产业，对应重点传统产业，虚拟变量取 1，否则取 0

① 由于数据限制，"九五"和"十一五"规划仅有 2 年样本，因此无法以各个规划期的第 1 年为基期，分别计算 1、2、3、4 期结构变动指数。

② 鉴于我们的核心解释变量——重点产业虚拟变量本身已经是虚拟变量，如果我们在回归中控制二位码行业虚拟变量，会和核心解释变量产生严重的共线性，因此我们在实证方程中仅控制了省区市和年度虚拟变量。

续表

	变量符号	变量名称	计算(取值)方法
省区市特征	*COLLEGE*	在校大学生人数	省区市在校大学生人数的对数
	WAGE	年平均工资	省区市年平均工资的对数
	MINERAL	矿业就业比例	省区市矿业就业人数占总就业人数之比
	CARGO	货运总量对数	省区市货运总量的对数,用来反映本省的基础设施状况
产业特征	$XGRATE^n$	n 年期增长率	行业 t 期 X(X 代表增加值、销售额、总产值)对数减去 t-n 年的相应对数值
	EXPORT	出口额占比	行业出口额占工业总产值的比例
	HHI	赫芬达尔指数	行业内企业销售份额平方的累加和
	NEW	创新能力	行业新产品产值占当年销售额比例
	SOE	国有化程度	行业国有和集体资本金占企业实收资本的比例
	ASIZE	企业平均规模	行业内企业总就业人数除以企业个数

第三节　产业政策增长效应的存在性

一、基本结果

表 8-2 的面板 A 报告了以增加值产业增长指数作为被解释变量对方程(8-1)回归的基本结果。面板 A 中重点产业虚拟变量 *IMPIND* 的系数在考察期的时间跨度为 3、4 年时均为正,且能通过 5%显著性水平的统计检验。这表明,其他条件不变时,相对于非重点产业,重点产业在第 3、4 年考察期显著提高了增加值份额,产业政策产生了显著的增长效应。具体而言,当考察期为 3 年时,重点产业的份额增加量比非重点产业显著高出 0.07 个

百分点。当考察期延长至 4 年时，重点产业的份额增加量比非重点产业显著高出 0.08 个百分点。而考察期为 1～2 年时，重点产业虚拟变量的系数均不显著，表明产业政策在短期内没有产生显著的增长效应。这一结果也说明，只有在较长的时间跨度上，产业政策才会产生显著的增长效应。一个可能的解释是，政策的制定和实施具有时滞，当考察期较短时，产业政策对产业扶持的累积效应尚未完全体现出来。这一结论与第六章和第七章结构变动效应短期性的矛盾，主要源于实证识别策略和核心指标的差异。本章检验"五年规划"实施的第 2～5 年的二位码行业份额增长量，第六章识别官员上任第 1～4 年的省区市四位码行业份额累计平均变动量，第七章则考察补贴实施第 1～4 年后四位码行业份额增长率。第六章和第七章没有考虑产业是否受产业政策扶持，本章则考察产业政策扶持是否显著提高了相应产业的份额。产业政策效应长期性的结论恰恰表明产业政策具备有效性。

表 8-2　产业政策增长效应的存在性：基本结果

面板 A 被解释变量：增加值产业增长指数				
	*DYSHARE*1	*DYSHARE*2	*DYSHARE*3	*DYSHARE*4
IMPIND	0.01	0.02	0.07**	0.08**
	(0.02)	(0.02)	(0.03)	(0.04)
Obs.	5847	5075	4316	3573
R^2	0.37	0.38	0.41	0.44
面板 B 被解释变量：销售额产业增长指数				
	*DYSSHARE*1	*DYSSHARE*2	*DYSSHARE*3	*DYSSHARE*4
IMPIND	0.02	0.03	0.07**	0.07*
	(0.01)	(0.02)	(0.03)	(0.04)
Obs.	5847	5075	4316	3573
R^2	0.23	0.29	0.33	0.37
面板 C 被解释变量：总产值产业增长指数				
	*DYOSHARE*1	*DYOSHARE*2	*DYOSHARE*3	*DYOSHARE*4
IMPIND	0.02	0.03	0.06**	0.05
	(0.01)	(0.02)	(0.03)	(0.04)

续表

面板C被解释变量：总产值产业增长指数				
	*DYOSHARE*1	*DYOSHARE*2	*DYOSHARE*3	*DYOSHARE*4
Obs.	5847	5075	4316	3573
R^2	0.26	0.30	0.34	0.38

说明：(1)回归方法为混合回归；括号中是回归系数标准差；＊＊＊、＊＊、＊分别表示1%、5%、10%的显著性水平。

(2)具体的回归方程如下，以下所有回归中均控制此方程中所有控制变量。

$$DXSHARE^n_{i,j,t} = \alpha_0 + \alpha_1 IMPIND_{i,j,t} + \alpha_2 COLLEGE_{i,j,t} + \alpha_3 WAGE_{i,j,t} + \alpha_4 EXPORT_{i,j,t} + \alpha_5 MINERAL_{i,j,t} + \alpha_6 CARGO_{i,j,t} + \alpha_7 XGRATE^n_{i,j,t} + \alpha_8 HHI_{i,j,t} + \alpha_9 NEW_{i,j,t} + \alpha_{10} SOE_{i,j,t} + \alpha_{11} ASIZE_{i,j,t} + \eta_i + \gamma_t + \varepsilon_{i,j,t}$$

表8-2的面板B和面板C进一步报告了以销售额和总产值产业增长指数作为被解释变量的回归结果。以销售额产业增长指数作为被解释变量时，重点产业虚拟变量 *IMPIND* 的系数在考察期时间跨度为3、4年时显著为正，且至少能通过10%显著性水平的统计检验。以总产值产业增长指数作为被解释变量时，重点产业虚拟变量 *IMPIND* 的系数在考察期时间跨度为3年时显著为正，且能通过5%显著性水平的统计检验。因此，以销售额或总产值份额变化来度量产业增长效应，在考察期时间跨度为3或4年时，重点产业显著提高了销售额或总产值份额，产生了显著的增长效应。以上结果表明，整体而言，无论以哪种指标度量产业增长效应，重点产业至少在某些考察期里显著提高了份额，产业政策存在增长效应，初步验证了本章的理论假说1。

二、稳健性回归结果

(一)核心解释变量的内生性问题

本章的核心解释变量——重点产业变量可能具有内生性。现实中，由于高利润与高增长的部门能迅速提升地区经济总量、就业和税收份额，各级各地政府有强烈的动机将地区产业和经济发展的方向导向这些部门，从而越可能将这些部门与产业选作重点产业。因此，重点产业虚拟变量和被解释变量之间可能存在双向因果关系，各省区市重点产业的确定可能存在自选择问题，此时采用传统计量实证方法考察产业政策的增长效应难以得到一致的结果。因此，本小节我们采用工具变量法来减少重点产业的选择性偏误。

内生变量——重点产业本身是个虚拟变量，而影响产业成为重点产业的因素众多，直接使用这些因素作为工具变量可能造成弱工具变量性。为了克服这一问题，伍尔德里奇(J.M.Wooldridge)使用二项选择模型的估计拟合值作0、1型解释变量的工具变量。参考伍尔德里奇的做法，我们采用以下的处理方法：(1)用Probit模型量化地方政府的重点产业选择行为，估计出产业被选择为重点产业的概率；(2)将该Probit模型估计的拟合值作为工具变量。①

由于地方政府选择重点产业可能具有一定的目的性，因此我们设定重点产业的选择模型如下：

$$prob\{IMPIND=1\}=\beta_0+\beta_1 F_{i,j,t}+\beta_2 Z_{i,j,t}+v_{i,j,t} \tag{8-3}$$

其中，$F_{i,j,t}$ 表示模型(8-1)中的控制变量，$Z_{i,j,t}$ 代表能够显著提高行业成为重点产业的概率的三个行业特征变量 YL、$PTRV$、KL，分别代表行业劳动生产率、行业利税率、行业资本密集度。行业劳动生产率(YL)一定程度上体现了产业对GDP的拉动作用，是地方政府选择重点产业的首要依据；行业利税率($PTRV$)反映了地方政府选择重点产业时的财政激励因素；最后，行业的资本密集度(KL)反映了地方政府对加快工业化发展的基础性行业的特别关注。② 综上所述，我们认为能够显著提高行业成为重点产业的概率的行业特征变量至少包括行业劳动生产率、行业利税率和资本密集度。我们用Probit模型估计得到拟合值，并以Probit估计拟合值作为工具变量对模型(8-1)进行了估计。

工具变量法回归结果见表8-3的面板A。其中重点产业虚拟变量系数在考察期时间跨度为2、3、4年时均显著为正，且均能通过显著性水平为1%的统计检验，系数相对于表8-2的基本结果而言也显著增大。同时，回归结果通过了所有关于工具变量的计量统计检验。③ 因此减弱了样本可能存在的内生性后，我们的基本结论仍然成立。

---

① 周亚虹等在处理企业研发决策行为的内生性时也采取了这一方法。

② 资本密集度高的行业主要是钢铁业、一般电子与通信设备制造业、运输设备制造业、石油化工、重型机械工业、电力工业等，这些行业主要分布在基础工业和重加工业，一般被看作发展国民经济、实现工业化的重要基础，因此也自然成为地方政府重点扶持的产业。

③ 表中报告的工具变量不可识别检验统计量和弱识别检验统计量均显著大于相应检验的临界值，表明我们的回归结果完全通过了工具变量的不可识别和弱识别检验。由于我们以方程(8-3)Probit回归的拟合值作为重点产业内生变量的工具变量，工具变量个数恰好等于内生变量个数，所以不必作工具变量的过度识别检验。

表 8-3　产业政策增长效应的存在性:稳健性回归结果

面板 A:重点产业变量的内生性问题

	*DYSHARE*1	*DYSHARE*2	*DYSHARE*3	*DYSHARE*4
IMPIND	0.07	0.56***	1.07***	1.63***
	(0.09)	(0.13)	(0.19)	(0.26)
Obs.	5847	5075	4316	3573
R^2	0.37	0.31	0.24	0.15
工具变量第一阶段回归 F 统计量	18.73	18.08	15.57	13.00
不可识别检验:AR 典则相关 LM 统计量	166.47	159.20	130.09	102.70
弱识别检验:Cragg-Donald F 统计量	169.94	162.83	132.70	104.38
SY 弱识别检验临界值:最大显著性检验水平扭曲程度 10%	16.38	16.38	16.38	16.38

面板 B:遗漏变量问题

	*DYSHARE*1	*DYSHARE*2	*DYSHARE*3	*DYSHARE*4
IMPIND	0.02	0.06**	0.11***	0.13***
	(0.02)	(0.02)	(0.03)	(0.04)
*YSHARE*0	−0.89***	−2.07***	−3.46***	−4.64***
Obs.	5683	4925	4185	3462
R^2	0.40	0.42	0.45	0.49

面板 C:构造“反事实”——规划期向后滚动

	*DYSHARE*1	*DYSHARE*2	*DYSHARE*3	*DYSHARE*4
FIMPIND	0.03*	0.04	0.02	0.03
	(0.02)	(0.02)	(0.03)	(0.04)
Obs.	5847	5075	4316	3573
R^2	0.37	0.38	0.40	0.44

面板 D:构造“反事实”——规划期向前滚动

	*DYSHARE*1	*DYSHARE*2	*DYSHARE*3	*DYSHARE*4
BIMPIND	3.25e−03	0.02	0.02	0.01
	(0.01)	(0.02)	(0.03)	(0.04)

续表

面板 D:构造“反事实”——规划期向前滚动				
	*DYSHARE*1	*DYSHARE*2	*DYSHARE*3	*DYSHARE*4
Obs.	5847	5075	4316	3573
R^2	0.37	0.38	0.40	0.44

说明:(1)回归方法为混合回归;括号中是回归系数标准差;* * *、* *、*分别表示1%、5%、10% 的显著性水平。

(2)所有回归中均控制方程(8-1)中所有控制变量。

(二)遗漏变量问题

产业份额的变动速度往往依赖于其初始条件。一般来讲,期初的产业份额越大,则产业份额变动会越缓慢,即产业份额变动和期初份额是负相关关系。回归方程(8-1)中我们控制了产业的增长率,但没有控制产业的期初份额。控制期初份额的回归结果见表 8-3 的面板 B。结果表明,重点产业虚拟变量的系数和显著程度均显著增大,进一步验证了我们的基本结论——产业政策显著提高了重点产业份额,产业政策的增长效应是存在的。产业期初份额变量的系数为负,与我们的预期一致,即产业期初份额越大,产业份额变动越慢。

(三)构造“反事实”

最后,我们通过构建一种“反事实”——人为地改变重点产业所属的规划期,以验证上述实证结果的稳健性。如果上面的实证发现是稳健的,那么基于这种“反事实”,我们就无法观察到产业政策的增长效应。人为地改变重点产业所属的规划期主要有两种类型:一是人为地把规划期向后滚动,另一个是人为地把规划期向前滚动。具体而言,将规划期向后滚动,就是将“十五”规划的重点产业改成“九五”规划的,“十一五”规划的重点产业改成“十五”规划的。将规划期向前滚动的做法以此类推。将规划期向后滚动构造“反事实”的回归结果见表 8-3 中面板 C。我们关注的核心变量的系数仅在考察期时间跨度为 1 年时显著为正,且刚刚能通过显著性水平为 10%的统计检验。与前文的基本结果对比,系数显著度明显下降。对于第 1 期重点产业虚拟变量的系数仍然显著的一个可能解释是,不同规划期重点产业有一定的重合度,因此即使将规划期向后滚动,也无法完全抹去重点产业的影响。将规划期向前滚动的回归结果(见表 8-3 中面板 D)更好地反证了本章的基本结论。此时我们关注的核心解释变量的系数完全不显著,这表明只有规划期受到产业政策扶持的产业,其份额才会显著提高。

以上稳健性检验一致验证了表 8-2 中的基本结果是稳健的。综上所述，中国地方政府通过产业政策在总体上显著提高了重点产业份额，产业效应是存在的，验证了本章的理论假说1。

第四节　产业政策增长效应的异质性

我们已经发现，地方政府的产业政策总体上显著提高了重点产业的份额，产业政策的增长效应是存在的。然而，正如理论述评部分指出的，体制和制度特征使得地方政府在不同类型重点产业中的信息完备程度不同，识别并扶持其中符合地方要素禀赋结构的产业的能力不同，最终导致不同类型重点产业的增长效应具有显著差异。本部分按照三个不同的标准对重点产业进行分类，考察产业政策的增长效应在不同类型重点产业间是否存在显著差异，以验证理论假说2。

一、与国家规划相同与相异的重点产业的增长效应差异

我们首先按照"是否与国家规划相同"这一标准，将地方重点产业划分为与国家规划相同与相异两个部分，考察这两类产业政策的增长效应是否显著不同。为此，本小节设定如下实证模型：

$$DXSHARE^{n}_{i,j,t} = \beta_0 + \beta_1 IMPINDGJ_{i,j,t} + \beta_2 IMPINDBS_{i,j,t} + \Theta F_{i,j,t} + \varepsilon_{i,j,t}, \quad n = 1,2,3,4 \tag{8-4}$$

模型中$IMPINDGJ_{i,j,t}$和$IMPINDBS_{i,j,t}$是两个虚拟变量，分别表示地方规划的重点产业与国家规划的重点产业的相同与相异部分。$IMPINDGJ_{i,j,t}$的赋值方法是，当一个产业既是地方重点产业又是国家重点产业时，该变量取1，否则取0。相反地，当一个产业是地方重点产业，但不属于国家规划的重点产业时，虚拟变量$IMPINDBS_{i,j,t}$取1，否则取0。其他变量的含义与(8-1)式相同。

对方程(8-4)进行回归，结果报告见表8-4的面板A。可以看出，与国家规划相同的重点产业虚拟变量$IMPINDGJ$的系数从第1期至第4期全部不显著，而与国家规划相异的重点产业虚拟变量$IMPINDBS$的系数则在第2、3、4期显著为正，且至少能通过5%显著性水平的统计检验。以上结果表明，给定其他条件不变，相对于非重点产业，各省区市异于国家规划的重点产业增加值份额显著提高，产生了显著的产业增长效应，而与国家"五年规划"相同的重点产业却未产生显著的增长效应。

表 8-4　产业政策增长效应的异质性

面板 A:与国家规划相同与相异的重点产业				
	*DYSHARE*1	*DYSHARE*2	*DYSHARE*3	*DYSHARE*4
IMPINDGJ	7.67e−03	−2.48e−03	0.03	0.03
	(0.02)	(0.03)	(0.03)	(0.04)
IMPINDBS	0.02	0.08**	0.17***	0.18***
	(0.02)	(0.04)	(0.04)	(0.06)
Obs.	5847	5075	4316	3573
R^2	0.37	0.38	0.41	0.44
面板 B:重点支柱产业、新兴产业与传统产业				
	*DYSHARE*1	*DYSHARE*2	*DYSHARE*3	*DYSHARE*4
IMPINDP	0.01	0.05	0.15***	0.19***
	(0.02)	(0.03)	(0.04)	(0.05)
IMPINDN	−1.14e−03	−4.16e−03	−0.02	−0.01
	(0.03)	(0.05)	(0.06)	(0.08)
IMPINDT	−5.98e−04	−8.82e−03	−6.20e−03	−0.06
	(0.02)	(0.03)	(0.04)	(0.05)
Obs.	5847	5075	4316	3573
R^2	0.37	0.38	0.41	0.44
面板 C:与国家规划相同与相异的支柱产业、新兴产业与传统产业				
	*DYSHARE*1	*DYSHARE*2	*DYSHARE*3	*DYSHARE*4
IMPINDGJP	0.32e−03	0.33e−03	1.24***	1.72***
	(0.24e−03)	(0.37e−03)	(0.47e−03)	(0.59e−03)
IMPINDGJN	−1.81e−04	−0.37e−04	−2.34e−04	−1.53e−04
	(3.2e−04)	(4.63e−04)	(6.05e−04)	(7.82e−04)
IMPINDGJT	−0.58e−04	−1.83e−04	−2.07e−04	−7.94e−04
	(2.08e−04)	(3.02e−04)	(3.99e−04)	(5.26e−04)
IMPINDBSP	0.02e−03	1.10e−03**	2.40e−03***	2.71e−03***
	(2.88e−04)	(4.52e−04)	(5.66e−04)	(6.91e−04)
IMPINDBSN	1.46e−03	0.66e−03	1.63e−03	0.97e−03
	(1.00e−03)	(2.07e−03)	(2.58e−03)	(3.16e−03)

续表

面板 C:与国家规划相同与相异的支柱产业、新兴产业与传统产业				
	*DYSHARE*1	*DYSHARE*2	*DYSHARE*3	*DYSHARE*4
IMPINDBST	1.32e−04	3.78e−04	6.82e−04	6.15e−04
	(3.22e−04)	(5.07e−04)	(6.56e−04)	(8.36e−04)
Obs.	5847	5075	4316	3573
R^2	0.37	0.38	0.41	0.44

说明:(1)回归方法为混合回归;括号中是回归系数标准差;***、**、* 分别表示 1%、5%、10% 的显著性水平。

(2)所有回归中均控制方程(8-1)中所有控制变量。

中国疆域辽阔,各地经济发展水平和资源禀赋条件参差不齐,中央统一制定的产业政策难以同时适应各地资源禀赋状况。因此,尽管地方政府很大程度上以国家规划为蓝本制定地方产业政策,但为了实现其短期内快速拉动地方经济增长的目标,各省区市不得不充分考虑本地实际,因地制宜,灵活制定地方产业政策,将国家规划没有提及但符合当地资源禀赋结构的产业列入地方规划。"九五""十五""十一五"规划期间各省区市重点产业与国家"五年规划"相异的比例分别为 45%、21%、45%。由此可见,与国家规划相同的重点产业往往是地方政府对上级指令被动响应的结果,地方政府对这类产业的信息掌握完备程度较低,识别其中符合当地禀赋结构产业的能力较弱,产业政策在这类产业中可能无法产生显著的增长效应;而与国家规划相异的重点产业则是地方政府出于政治激励能动选择的结果,地方政府对这类产业的信息掌握完备程度较高,识别其中符合当地禀赋结构产业的能力较强,产业政策在这类产业中产生了显著的增长效应。

因此,产业政策的增长效应在与国家规划相同与相异的两类重点产业之间存在显著差异,初步验证了理论假说 2。

二、重点支柱产业、传统产业与新兴产业的增长效应差异

本小节我们将重点产业细分为"重点支柱产业、重点传统产业、重点新兴产业"三类,考察产业政策在这三类重点产业中是否产生了显著不同的增长效应。为此,在回归方程(8-1)中同时引入重点支柱产业虚拟变量 *IMPINDP*、重点新兴产业虚拟变量 *IMPINDN* 及重点传统产业虚拟变量 *IMPINDT*,设定如下实证模型:

$$DXSHARE^{n}_{i,j,t}=\beta_0+\beta_1 IMPINDP_{i,j,t}+\beta_2 IMPINDN_{i,j,t}+\beta_3 IMPINDT_{i,j,t}+\Theta F_{i,j,t}+\varepsilon_{i,j,t},\quad n=1,2,3,4 \tag{8-5}$$

基于方程(8-5)的回归结果报告见表 8-4 的面板 B 中。可以看出,重点支柱产业虚拟变量 *IMPINDP* 的系数在考察期时间跨度为 3、4 年时显著为正,且能通过 1%显著性水平的统计检验。该结果表明,给定其他条件不变,当考察期时间跨度为 3、4 年时,相对于非重点产业,重点支柱产业显著提高了增加值份额。而重点新兴产业及重点传统产业的增加值份额相对于非重点产业无显著差异。由此可见,重点支柱产业具有显著的产业增长效应,而重点新兴产业与传统产业不具有这种效应。

面临政治激励与任期限制的地方官员,为了在任期内实现较快的经济增长,在实施产业政策时会有意识地选择扶持那些符合当地禀赋结构的产业,然而地方政府能否实施这一策略取决于其识别符合地区禀赋结构产业的能力,这一能力又受到地方政府在不同类型产业间信息掌握的完备程度的制约。地方政府对重点支柱产业的信息掌握完备程度较高,识别并扶持其中符合地区禀赋结构产业的能力较强,产业政策在这类产业中产生了显著的增长效应;相反,地方政府对重点传统或新兴产业的信息完备程度较低,识别并扶持其中符合地区禀赋结构产业的能力较弱,产业政策在这类产业中未能产生显著的增长效应。

事实上,地方政府在自主选择与国家规划相异的重点产业时,也考虑到自身对三类重点产业的信息把握程度差异,有意识地提高支柱产业的比例。细分后发现,与国家规划相同的产业中三类产业占比分别为 39%、17%、44%,而与国家规划相异的产业中三类产业占比分别为 53%、6%、41%。地方政府自主选择重点产业时,将支柱产业比例由 39%提高至 53%,新兴产业比例由 17%降低至 6%,可见,地方政府有意识地将发展重心由新兴产业向支柱产业转移。这种产业组成比例的改变是地方政府顺应微观产业特征进行的政策适应性调整。

重点支柱产业、新兴产业与传统产业的增长效应存在显著差异,再次验证了本章的理论假说 2——地方政府产业政策的增长效应具有异质性。

三、与国家规划相同与相异的重点支柱产业、传统产业与新兴产业的增长效应差异

本小节更进一步将与国家规划相同和相异的重点产业分别细分为重点支柱产业、重点传统产业和重点新兴产业,实证考察六类细分重点产业的增长效

应是否具有显著差异，以进一步验证产业政策的增长效应是否存在异质性。

首先分别构造相应的虚拟变量 *IMPINDGJP*、*IMPINDGJT*、*IMPINDGJN*、*IMPINDBSP*、*IMPINDBST*、*IMPINDBSN*。具体赋值方法为：当一个产业是与国家规划相同的重点产业，且又属于该省区市的重点支柱产业时，变量 *IMPINDGJP* 取 1，否则取 0。其他变量的赋值方法以此类推。然后将上述六个虚拟变量同时放进方程(8-1)，代替原来的虚拟变量 *IMPIND* 进行回归，结果报告见表 8-4 的面板 C。

与国家规划相同的重点支柱产业虚拟变量系数在考察期时间跨度为 3、4 期时显著为正，且均能通过 1%显著性水平的统计检验，与国家规划相同的重点新兴及传统产业虚拟变量系数全部为负且不显著。这表明与国家规划相同的重点支柱产业具有显著的增长效应，与国家规划相同的重点新兴及传统产业不具有显著的增长效应。与国家规划相异的重点支柱产业虚拟变量系数在考察期时间跨度为 2、3、4 期时显著为正，且均能通过 1%显著性水平的统计检验，与国家规划相异的重点新兴及传统产业虚拟变量系数全部为正且不显著。这表明与国家规划相异的重点支柱产业具有显著的增长效应，与国家规划相异的重点新兴及传统产业不具有显著的增长效应。综上所述，与国家规划相异的重点支柱产业的增长效应最强，与国家规划相同的重点支柱产业的增长效应次之，与国家规划相异或相同的重点新兴和传统产业均不具有显著的增长效应。此结果与之前的结果是一致且相互印证的。

本部分实证结果一致表明，地方政府的产业政策在不同类型产业间产生了显著不同的增长效应，产业政策的增长效应具有异质性，验证了本章的理论假说 2。

本章小结

产业政策效应定量评估是当前中国经济结构转型过程中亟须回答的一个实证问题。本章以 1999～2007 年中国制造业企业为样本，通过构造各省区市二位码产业增长指数与地方政府产业政策相匹配的面板数据，研究地方政府的产业政策是否具有显著的增长效应以及这种效应在不同产业类型间是否存在显著差异，为地方政府产业政策的制定和实施提供经验依据。

实证发现：第一，地方政府的产业政策在总体上显著提升了相应产业的份额，产业政策的增长效应是存在的；第二，产业政策的增长效应在不同产业类型间存在显著差异。产业政策的增长效应因产业类型而异的可能原因是：地方政府在不同类型产业中的信息完备程度不同，导致其识别并扶持符合本地禀赋结构产业的能力不同。

本章的实证发现具有明确的政策含义。第一，中国地方政府的产业政策总体上显著提高了相应产业份额，产业政策具有现实的可行性。政府通过产业政策有意识地将资源导向重点产业，可以发挥这些产业对其他产业和整个国民经济的带动作用，加快中国的工业化进程。然而，政府必须避免滥用产业政策。正如金碚所言，产业转型升级实质上是工业所具有的创新性和革命性的自发彰显，在此过程中，市场应当发挥资源配置的决定性作用。政府制定和实施产业政策的过程是以政府“有形之手”代替市场“无形之手”来配置资源，这种替代作用可能由于信息不完全等原因具有试错性质。过度使用产业政策不但不能纠正“市场失灵”，可能还会导致“政府失灵”。第二，本章的发现凸显了信息在政府引领产业结构变动中的重要性：产业政策的增长效应因产业类型而异，政策效应大小可能和政府在不同产业类型中信息完备程度正相关，政府提高产业政策的增长效应的一个可能渠道是最大限度地占有、分析和利用产业信息，以确定符合经济体现阶段禀赋结构的产业作为重点产业加以扶持，从而实现政策效应的最大化。这为中国当前推动数字化发展提供了来自经济治理方面的证据。无论是市场力量还是政府力量，要更好地服务经济发展，都需要以积极的心态迎接数字时代，加快建设数字经济、数字社会、数字政府，以数字化转型整体驱动生产方式、生活方式和治理方式变革。

本章的发现不仅具有重要的实践意义，在全球范围内还具有一般性的理论意义。对于产业政策这种政府“有形之手”配置资源的方式，我们的研究刚刚起步，还有许多有意义的问题值得进一步探讨，比如考察产业政策的资源配置效率、分析具体的产业政策手段效应等。

第九章　产业政策如何推动产业增长

上一章我们验证了产业政策的增长效应的存在性和异质性。在具体的产业政策实践中，一个更为重要的问题是产业政策如何推动产业增长，本章将对这个问题进行深入研究。

引　言

制定和实施产业政策，促进产业升级已经成为各级政府实现新时期经济持续发展目标的重要抓手。产业政策实施主要借助于产业政策工具，而政府的产业政策工具主要集中在财政、金融和外贸等间接诱导手段上。20世纪80年代初以来，中央政府和地方政府之间进行了财政分权，地方政府拥有很大的财政自主权，强化了财政手段作为产业政策手段的重要性。财政手段本身特有的直接性和便利性，使得它成为政府产业政策的基础性工具。事实上，伴随着中国政府广泛与持续的产业政策的是政府高水平的财政投入。以2013年8月底国家发改委出台的《关于发挥价格杠杆作用促进光伏产业健康发展的通知》为例，在不包括融资优惠等其他支持的情况下，仅对分布式光伏发电的电价补贴一项的财政支出每年就超过50亿元。中国经济步入中高速增长的“新常态”以及与之相伴的政府财政收入紧张，更加凸显了探索财政手段如何有效推动产业增长，提高财政资源配置效率，发挥财政工具最大效用的重大现实意义。①

① 产业政策的有效性问题一直是产业政策研究领域争论不休的话题，定量评估产业政策效应的研究不多，得到的结论又不一致：部分研究并未发现产业政策具有积极效应，另外一部分国外研究则发现产业政策有效或者在一定条件下有效。然而，正如阿吉翁所言，现在的问题已不再是是否需要产业政策，而是如何科学设计和有效实施产业政策以最大限度地提升产业政策效果。

财政手段是政府介入资源配置的形式，能够通过资源补充机制①和资源重置机制②影响产业增长。这两种机制能否顺利传导，实现资源配置效应的帕累托改进，受到政府财政手段资源配置效率以及扶持企业资源利用效率产业间差异的影响而呈现差异化路径。首先，新结构经济学指出信息在政府引领产业结构转型升级中的重要作用。政府在不同类型重点产业中的信息完备程度具有显著差异，为考察财政手段资源配置效应是否具有异质性提供了一个可行视角。其次，林毅夫指出，竞争的市场使价格反映了要素的相对稀缺性，企业选择符合经济体比较优势的产业、产品和技术，具有自生能力而实现高增长率。国内外学者研究表明，和市场竞争兼容的产业政策手段能够促进创新、增长和改善资源配置。作为转型中的发展中大国，中国制造业行业存在不同程度的有待改进的地方，这为考察财政手段的资源配置效应是否因产业竞争程度差异而具有异质性提供了又一重要视角。

全球范围内以促进增长与就业为目的的产业政策较为普遍，但对类似的产业政策效果进行科学评估的文献却为数不多。现有文献给出了三个主要原因：一是产业政策难以准确度量，二是产业政策是内生的，三是忽略了产业政策效果的异质性。本章的研究成果在第一和第三个方面可能有所贡献③：首先是在产业政策度量方面。现有研究产业政策效应的文献由于无法找到产业政策的合适度量方法，因而将产业政策手段等同于产业政策，直接以财政手段度量产业政策，并将财政手段的影响效应视同产业政策效应。这种做法具有较大局限性：政府的产业政策手段众多，实践中政府往往同时

---

① 资源补充机制是指利用财政手段将资源更多导向重点产业，影响不同企业的成本收益结构，通过增加(或降低)某种生产要素(的使用成本)而放松企业的预算约束，使得企业能够实现规模扩大，或者进行生产率增强型投资以实现生产率提升，其最终结果均会导致总产出水平扩大。这种企业层面的产出增长加总到产业层面上，表现为重点产业份额的相对提升。以下将财政通过资源补充机制产生的产业间的资源配置改变效应——重点产业获得更多的财政资源，定义为财政手段促进产业增长的资源补充机制效应，简称资源补充效应。

② 资源重置机制是指利用财政手段将资源导向重点产业内部生产率增长率更高的企业，促进受扶持企业更快增长，其最终结果是相同财政资源在重点产业内部产生更为显著的增长效应。以下将财政手段通过资源重置机制产生的产业内的资源配置改变效应——重点产业内部财政资源向生产率高的企业配置而产生的更显著的增长绩效——定义为财政手段促进产业增长的资源重置机制效应，简称资源重置效应。为了表述方便，下文将这两种效应合称财政手段的资源配置效应。

③ 陈钊和熊瑞祥以及李力行和申广军关于产业政策的研究也在上述三个方面取得了显著的进展。他们基于比较优势视角，采用克服产业政策内生性的实证方法分别对出口加工区和经济开发区两类目标导向明确的产业政策效果进行了严谨的评估，为产业政策效应科学定量评估作出了贡献。本书区别于他们的地方是，将省级政府“五年规划”中鼓励发展的产业设为重点产业，构造重点产业变量来度量产业政策。

实施一系列可能难以单独度量的产业政策手段组合。将某种产业政策手段效果直接等同于产业政策效应，往往夸大了这种政策手段的影响。本章区别于以上研究之处在于，将产业政策与产业政策手段加以区分，根据省区市“五年规划”中设定的重点产业构建重点产业虚拟变量来度量产业政策，并以行业获得的政府补贴和税收优惠来度量产业政策手段，考察产业政策的财政手段通过资源补充和资源重置机制产生了怎样的影响效应，以实现产业政策推动产业增长的目标。尽管本章也只是评估了以重点产业度量的单一类型产业政策的财政手段的影响效应，但是相对于上述其他研究，本章实现了对产业政策与产业政策手段的分别度量，并进一步识别了产业政策手段对产业增长的影响效应，丰富了中国产业政策效应评估的定量研究。其次是在产业政策效果异质性方面。政府通过产业政策干预产业发展能否取得成功，主要取决于：(1)政府作为产业政策的制定和实施主体，能否合理配置资源，而政府配置资源的效率取决于政府能力，主要是政府对于产业信息掌握的完备程度。(2)作为产业政策指向的对象，产业内微观主体能否合理利用资源。产业内部竞争越充分，由要素相对稀缺程度决定的价格机制配置资源的机制越完善，产业越能充分利用政策资源。因此，我们选取了信息与竞争这两个政府干预产业发展的最重要的影响维度，考察财政手段效应的异质性，增进了人们对中国产业政策效应评估的理解。

第一节　理论假说

产业政策是一系列对产业发展有重大影响的制度和安排的总和，许多国家的政府均倾向于通过实施产业政策推动产业经济发展。中国是较多运用产业政策的国家。中国政府在运用产业政策促进产业结构优化升级和经济发展的过程中，最常见的做法是选择适合经济体现阶段资源禀赋优势的、前后向关联性强的产业作为重点产业，有意识地将资源或优惠政策向重点产业倾斜，使得重点产业的要素份额增加或要素使用成本下降，在重点产业中产生更加显著的增长效应，以充分发挥这些产业对其他产业和国民经济的带动作用，加快产业转型升级的速度，促进一国经济更好更快地发展。为此，政府往往制定一系列的产业规划，在规划中明确鼓励、限制和禁止发展的产业目录，并实施具体的产业政策手段，将资源和要素导向政府支持发展的重点产业，促进产业协调发展，进而促进产业总体发展目标的实现。

政府产业规划对于如何实施产业政策均作了明确规定。如《国务院关于加快培育和发展战略性新兴产业的决定》指出，加大财税金融等政策扶持力度，引导和鼓励社会资金投入。《中国制造 2025》同样把加大财税政策支持力度作为促进制造业发展的重要战略支撑与保障措施。规划要求，加强财政资金对制造业的支持，实施有利于制造业转型升级的税收政策。由此可见，政府首先在产业规划中明确鼓励发展的产业，再选取具体的产业政策手段，有针对性地将资源和要素导向这些鼓励发展的重点产业。在众多的财政手段中，政府补贴是政府支出方面的最常用手段，而税收优惠是政府收入方面的最常用手段。因此本章基于政府补贴和税收优惠工具考察财政手段效应。

政府如何通过财政手段推动产业增长呢？政府采取财政手段，在产业间差异化地实施税收优惠政策或者倾斜性地配置财政补贴，影响不同产业中企业的成本收益状况，进而影响企业生产活动和行为选择，最终导致不同产业份额相对变化。可见，财政手段对产业增长的影响本质上是通过改变资源配置进而影响微观企业个体决策实现的。财政手段是政府介入资源配置的形式，产业政策正是通过财政手段优化产业间和产业内部资源配置状况而推动产业增长，具体机制有两个：一是资源补充机制，二是资源重置机制。

首先是资源补充机制。为了促进政府鼓励发展的重点产业优先发展，政府往往通过财政手段将资源更多导向重点产业，即有选择地给予重点产业更多补贴或税收优惠，这会使得重点产业的平均补贴或税收优惠显著高于非重点产业，通过资源补充机制改变了产业间的资源配置状况，进而促进企业和产业增长。资源补充机制具体表现为直接的资源获取和间接的信号传递两种形式：第一，从资源基础观出发，政府利用财政手段，通过直接的生产资源补充机制作用于企业进而影响产业间资源配置。例如，当政府着力于发展高新技术产业时，可以对高新技术企业给予税收优惠，降低企业的成本负担，也可以通过补贴来弥补企业研发活动中可能形成的外部性损失。一方面，这些财税行为能够激励在位企业加大对研发活动的投入，不断拓展企业的规模和优势；另一方面，这些优惠政策也可能吸引其他企业进入高新技术产业中。最终，高新技术产业的份额便会逐渐上升。第二，从信号传递理论出发，财政手段扶持作为一种利好投资的信号传递给私人投资者，为企业贴上被政府认可的标签，进而帮助企业获取外部融资。当前，中国司法体系、知识产权保护体系都有待进一步完善，获取政府扶持可以看作企业积极响应政策导向、服从政府指引、与政府关系良好的信号，这有利于企业从其他渠道获取资源。综上所述，无论政府以何种财政手段干预产业成长，它们均通过增加某种生产要素或降低某种生产要素的使用成本而放松企业的预算约束，使得企业能够增加要素投入或降低要素成本而实现规模扩大，或者进行生产率增强型活动以实现生产率提升，最终均会导致总产出水平扩大。这种企业层面的产出增长加总到产业层面上，表现为重点产业份额的相对提升。

其次是资源重置机制。为实现产业发展目标，地方政府会通过财政手段有意识地将财政资源导向生产率增长率更高的企业，在重点产业内部实现更高的企业间资源重置效应，实现生产率增长更高企业的份额相对提高。由此可见，政府通过财政手段将资源导向重点产业内部生产率增长率更高的企业，优化了企业间资源配置状况，使得重点产业内部在相同的财政扶持力度下产生更大的增长效应，进而促进了重点产业份额相对提升。

综上所述，地方政府为了实现优先发展重点产业的目标，首先通过资源补充机制将财政资源更多导向重点产业，改变了产业间的资源配置；其次通过资源重置机制将财政资源导向重点产业内部生产率增长率更高的企业，改变了重点产业内企业间的资源配置，在重点产业内部实现更高的财政手段增长效应，受扶持的企业产出增大，进而引致重点产业份额相对提升。由此，提出本章的第一个理论假说：

理论假说1：财政手段通过资源补充机制将财政资源更多导向重点产业，通过资源重置机制使财政资源在重点产业内部产生更显著的增长效应，改变产业间和产业内资源配置进而有效推动重点产业增长。

理论上，新结构经济学指出了信息在政府引领产业结构转型升级中的重要作用。林毅夫的潮涌现象理论指出，发展中国家政府相对于企业具有总量信息优势，可以利用这一信息优势制定产业政策来引导产业升级。林毅夫在新结构经济学中进一步强调，政府能够通过“为新产业提供信息”以及“为先驱企业补偿信息外部性”在结构变动中发挥因势利导作用，进一步凸显了信息对于政府引领产业结构变动的重要作用。宋凌云和王贤彬于2013年提供了信息重要性的经验依据。我们则进一步认为，地方政府在不同类型重点产业中的信息完备程度差异，通过影响财政手段促进产业增长的资源补充机制和资源重置机制导致财政手段效应呈现异质性。首先，从资源补充机制出发，地方政府在产业中的信息完备程度越高，越有能力识别出更符合经济体资源禀赋结构的产业，将财政资源更多导向这些产业并加以扶持,产生更显著的产业增长效应。① 其次,从资源重置机制出发,地方政府在产业中的信息完备程度越高,越有能力识别出产业中生产率增长率更高的企业,并使用财政手段将资源导向这些企业,通过资源重置产生更高的产业增长效应。因此,地方政府在产业中的信息完备程度越高,通过财政手段在产业间和产业内部配置资源的效率就越高,使得财政手段在这些产业中产生的资源配置效应就越显著。

根据重点产业自身的特征差异,可将其细分为重点支柱产业、重点传统产业和重点新兴产业三类。宋凌云和王贤彬于 2013 年指出,支柱产业最为成熟,政府对该类产业的信息掌握得最为完备;传统产业由于改造提升的需要,可能会陷入短暂的衰退或波动之中,导致政府对该类产业掌握的信息具有一定的不确定性;新兴产业处于培育发展阶段,政府对该类产业的信息最为匮乏。因此,地方政府在重点支柱产业中信息完备程度最高,财政手段在这类产业间或产业内配置资源的效率最高,在重点支柱产业中产生的资源配置效应可能最为显著;地方政府在重点传统产业中信息完备程度次之,财政手段在这类产业间或产业内配置资源的效率相对重点支柱产业较低,在重点传统产业中可能产生一定的资源配置效应;地方政府在重点新兴产业中信息完备程度最低,财政手段在这类产业间或产业内配置资源的效率最低,在重点新兴产业中可能不会产生显著的资源配置效应。总而言之,微观产业特征使得地方政府在重点支柱产业、传统产业与新兴产业之间的信息完备程度不同,财政手段配置资源的效率不等,导致财政手段在这三类产业中的资源配置效应存在显著差异。综上,提出第二个理论假说:

理论假说 2:政府信息完备性通过强化财政手段的资源补充与资源重置机制,导致财政手段资源配置效应因产业间信息差异而异:在重点支柱产业和重点传统产业中具有显著的资源配置效应,在重点新兴产业中未产生显著的资源配置效应。

林毅夫强调竞争的市场对于企业自生能力形成和持续增长的重要性。政府在经济发展中的主要责任是维持开放竞争的市场。竞争的市场按照要素的相对稀缺性形成价格机制,使得企业作出符合经济比较优势的生产决策而具有自生能力。如果各个企业都能按经济的比较优势来组织生产,这个经济的要素禀赋结构会很快得到优化,产业结构必须相应升级以适应新

① 新结构经济学认为,经济体的最优经济结构内生于经济体的要素禀赋结构,发展中国家的产业升级过程,必须与反映物质人力资本积累与要素禀赋结构变化的比较优势变化相一致。换言之,发展符合经济体要素禀赋结构的产业才符合效率最大化原则。

的要素禀赋结构。产业升级需要政府的产业政策相协助。这种产业政策应该随着比较优势的动态变化而作适应性调整，这样的产业政策干预是可持续的。由此可见，竞争是产业政策得以成功的重要条件。

财政手段的资源配置效率会受到产业竞争程度的影响。阿吉翁等研究表明，产业政策手段投向期初竞争程度更高的行业时，可以显著提高行业内企业的生产率并促进增长。王文等发现竞争兼容的财政手段能够降低行业内资源错配程度。黄先海等研究发现，以竞争兼容方式施行的补贴通过扩大竞争，产生创新激励效应；但竞争程度超过阈值时，会引致企业"为补贴而生产"和产能过剩风险。政府的产业政策手段如果能够实现适度的竞争兼容，即用"有形之手"顺应"无形之势"，则能够实现较好的资源配置效率从而提升政策效果。具体而言，市场竞争会从资源补充机制和资源重置机制两个方面强化财政手段的资源配置效应。

首先，从资源补充机制来分析。产业竞争程度越高，要素价格越能够更好地反映要素相对稀缺程度，产业内的企业因此具有自生能力和成长潜力而表现出更好的增长绩效，整个产业也会成长为高增长、高盈利的产业。中国各级地方干部是由中央和上级进行任命和考核的，这样的官员治理机制使得地方政府的产业政策目标主要是促进经济增长。地方官员为了在晋升"锦标赛"中胜出，会有意识地将财政扶持更多导向这些产业，通过资源补充机制，最终使竞争程度高的行业获得更多的财政资源，实现更高的增长效应。

其次，从资源重置机制来分析。市场竞争越激烈，市场配置资源的机制越完善，生产率更高的企业实际获得的资源就越多，越会表现出更好的成长绩效。为了实现经济增长目标，地方政府会通过财政手段有意识地将资源导向重点产业内部生产率更高的企业，通过资源重置机制，使生产率更高的企业获得更多财政资源和更大的市场份额，实现更高的增长效应。

综上，市场竞争程度越高，市场价格越能反映要素的相对稀缺程度，市场配置资源的效率越高，相应的产业和企业越能取得好的增长绩效。地方政府为了实现经济增长目标，通过财政手段将资源更多导向这些产业和企业，会获得显著的增长绩效。据此，提出第三个理论假说：

理论假说 3：产业竞争性通过强化财政手段的资源补充与资源重置机制，使得财政手段资源配置效应因产业竞争程度差异而不同：产业竞争程度越高，财政手段资源配置效应越显著。

以下部分对上述理论假说分别作出实证检验。

第二节 数据与实证方法

一、数据和变量

本部分将构造两个三维面板数据：一是中国省区市二位码制造业重点产业与政府补贴（或税收优惠）等产业政策手段相匹配的面板数据，二是中国省区市二位码制造业产业份额与政府补贴（或税收优惠）等产业政策手段相匹配的面板数据。以下对主要数据来源与变量计算方法进行说明。

（一）重点产业数据

地方产业政策的制定往往是通过各种规划予以统筹指导的，因此我们首先收集中国30个省区市的“九五”“十五”以及“十一五”三个“五年规划”，并整理出其中的重点产业，同时作了以下简化处理：(1)国家和各省区市规划中均有一章专门讨论工业发展，其中会论述工业结构调整目标。本章将其中提到的制造业产业均提取出来，视为重点产业。(2)对于规划中提到的具体的制造产品，按照国民经济行业代码（GB/T 4754—2002）将其归入相应的二位码产业，比如将汽车归入交通运输设备制造业（行业代码37），将水泥归入非金属矿物制品业（行业代码31）。(3)对于规划中提到的新材料、新能源等，由于涉及产业众多，无法归入某个具体产业，因此不作考虑。

在收集整理各省区市重点产业的基础上，以下面两种方式构造重点产业指标：(1)对“五年规划”中提及的产业，均视为重点产业，构造相应的重点产业变量 *IMPIND*，以考察财政手段在重点产业中的资源配置效应；(2)将重点产业细分为重点支柱产业、重点传统产业、重点新兴产业三类，分别构造重点支柱产业虚拟变量 *IMPINDP*、重点传统产业虚拟变量 *IMPINDT* 以及重点新兴产业虚拟变量 *IMPINDN*，以进一步考察财政手段的资源配置效应在不同类型重点产业间是否有所差异。

（二）财政手段数据

政府补贴（*SUBSIDY*）数据来自中国工业企业数据库，由企业补贴收入数据按省区市、年度和二位码行业加总得到。为了全面了解补贴随时间的变化趋势，首先按年度加总企业补贴额，发现无论是平均补贴额还是补贴总金额都呈上升趋势，1999～2007年之间平均补贴额增长了50%，而补贴总金额则增长了300%;其次对补贴按二位码行业进行加总,以了解补贴的行业分布。从补贴额和补贴率来看,政府补贴具有较大的偏向性,即明显地偏向几个产业。

税收优惠(*TAXHOLIDAY*)数据是根据企业数据库中利润总额和应交所得税数据计算而得。计算方法如下:税收优惠指企业所得税优惠,样本期内国家法定企业所得税率没有发生过变化,内资企业统一法定税率为33%,外资企业统一法定税率为15%。根据企业数据库里国有控股情况变量分类,将企业的国有控股、集体控股、私人控股和其他四种情况统一视为内资企业,将港澳台商控股和外商控股视为外资企业,分别适用不同的法定税率计算其税收优惠。参考阿吉翁的做法计算税收优惠:税收优惠=企业法定适用税率×利润总额-实际应交所得税。根据企业国有控股情况,内外资企业分别采用33%和15%两种税率计算出企业的税收优惠额,接着对各省区市二位码行业进行加总,得到各省区市二位码行业的税收优惠。

(三)产业数据

所有企业数据均来自国家统计局的工业企业数据库,样本区间是1999～2007年。我们对工业企业数据作了如下处理:(1)删除了采矿业、电力、燃气及水的生产和供应业数据,仅保留制造业数据;(2)对2003年以前的行业类别按照国民经济行业代码GB/T 4754—2002进行了重新调整,以保持整个考察期内的行业口径一致;(3)由于2004年增加值、销售额、总产值、新产品产值和出口交货值等指标缺失,利用2004年经济普查数据库与中国工业企业数据的对应关系补充了该年缺失指标,从而建立了1999～2007年的完整面板数据;(4)删除明显异常的样本、存在测量误差的样本以及遗漏变量的样本,如工业总产值、工业增加值、固定资产、从业人员等数值为0的样本,最终得到中国30个省级区域的约140万个观测值。所有产业数据均由企业数据按照省区市、行业及年份三个维度加总得到。

二、实证模型

为了验证核心理论假说1,分别检验财政手段的资源补充和资源重置效应,下面对实证模型和相关变量进行说明。

(一)财政手段的资源补充效应识别

通过实证检验重点产业的政府补贴或税收优惠是否显著高于非重点产业,识别财政手段的资源补充效应。为此,设定实证模型如下:

$$FISCAL_{i,j,t} = \beta_0 + \beta_1 IMPIND_{i,j,t} + \Theta X_{i,j,t} + \alpha_i + p_j + \gamma_t + \varepsilon_{i,j,t} \quad (9\text{-}1)$$

其中：下标 i、j、t 分别代表二位码行业、省区市和年份；*FISCAL* 分别为财政手段中的政府补贴（LN*SUBSIDY*）或税收优惠（LN*TAXHOLIDAY*）；变量 LN*SUBSIDY* 与 LN*TAXHOLIDAY* 分别代表省区市二位码行业的政府补贴总额与税收优惠总额的对数；变量*IMPIND*代表各省区市重点产业变量；*X* 是控制变量向量，包括影响地方政府对补贴或税收优惠决策的重要区域宏观经济变量，具体为行业增加值(*VZP*)、政府财政支出分权指数(*EXPDES*)和市场化程度(*MAR*)，Θ 是其系数向量；α_i、p_j、γ_t 分别代表行业、省区市和年份虚拟变量。

（二）财政手段的资源重置效应识别

为了识别财政手段的资源重置效应，实证检验了财政手段在重点产业内部是否产生了更为显著的产业增长效应，为此设定实证模型如下：

$$\mathrm{LN}XSHAREP(N)_{i,j,t} = \theta_0 + \theta_1 FISCAL_{i,j,t} \times IMPIND_{i,j,t} + \Pi\Lambda_{i,j,t} + \alpha_i + p_j + \gamma_t + \varepsilon_{i,j,t} \quad (9\text{-}2)$$

其中：被解释变量 LN*XSHAREP*(*N*) 为产业占全省(*P*)或全国(*N*)的份额，*X* 依次代表增加值、就业人数和投资额；*FISCAL* 为政府补贴（LN*SUBSIDY*）或税收优惠（LN*TAXHOLIDAY*），它和重点产业变量 *IMPIND* 交叉项的系数 θ_1 均是我们关注的核心系数。该系数越大，表明财政手段在重点产业内部相对于非重点产业的增长效应越显著；Λ 为控制变量向量；Π 为其系数向量；控制变量包括省区市和行业特征变量（见表 9-1）。

表 9-1 主要变量定义及计算方法

	变量符号	变量名称	计算(取值)方法
因变量	LN*XSHAREP*(*N*)	产业占全省(或全国)的份额	各省区市二位码行业当年 *X*(*X* 代表增加值、就业人数、投资额)占全省(或全国)的份额
	LN*SUBSIDY*	各省区市二位码行业的政府补贴	按省区市、二位码行业及年度加总企业补贴收入得到
	LN*TAXHOLIDAY*	各省区市二位码行业的税收优惠	内资企业统一法定税率 33%，外资企业统一法定税率 15%

续表

	变量符号	变量名称	计算(取值)方法
重点产业变量	*IMPIND*	全部重点产业变量	将规划中提及的产业视为重点产业，对应省区市、规划年份和重点产业，虚拟变量取 1，否则取 0
	IMPINDP	重点支柱产业虚拟变量	仅将重点支柱产业视为重点产业，对应重点支柱产业，虚拟变量取 1，否则取 0
	IMPINDT	重点传统产业虚拟变量	仅将重点传统产业视为重点产业，对应重点传统产业，虚拟变量取 1，否则取 0
	IMPINDN	重点新兴产业虚拟变量	仅将重点新兴产业视为重点产业，对应重点新兴产业，虚拟变量取 1，否则取 0
财政手段变量	LNSUBSIDY	政府补贴的对数	各省区市二位码行业的政府补贴取对数
	LNTAXHOL-IDAY	税收优惠的对数	各省区市二位码行业的税收优惠取对数
省区市特征	*MINERAL*	矿业就业比例	矿业就业人数占总就业人数之比
	CARGO	货运总量对数	全省货运总量的对数，用来反映本省的基础设施状况
	COLLEGE	在校大学生人数	在校大学生人数的对数
	WAGE	年平均工资	省的年平均工资的对数
行业特征	*EXPORT*	出口额占比	行业出口额占工业总产值的比例
	$XGRATE^n$	n 年期增长率	行业 t 期 X(X 代表增加值、就业人数、投资额)取对数，减去 t-n 年的相应对数值
	VZP	省区市二位码行业增加值	按省区市和二位码行业加总企业数据
	EZP	省区市二位码行业就业人数	按省区市和二位码行业加总企业数据
	IZP	省区市二位码行业投资额	用固定资产净值衡量资本，根据永续盘存法计算企业投资：$I_{i,j,t}=K_{i,j,t}-(1-\delta)K_{i,j,t-1}$，其中折旧率 δ 取值为 5%，再按省区市和二位码行业加总企业投资数据
	HHI	赫芬达尔指数	行业内企业销售份额平方的累加和
	NEW	创新能力	行业新产品产值占当年销售额比例
	SOE	国有化程度	行业国有和集体资本金占企业实收资本的比例
	ASIZE	企业平均规模	行业内企业总就业人数除以企业个数

续表

	变量符号	变量名称	计算(取值)方法
其他变量	*PTRV*	行业利税率	行业应交所得税加利润总额再除以行业总产值
	EXPDES	财政支出分权指数	各省预算内财政支出占中央预算内财政支出的比重
	REVDES	财政收入分权指数	各省预算内财政收入占中央预算内财政收入的比重

第三节　财政手段资源配置效应的存在性

为了验证理论假说1,本部分将分别实证检验产业政策通过财政手段促进产业增长的两种机制效应:一是资源补充效应,即产业政策通过财政手段将资源更多导向重点产业;二是资源重置效应,即财政手段通过资源重置在重点产业内部产生更显著的增长效应。

一、财政手段资源补充效应的存在性

对式(9-1)进行普通最小二乘法估计以验证财政手段促进产业增长的资源补充效应的存在性,结果见表9-2的第2～5列。其中第2列、第4列未加控制变量,仅控制行业、省区市和年度虚拟变量。我们关注的核心解释变量——重点产业变量*IMPIND*的系数显著为正,且能够通过显著性水平为1%的统计检验。但这不足以表明重点产业变量和政府补贴(或税收优惠)之间呈现稳定的正向关系,需要加入其他控制变量作进一步分析。引入控制变量后,第3列、第5列回归结果表明,政府补贴和税收优惠变量的系数显著下降,但仍显著为正,且能通过1%显著性水平的统计检验。第3列中核心系数β_1为19323,这表明在给定其他条件不变的情况下,重点产业的行业补贴额比非重点产业平均高出19323万元,占各行业政府补贴均值的38%,即政府补贴手段的资源补充效应是38%。第5列中核心系数β_1为7372,同样表明在给定其他条件不变的情况下,重点产业的行业税收优惠比非重点产业平均高出7372万元,占各行业政府补贴均值的13%,即税收优惠手段的资源补充效应是13%。因此,重点产业获得的政府补贴或税收优惠额显著高于非重点产业,初步验证了财政手段促进产业增长的资源

补充效应的存在性。

表 9-2　财政手段资源补充效应的存在性

	基本结果：普通最小二乘法估计				稳健性结果：二阶段最小二乘法估计	
	SUBSIDY	*SUBSIDY*	*TAXHOLIDAY*	*TAXHOLIDAY*	*SUBSIDY*	*TAXHOLIDAY*
IMPIND	36170***	19323***	27647***	7372***	68478***	92248***
	(2903)	(2471)	(3106)	(2512)	(10157)	(10860)
是否加控制变量	否	是	否	是	是	是
Obs.	6320	6320	6320	6320	5810	5810
R^2	0.23	0.45	0.32	0.56	0.43	0.50

说明：括号中是回归系数标准差。

在式(9-1)中，隐含假定是重点产业变量 *IMPIND* 是外生变量。但是这一假设在现实中可能并不成立，从而影响基本结果的可信性。现实中高利润与高增长的部门能迅速提升地区经济总量、增加就业和税收份额，各级各地政府有强烈的动机将地区产业和经济发展的方向导向这些部门，从而很可能将这些部门与产业选作重点产业。这使得重点产业变量和被解释变量之间可能存在双向因果关系，各省区市的产业成为重点产业可能存在自选择问题。当产业政策具有内生性的时候，采用传统计量实证方法考察产业政策对政府补贴或税收优惠的影响难以得到一致的结果。因此，为了克服重点产业的选择性偏误，采用工具变量法来调整由此可能带来的偏误。

本章具体作如下处理：(1)用 Probit 模型量化地方政府的重点产业选择行为，估计出产业被选择为重点产业的概率；(2)将该 Probit 模型的估计拟合值作为工具变量。

由于地方政府选择重点产业可能具有一定的目的性，因而设定重点产业的选择模型如下：

$$prob\{IMPIND=1\}=\beta_0+\beta_1 F_{i,j,t}+\beta_2 Z_{i,j,t}+V_{i,j,t} \tag{9-3}$$

其中：$F_{i,j,t}$ 代表省区市和行业特征变量，包括行业增加值增长率(*YGRATE*1)、行业增加值(*VZP*)、行业创新能力(*NEW*)、行业赫芬达尔指数(*HHI*)、在校大学生人数(*COLLEGE*)、年平均工资(*WAGE*)、出口额占比（*EXPORT*）、矿业就业份额（*MINERAL*）、货运总量（*CARGO*）、企业平均规模（*ASIZE*）以及国有化程度（*SOE*）；$Z_{i,j,t}$代表能够显著提高行业成为重点产业概率的三个行业特征变量 *YL*、*PTRV*、*KL*，分别代表行业劳动生产率、行业利税率、行业资本密集度。

为了降低重点产业变量的内生性，对式（9-3）进行 Probit 估计，并将 Probit 估计的拟合值作为重点产业变量的工具变量，对式（9-1）进行回归，回归结果见表 9-2 第 6、7 列。采用工具变量法进行稳健性检验后，核心解释变量 *IMPIND* 的系数仍然为正，系数绝对值显著增大，且能通过 1%显著性水平的统计检验。二阶段最小二乘法估计的回归结果更是进一步验证了财政手段促进产业增长的资源补充效应的存在性。

二、财政手段资源重置效应的存在性

（一）基本结果

为了验证财政手段促进产业增长的资源重置效应的存在性，对式（9-2）进行回归，回归结果报告见表 9-3 的面板 A。其中第 2～4 列是以政府补贴与重点产业变量交叉项作为核心解释变量的回归结果，其中政府补贴变量与重点产业变量的交叉项的系数是本小节关注的核心系数。无论是以增加值份额、就业人数份额还是投资份额作为被解释变量，我们关注的核心解释变量的系数始终显著为正，且均能通过显著性水平为 1%的统计检验。

表 9-3　财政手段资源重置效应的存在性

面板 A 基本回归结果：产业占全省份额

	LNVALSHAREP	LNEMPSHAREP	LNINVSHAREP	LNVALSHAREP	LNEMPSHAREP	LNINVSHAREP
LNSUBSIDY×IMPIND	0.0637***	0.0487***	0.0382***			
	(0.0027)	(0.0022)	(0.0022)			
LNTAXHOLIDAY×IMPIND				0.0626***	0.0483***	0.0405***
				(0.0029)	(0.0024)	(0.0023)
Obs.	5597	5601	5377	5799	5807	5537
R^2	0.478	0.536	0.562	0.464	0.520	0.561

面板 B 基本回归结果：产业占全国份额

	LNVALSHAREN	LNEMPSHAREN	INVSHAREN	LNVALSHAREN	LNEMPSHAREN	LNINVSHAREN
LNSUBSIDY×IMPIND	0.0264***	0.0155***	0.00568***			
	(0.0024)	(0.0021)	(0.0020)			
LNTAXHOLIDAY×IMPIND				0.0221***	0.0118***	0.00487**
				(0.0025)	(0.0022)	(0.0020)

续表

	LNVALSHAREN	LNEMPSHAREN	INVSHAREN	LNVALSHAREN	LNEMPSHAREN	LNINVSHAREN
Obs.	5597	5601	5377	5799	5807	5537
R^2	0.282	0.280	0.343	0.278	0.273	0.351
面板 C 降低内生性:采用工具变量法						
	LNVALSHAREP	LNEMPSHAREP	LNINVSHAREP	LNVALSHAREP	LNEMPSHAREP	LNINVSHAREP
LNSUBSIDY ×IMPIND	0.393***	0.361***	0.371***			
	(0.0176)	(0.0183)	(0.0192)			
LNTAXHOLIDAY ×IMPIND				0.411***	0.377***	0.399***
				(0.0185)	(0.0193)	(0.0213)
Obs.	5471	5475	5282	5644	5651	5421
R^2	0.40	0.50	0.24	0.55	0.61	0.64
面板 D 降低内生性:财政手段滞后一阶						
	LNVALSHAREP	LNEMPSHAREP	LNINVSHAREP	LNVALSHAREP	LNEMPSHAREP	LNINVSHAREP
LNSUBSIDY ×IMPIND	0.0632***	0.0487***	0.0382***			
	(0.0028)	(0.0023)	(0.0022)			

续表

	LNVALSHAREP	*LNEMPSHAREP*	*LNINVSHAREP*	*LNVALSHAREP*	*LNEMPSHAREP*	*LNINVSHAREP*
LNTAXHOLIDAY × *IMPIND*				0.0632***	0.0486***	0.0412***
				(0.0029)	(0.0024)	(0.0023)
Obs.	5518	5525	5317	5744	5752	5502
R^2	0.490	0.545	0.567	0.471	0.526	0.564
面板 E 降低内生性:低份额弱内生性子样本						
	LNVALSHAREP	*LNEMPSHAREP*	*LNINVSHAREP*	*LNVALSHAREP*	*LNEMPSHAREP*	*LNINVSHAREP*
LNSUBSIDY × *IMPIND*	0.0201***	0.0048	0.0039			
	(0.0046)	(0.0031)	(0.0032)			
LNTAXHOLIDAY × *IMPIND*				0.0131***	0.0031	0.0056 *
				(0.0048)	(0.0034)	(0.0034)
Obs.	2716	2705	2582	2894	2884	2712
R^2	0.376	0.489	0.536	0.380	0.479	0.543

说明:括号中是回归系数标准差。

以增加值份额作为被解释变量时,我们关注的核心解释变量的系数 $\theta_1=0.0637$,这表明在给定其他条件不变的情况下,重点产业中政府补贴平均每增加1%,将会使重点产业的增加值份额相对于非重点产业显著增加0.0637%,即政府补贴手段的资源重置效应为0.0637%。以就业人数份额作为被解释变量时,我们关注的系数 $\theta_1=0.0487$,这表明在给定其他条件不变的情况下,重点产业中政府补贴平均增加1%,将会使重点产业中就业人数份额相对于非重点产业显著增加0.0487%,即政府补贴手段的资源重置效应为0.0487%。以投资份额作为被解释变量时,我们关注的系数 $\theta_1=0.0382$,这表明在给定其他条件不变的情况下,重点产业中政府补贴平均增加1%,将会使重点产业中就业人数份额相对于非重点产业显著增加0.0382%,即政府补贴手段的资源重置效应为0.0382%。因此,政府补贴手段在重点产业中相对于非重点产业产生了更为显著的产业增加值、就业人数和投资份额增长效应,验证了财政手段资源重置效应的存在性。

表9-3中第5~7列是用税收优惠变量与重点产业变量的交叉项作为核心解释变量的回归结果。同样,无论是以增加值份额、就业人数份额还是投资份额作为被解释变量,我们关注的核心解释变量的系数始终显著为正,且能通过显著性水平为1%的统计检验。以增加值份额作为被解释变量时,我们关注的核心解释变量的系数 $\theta_1=0.0626$,这表明在给定其他条件不变的情况下,税收优惠平均每增加1%,会使重点产业增加值份额相对于非重点产业显著增加0.0626%,即税收优惠手段的资源重置效应为0.0626%。以就业人数份额作为被解释变量时,我们关注的系数 $\theta_1=0.0483$,这表明在给定其他条件不变的情况下,税收优惠平均每增加1%,将会使重点产业就业人数份额相对于非重点产业显著增加0.0483%,即税收优惠手段的资源重置效应为0.0483%。以投资份额作为被解释变量时,我们关注的系数 $\theta_1=0.0405$,这表明在给定其他条件不变的情况下,税收优惠平均每增加1%,将会使产业投资份额显著增加0.0405%,即税收优惠手段的资源重置效应为0.0405%。

更进一步,以增加值、就业人数和投资占全国的份额作为被解释变量的替代指标进行回归,结果见表9-3的面板B。可以发现,回归结果与面板A中以产业占全省份额作为被解释变量时没有差别,我们关注的政府补贴变量和税收优惠变量与重点产业变量的交叉项的系数均显著为正,且能通过显著性水平为1%的统计检验。这表明相对于非重点产业,以产业占全国份额来度量产业相对规模,政府补贴和税收优惠在重点产业内部产生了更加显著的增加值、就业和投资增长效应,即政府补贴和税收优惠手段产生了显著的资源重置效应。

以上结果表明，无论是政府补贴还是税收优惠，在重点产业中相对于非重点产业均产生了更加显著的增加值、就业和投资产业份额增长效应，验证了财政手段促进产业增长的资源重置效应的存在性。

(二)降低内生性问题

上述有可能导致基本结果内生性偏误的来源就是反向因果关系，即并非是高的政府补贴或税收优惠促进了产业份额增长，而是政府更倾向于为份额增长快的产业提供更多补贴或税收优惠。为了纠正这种可能存在的内生性，采用三种策略来降低内生性问题。

第一，考虑为政府补贴或税收优惠变量选取合适的工具变量，采用两阶段最小二乘法进行估计。具体选取行业劳动生产率(*YL*)、行业利税率(*PTRV*)、行业资本密集度(*KL*)以及行业期初份额(*YSHARE*0)作为政府补贴或税收优惠变量的工具变量，这些均是地方政府补贴或税收优惠决策的重要考量因素：首先，行业劳动生产率(*YL*)一定程度上体现了产业对经济的拉动作用，是地方政府选择重点产业的首要依据。其次，行业利税率(*PTRV*)反映了地方政府选择重点产业时的财政激励因素。[①] 再次，行业的资本密集度(*KL*)反映了地方政府对加快工业化发展的基础性行业的特别关注。最后，行业期初份额一定程度上反映了该行业在省区市经济中的重要程度，也是地方政府作出重点扶持决策的重要影响因素。

采用工具变量法的回归结果报告见表 9-3 的面板 C。面板 C 中第 2～4 列中以政府补贴变量与重点产业变量的交叉项作为核心解释变量时，无论是以增加值、就业还是投资占全省份额作为被解释变量[②]，核心解释变量的交叉项的系数均显著为正，且能通过显著性水平为 1%的统计检验。与表 9-3 的面板 A 第 2～4 列的基本回归结果对比，采用两阶段最小二乘法时，核心解释变量的回归系数增大了几倍。面板 C 中第 5～7 列是以税收优惠变量与重点产业变量的交叉项作为核心解释变量的回归结果，核心解释变量的系数均显著为正，且通过了显著性水平为 1%的统计检验。与表 9-3 的面板 A 的 5～7 列的基本回归结果对比，系数也有显著增加。

因此，采用工具变量法降低了核心解释变量的内生性后，核心解释变量的系数仍然显著为正，表明基本回归结果具有稳健性。

---

① 倪家铸指出，各级各地政府有强烈的动机将地区产业和经济发展的方向导向高利润和高发展速度的部门，因为这些部门或产业能迅速提升地区经济总量、就业和税收。

② 在降低重点产业变量内生性的三种稳健性检验中，采用产业增加值、就业或投资占全国份额作为被解释变量，回归结果基本不改变。限于篇幅所限，结果未在书中列出。

第二，为了剔除可能存在的反向因果关系，将政府补贴和税收优惠变量滞后一阶，以滞后一阶的补贴或税收优惠变量与重点产业变量 *IMPIND* 的交叉项作为核心解释变量进行回归，结果报告见表 9-3 的面板 D。结果表明，核心解释变量的系数全部显著为正，且均能通过 1% 显著性水平的统计检验。因此，潜在的反向因果关系带来的内生性问题并不存在。

第三，采用低份额弱内生性子样本回归。如果政府是有意识地选择份额更高的产业作为重点产业，则会使得重点产业样本具有内生性，这种内生性在份额更高的产业中更为严重。因此，低份额的重点产业样本可能具有较弱的内生性。为此，计算产业增加值、就业和投资份额的中位数值，并以此中位数为界，剔除高于此中位数的样本，构造了低份额弱内生性子样本进行回归。表 9-3 的面板 E 报告了弱内生性子样本的回归结果。可以看出，政府补贴变量与重点产业变量的交叉项的系数，仅在增加值份额作被解释变量时显著为正；在就业份额与投资份额作被解释变量时，核心解释变量的系数为正但不再显著。税收优惠变量与重点产业变量的交叉项的系数在以增加值份额和投资份额为被解释变量时显著为正，但以就业份额作被解释变量时系数为正但不显著。对此有两种可能的解释：其一，低份额产业样本自身的增长潜力有限，即使政府通过财政手段进行扶持，将补贴和税收优惠更多导向这些产业，也未能产生显著的产业增长效应。这一定程度上验证了产业自身的发展潜力才是产业发展的关键。其二，产业就业份额始终不显著，这可能与政府产业政策导向相关。在当前的政府运行和激励机制下，地方政府的目标普遍是 GDP 最大化，因此，地方政府对重点产业进行扶持的首位目标是促进产出增长而不是就业增长。

综上，采用工具变量法、财政手段变量滞后一阶和弱内生性子样本降低核心解释变量的内生性后，核心解释变量的系数仍显著为正，表明地方政府通过补贴或税收优惠等政策手段在重点产业中产生了更为显著的增长效应，验证了基本结果的稳健性。

以上实证结果共同验证了财政手段资源补充和资源重置效应的存在性，一方面通过资源补充机制将财政资源更多导向重点产业，另一方面通过资源重置机制使财政资源在重点产业内部产生更显著的增长效应，验证了理论假说 1。

第四节　基于政府信息完备性的异质性

上文揭示了财政手段资源补充和资源重置效应的存在性。政府在不同类型产业间的信息完备程度差异可能对财政手段资源补充机制和资源重置机制具有一定的调节作用，导致政府财政手段的资源配置效应在不同产业类型间存在差异。本部分将根据具体研究目的相应构造实证方程，分别考察信息完备程度对财政手段资源补充与资源重置效应的影响，以验证理论假说 2。

一、财政手段资源补充效应的异质性

为了验证财政手段的资源补充效应是否因政府信息完备程度差异而呈现异质性，本小节设定如下实证方程：

$$FISCAL_{i,j,t} = \beta_0 + \beta_1 IMPINDP_{i,j,t} + \beta_2 IMPINDT_{i,j,t} + \beta_3 IMPINDN_{i,j,t} + \Theta X_{i,j,t} + \alpha_i + p_j + \gamma_t + \varepsilon_{i,j,t} \tag{9-4}$$

式(9-4)中重点支柱产业变量 $IMPINDP$、重点传统产业变量 $IMPINDT$ 和重点新兴产业变量 $IMPINDN$ 的系数 β_1、β_2、β_3 是我们关注的核心系数，它们显著为正则表明对应的重点产业相对于非重点产业得到了更多的财政资源，财政手段产生了显著的资源补充效应。其他变量的含义同式(9-1)。

基于式(9-4)的回归结果见表 9-4。结果表明，重点传统产业与重点支柱产业获得的财政资源在某种程度上均显著高于非重点产业，但重点新兴产业获得的财政资源显著低于非重点产业。地方政府在重点新兴产业中的信息完备程度最低，识别并扶持符合地区禀赋结构产业的能力最弱，以财政手段干预新兴产业发展面临诸多不确定和风险，理性的地方政府选择较少地将财政资源投向这类产业。而地方政府在重点传统产业和重点支柱产业中信息完备程度相对较高，识别并扶持符合地区禀赋结构产业的能力较强，所以将更多财政资源投向了这类产业。以上结果验证了政府高信息完备程度通过强化财政手段资源补充机制导致资源补充效应因产业类型不同而不同。

表 9-4　财政手段资源补充效应的异质性:基于政府信息完备性的考察

	SUBSIDY	*TAXHOLIDAY*
IMPINDP	27781***	1049
	(3126)	(3181)
IMPINDN	−12921**	−6760
	(5064)	(5153)
IMPINDT	19207***	19869***
	(3000)	(3053)
Obs.	6320	6320
R^2	0.454	0.565

说明:括号中是回归系数标准差。

二、财政手段资源重置效应的异质性:基于政府信息完备性的考察

为了验证财政手段资源重置效应是否因政府产业间信息完备程度差异而异,设定如下计量模型:

$$LNXSHAREP(N)_{i,j,t} = \theta_0 + \theta_1 FISCAL_{i,j,t} \times IMPINDP_{i,j,t} + \theta_2 FISCAL_{i,j,t} \times IMPINDT_{i,j,t} + \theta_3 FISCAL_{i,j,t} \times IMPINDN_{i,j,t} + \Pi\Lambda_{i,j,t} + \alpha_i + p_j + \gamma_t + \varepsilon_{i,j,t} \quad (9\text{-}5)$$

其中:重点支柱产业变量 *IMPINDP*、重点传统产业变量 *IMPINDT* 与重点新兴产业变量 *IMPINDN* 与财政手段变量交叉项的系数 θ_1、θ_2、θ_3 是核心系数,该系数显著为正,表明相对于非重点产业,财政手段在重点产业中产生了更为显著的增长效应,出现了显著的财政手段资源重置效应。核心系数的显著程度及大小差异则表明财政手段资源重置效应在产业间存在差异。式(9-5)中其他变量的含义同式(9-2)。

表 9-5 的 2～4 列报告了政府补贴手段的回归结果。回归结果中,重点支柱产业与重点传统产业变量和政府补贴变量的交叉项的系数均显著为正,且都能通过 1％显著性水平的统计检验。重点新兴产业变量与政府补贴变量的交叉项的系数在以产业增加值份额与投资份额为被解释变量时均不显著,在以就业份额为被解释变量时还显著为负。结果表明,产业政策通过政府补贴手段在重点支柱产业和重点传统产业中均产生了显著的增长效应,在重点新兴产业中不仅未能产生增长效应,还显著降低了重点新兴产业的就业份额。

表 9-5　财政手段资源重置效应的异质性:基于政府信息完备性的考察

	LNVALSHAREP	LNEMPSHAREP	LNINVSHAREP	LNVALSHAREP	LNEMPSHAREP	LNINVSHAREP
LNSUBSIDY× *IMPINDP*	0.0261 * * *	0.0163 * * *	0.0119 * * *			
	(0.0030)	(0.0024)	(0.0025)			
LNSUBSIDY× *IMPINDT*	0.0261***	0.0282***	0.0221***			
	(0.0028)	(0.0023)	(0.0025)			
LNSUBSIDY× *IMPINDN*	0.0015	−0.0080**	−0.0008			
	(0.0048)	(0.0039)	(0.0042)			
LNTAXHOLIDAY× *IMPINDP*				0.0289***	0.0197***	0.0115***
				(0.0032)	(0.0026)	(0.0023)
LNTAXHOLIDAY× *IMPINDT*				0.0251***	0.0279***	0.0186***
				(0.0030)	(0.0024)	(0.0021)
LNTAXHOLIDAY× *IMPINDN*				−0.0027	−0.0112***	−0.0066
				(0.0050)	(0.0041)	(0.0046)
Obs.	5597	5601	5377	5799	5807	5537
R^2	0.634	0.671	0.639	0.619	0.655	0.729

说明:括号中是回归系数标准差。

表 9-5 的 5～7 列报告了税收优惠手段的回归结果。回归结果中，重点支柱产业和重点传统产业变量与税收优惠变量的交叉项的系数均显著为正，且都能通过 1％显著性水平的统计检验。重点新兴产业变量与税收优惠变量的交叉项的系数在以产业增加值份额与投资份额为被解释变量时均不显著，在以就业份额为被解释变量时还显著为负。以上结果表明，重点产业政策通过税收优惠手段在重点支柱产业和重点传统产业中均产生了显著的增长效应，在重点新兴产业中不仅未能产生增长效应，还显著降低了重点新兴产业的就业份额。

由此可见，产业政策中的财政手段在重点支柱产业与重点传统产业中均产生了显著的增长效应，在重点新兴产业中不但没有产生显著的增长效应，还显著降低了其就业份额。地方政府对重点支柱产业和重点传统产业的目标更多的是短期内产出最大化，而地方政府对这些产业的信息掌握得比较完备，识别并扶持其中生产率增长率更高的企业的能力较强，最终实现了较高的资源重置效应，财政手段在这类产业中产生了显著的增长效应。相反，地方政府对于新兴产业的目标更多的是引导产业结构转型升级，这类产业尚处于培育和发展阶段，地方政府对新兴产业的信息完备程度较低，识别并扶持其中生产率增长率更高的企业的能力较弱，财政手段在这类产业中未能产生显著的增长效应。

地方政府在重点支柱产业中的信息完备程度最高；重点传统产业由于改造提升的需要，存在一定的不确定性，地方政府在重点传统产业中的信息完备程度次之。这种信息完备程度的差异使得地方政府识别重点支柱产业中符合地区禀赋结构的产业的能力更强，财政手段应该产生更显著的增长效应。然而实证结果表明，相对于重点支柱产业，财政手段在重点传统产业中产生了更高的就业与投资增长效应，可能的解释是，中国大量的民营企业集中在传统产业，而且存在着企业规模小、技术水平低、能源和资源消耗高等问题。民营企业的发展和创新首先面临着较大的资源、资金等方面的约束，长期以来都受到资源匮乏和融资难问题的困扰，尤其是中小企业。因此，从缓解产业融资约束这个意义上，政府的财政手段扶持对于重点传统产业显得尤为重要，同样的扶持力度会产生更为显著的增长效应，特别是投资和就业方面。

对比财政手段对产业增加值、就业与投资增长的影响效应，得到一个有趣的结论：在重点支柱产业中财政手段的增加值份额增长效应最为显著；在传统产业中就业份额增长效应最为显著；在新兴产业中增加值与投资增长效应不显著，就业增长效应显著为负。财政手段在重点支柱产业中的增加值增长效应最为显著，可能的解释是支柱产业本身具有很强的成长性和盈利能力，相同的就业与资本投入能够带来更大的产出。财政手段在重点传统产业中的就业份额最为显著，可能源于传统产业多属劳动密集型产业。财政手段在新兴产业中不仅未能产生显著的增长效应，还显著降低了就业份额，这可能由于技术进步快速提升生产率，挤占了工人的就业机会。

以上结果表明，政府信息完备性对财政手段资源重置效应具有显著的影响，政府在不同类型重点产业中的信息完备程度差异导致财政手段资源重置效应不同，信息完备程度越高，资源重置效应越显著。

综上所述，政府信息完备性通过强化资源补充与资源重置机制导致财政手段资源配置效应的不同：在重点支柱和重点传统产业中具有显著的资源配置效应，在重点新兴产业中未产生显著的资源配置效应，验证了理论假说 2。本小节内容再次为信息在产业政策制定和实施中的重要作用提供了实证依据。

第五节　基于产业竞争充分性的异质性

正如理论述评部分的分析，产业竞争程度差异也可能通过影响财政手段的资源补充机制和资源重置机制，导致政府财政手段资源配置效应在不同产业类型间存在差异。本部分将实证考察产业竞争程度对财政手段促进产业增长的两种机制的调节作用，以验证理论假说 3。

一、财政手段资源补充效应的异质性

为了验证产业竞争充分性对财政手段资源补充效应的调节作用，设定如下计量模型：

$$FISCAL_{i,j,t} = \beta_0 + \beta_1 COM_{i,j,t} + \Theta X_{i,j,t} + \alpha_i + p_j + \gamma_t + \varepsilon_{i,j,t} \tag{9-6}$$

其中：*FISCAL* 为行业补贴（LN*SUBSIDY*）或税收优惠（LN*TAXHOLIDAY*）；*COM* 为产业竞争程度变量，分别用行业的国有化程度（*SOE*）与产业市场集中度（*HHI*）来度量产业竞争程度，它们的系数 β_1 是本小节关注的核心系数。其他变量含义同式(9-1)。

国有化程度 *SOE* 可以作为产业竞争程度的合理代理变量，这可以从国有企业和民营企业在资源获取和资源利用效率两个方面的差异来找到根

据。首先,从资源获取的角度来看,国有企业常常是地方或中央所控制的,因此当其面临损失的时候,政府就会给予额外的资助、税收减免以及其他的补偿金,造成国有企业的预算软约束问题。而且,由于国有企业天然地与政府关系密切,有更大的机会以低于市场水平的利率获取银行贷款以及其他的财务资源,因此,国有企业在资源获取上的非竞争性导致财政手段扶持对其并不重要。其次,从资源利用效率上看,国有企业的资源误置程度最严重。由此可见,国有企业在资源获取和资源利用上均缺乏必要的竞争机制,产业的国有化程度越高,产业竞争程度越低,以增长为导向的财政手段会更少将财政资源投向这类产业,即国有化程度变量的系数为负。

以国有化程度 *SOE* 度量产业竞争程度的回归结果报告见表 9-6 的面板 A。其中政府补贴变量 *SUBSIDY* 的系数显著为正,税收优惠变量 *TAXHOLIDAY* 的系数显著为负,表明产业竞争程度越高,获得的政府补贴越少,但税收优惠越多。相反,国有化程度越高的产业获得的政府补贴越多,与理论分析结果不符,这可能源于国有企业长期以来的预算软约束对政府补贴形成了路径依赖。由于补贴比税收优惠具有更大的自由度,政府往往利用补贴对特定的国有企业进行扶持或救助,使得国有化程度高的产业获得更多补贴。

表 9-6 财政手段资源补充效应的异质性:基于产业竞争充分性的考察

面板 A:国有化程度		
	SUBSIDY	*TAXHOLIDAY*
SOE	16424**	−27116***
	(7240)	(7327)
Obs.	6320	6320
R^2	0.446	0.563
面板 B:市场集中度		
	SUBSIDY	*TAXHOLIDAY*
HHI	−42679***	−19783*
	(11311)	(11464)
Obs.	6320	6320
R^2	0.447	0.562

说明:括号中是回归系数标准差。

市场集中度 *HHI* 是反映市场结构的指标,该指数越大,表明产业的市场集中程度越高,垄断程度越高,竞争程度越低。因此,产业的市场集中度越高，以增长为导向的财政手段会更少将财政资源投向这类产业，即该指数的系数为负。

以市场集中度 HHI 度量产业竞争程度的回归结果报告见表 9-6 的面板 B。其中政府补贴与税收优惠变量的系数均显著为负，表明产业竞争程度越高，获得的财政资源越多。

以上结果表明，产业竞争程度对财政手段资源补充效应具有显著的调节效应——竞争程度越高的产业获得的财政资源越多，但对于政府补贴手段例外。一直以来，国有企业存在预算软约束，国有化程度越高，即竞争程度越低的产业获得的政府补贴越多。该结论与第七章的结论“补贴对产业结构变动的效应与国有化程度等显著正相关”有一定相关性。我们在第七章中发现，国有化程度越高，政府补贴的产业结构变动效应越大。国有企业获得更多的政府补贴，也意味着它承担着响应政府号召、实现政府经济社会目标的责任。当政府使用补贴手段推动产业结构变动时，国有企业的配合程度理应高于非国有企业，导致国有化程度越高，政府补贴的结构变动效应越显著。这也是政府将补贴资源更多导向国有化程度高的产业的重要原因。

二、财政手段资源重置效应的异质性

为了验证财政手段资源重置效应是否随产业竞争程度的提高而提升，在式(9-2)中引入财政手段变量和产业竞争程度变量的交叉项，设定如下实证方程：

$$\mathrm{LN}XSHAREP\,(N)_{i,j,t} = \theta_0 + \theta_1 FISCAL_{i,j,t} + \theta_2 FISCAL_{i,j,t} \times COM_{i,j,t} + \theta_3 COM_{i,j,t} + \Pi\Lambda_{i,j,t} + \alpha_i + p_j + \gamma_t + \varepsilon_{i,j,t} \tag{9-7}$$

其中：$FISCAL$ 与 COM 的定义同式(9-6)，其他变量含义同式(9-2)。财政手段变量与竞争程度变量的交叉项的系数 θ_2 是本小节关注的核心系数。

表 9-7 中的面板 A 是引入国有化程度(SOE)及其和财政手段变量交叉项的回归结果。第 2～4 列中引入政府补贴变量和国有化程度变量的交叉项后，政府补贴变量和国有化程度交叉项的系数在以增加值份额、就业人数份额和投资份额作为被解释变量时均显著为负，且至少能通过 5％显著性水平的统计检验。这表明在给定其他条件不变的情况下，产业的国有化

程度越高，政府补贴的产业增长效应越小。第5～7列中引入税收优惠变量和国有化程度变量的交叉项后，税收优惠变量的系数显著为正，且能够通过1%显著性水平的统计检验。税收优惠变量和国有化程度变量的交叉项的系数在以增加值份额、就业份额或投资份额作为被解释变量时均显著为负，且均能通过1%显著性水平的统计检验。这表明在给定其他条件不变的情况下，产业的国有化程度越高，税收优惠的产业增长效应越小。

面板B是引入产业市场集中度（*HHI*）及其和财政手段变量交叉项的回归结果。第2～4列中引入政府补贴变量和产业市场集中度变量的交叉项后，政府补贴变量和市场集中度变量交叉项的系数在以增加值份额、就业人数份额和投资份额作为被解释变量时均显著为负，且均能通过1%显著性水平的统计检验。这表明在给定其他条件不变的情况下，产业的市场集中程度越高，政府补贴的产业增长效应越小。第5～7列中引入税收优惠变量和产业市场集中度变量交叉项后，税收优惠变量的系数显著为正，且能够通过1%显著性水平的统计检验。税收优惠变量和产业市场集中度变量的交叉项的系数在以增加值份额、就业份额或投资份额作为被解释变量时均显著为负，且均能通过1%显著性水平的统计检验。这表明在给定其他条件不变的情况下，税收优惠的产业增长效应越小。

以上结果表明，“有形之手”不能代替“无形之手”，“有形之手”的作用应该局限于增进“无形之手”之机能、扩展其作用范围与弥补其不足。

综上所述，产业竞争充分性对财政手段资源重置机制产生了显著影响——产业竞争程度越高，财政手段在这些产业中的资源重置效应越显著。

综上所述，产业竞争充分性通过强化财政手段资源补充与资源重置机制，使得财政手段效应因产业竞争程度差异而变化：产业竞争程度越高，财政手段资源配置效应越显著，验证了理论假说3。

表 9-7　财政手段资源重置效应的异质性:基于产业竞争充分性的考察

面板 A:国有化程度						
	LNVALSHAREP	LNEMPSHAREP	LNINVSHAREP	LNVALSHAREP	LNEMPSHAREP	LNINVSHAREP
LNSUBSIDY×SOE	−0.08***	−0.04**	−0.16***			
	(0.02)	(0.02)	(0.02)			
LNTAXHOLIDAY ×SOE				−0.25***	−0.18***	−0.13***
				(0.03)	(0.02)	(0.02)
Obs.	5597	5601	5377	5799	5807	5537
R^2	0.63	0.66	0.64	0.62	0.65	0.73
面板 B:市场集中度						
	LNVALSHAREP	LNEMPSHAREP	LNINVSHAREP	LNVALSHAREP	LNEMPSHAREP	LNINVSHAREP
LNSUBSIDY×HHI	−0.39***	−0.49***	−0.96***			
	(0.05)	(0.04)	(0.06)			
LNTAXHOLIDAY ×HHI				−1.03***	−0.90***	−1.09***
				(0.05)	(0.04)	(0.04)
Obs.	5597	5601	5377	5799	5807	5537
R^2	0.63	0.67	0.65	0.64	0.68	0.76

说明:括号中是回归系数标准差。

事实上,产业竞争程度反映的就是产业内企业生存环境的市场化程度。我们发现,市场化程度对财政手段的资源配置效应具有显著的正向调节作用,市场化程度越高,财政手段通过资源补充机制和资源重置机制产生的增长效应越显著。市场化程度越高,市场"无形之手"配置资源的能力越强,范围越广,政府宏观调控仅在市场机制失灵的领域发挥补充作用,价格机制成为资源配置的根本机制,价格体系充分反映经济资源的相对稀缺性,经济体中要素能自由流向其边际报酬最高的地方,微观主体的经营绩效最终取决于自身生产率。目前,中国市场化改革的关键是要素市场改革。劳动力和土地等要素市场还存在一些制度性障碍,加快这些领域的市场化改革进程,可以为经济发展释放一些制度性红利。比如,加快户籍制度改革,放松中心大城市特别是超大城市的户籍限制,使得劳动力能够在全国范围内,在城乡之间、不同城市之间自由流动,破除劳动力自由流动的结构性和制度性障碍,提高劳动力利用效率,为中国经济增长提供新的动能。要素市场化改革是畅通国内大循环的必然选择,也是中国新发展阶段加快构建以国内大循环为主体、国内国际双循环相互促进的新发展格局的必由之路。

党的十九大报告指出,加快完善社会主义市场经济体制。经济体制改革必须以完善产权制度和要素市场化配置为重点,实现产权有效激励、要素自由流动、价格反应灵活、竞争公平有序、企业优胜劣汰。本小节实证结果为该政策主张提供了有力的学术支撑和逻辑注解。

本章小结

充分挖掘和发挥经济增长潜力,提升经济发展质量效益,实现经济持续健康发展,是当前中国各级政府的首要任务,要更好发挥财政在国家治理中的基础和重要支柱作用。因此,通过财政手段促进产业发展是各级政府的可行做法。如何配置好财政资源才能有效促进产业增长,是产业经济领域具有重要实践意义的研究命题。在理论上,财政能够通过资源补充机制和资源重置机制改变产业间和产业内资源配置,从而有效推动重点产业增长,政府信息完备性和产业竞争充分性对财政手段资源配置效应具有调节作用。在实证上,我们验证了财政手段资源补充与资源重置效应是存在的,并且受到政府信息完备程度与产业竞争程度差异的影响而呈现显著的异质性:在信息完备程度较高的重点支柱产业和重点传统产业中效应更显著,在信息完备程度低的重点新兴产业中没有正向效应;产业竞争程度越高,财政手段资源配置效应越显著。本章实证结果的主要政策含义有：

第一，财政手段资源配置效应因政府信息完备程度差异而表现出异质性，这为信息在政府引领产业转型升级中发挥的重要作用提供了经验依据，并为政府提升产业政策效果提供了可行的途径：可以更加充分和有效地获取、处理和运用信息。具体而言，政府可以从以下几方面着手：一是采用经费资助等激励手段，激励高校和其他研究机构进行企业微观调研，大量收集掌握第一手的企业信息；二是大力推进政府各个部门间信息公开和共享，打造统一的政府信息存储和交换平台，充分利用现有政府信息资源为产业政策制定服务；三是打造产学研平台，借助研究机构对企业和市场数据进行深入分析，挖掘产业运行机理；四是借助数字经济和产业加速发展的契机，更加广泛地进行数据集成与交互，提高数据的收集、应用和管理能力。

第二，财政资源配置效应因产业竞争程度差异而呈现出异质性，为中国经济步入新常态后如何加快市场化转型提供了来自产业政策方面的启示。首先，必须大力推进企业外部运行环境的市场化进程，进一步深化要素市场改革，减少要素配置和流动的行政管制，使价格机制更充分地发挥作用。其次，必须深化针对国有企业体制的市场化改革，特别是要减少各级地方政府对国有企业补贴的随意性和自由度，进一步有效地采用税收等较为规范的政策手段管理国有企业发展，力争使得国有企业在整个产业和经济发展过程中发挥积极的作用。

影响产业发展的政策工具还有很多，比如低息贷款、关税保护等。考察其他产业政策工具的增长效应是下一步研究的方向；进一步考察产业政策手段对产业发展其他方面的影响，也是有意义的研究方向。

第十章　产业政策对产业生产率的影响

由第八章我们已经发现，产业政策能够提高相关产业在整个制造业中的产出份额，但产业政策是否能够促进产业生产率增长却是个难以简单判断的问题。然而，这一难以简单判断的问题却至关重要。因此，本章将系统地实证检验中国制造业产业政策对产业生产率的影响。

引　言

当前，中国经济已由高速增长阶段转向高质量发展阶段，推动经济实现高质量发展，转变经济增长方式是重点，意味着我们必须从“粗放式增长”转向“集约式增长”，加快从以要素驱动、投资规模驱动发展为主向以创新驱动发展为主转变，通过效率变革推动经济实现高质量发展。党的十九大报告明确指出，必须坚持质量第一、效益优先，以供给侧结构性改革为主线，推动经济发展质量变革、效率变革、动力变革，提高全要素生产率。而只有相关产业的生产率得到提高，产业政策效果才会内生地自我强化并长期持续，才能实现产业结构调整与产业优化升级的目标。

西弗森(C.Syverson)指出，产业生产率增长的两个来源是企业内部效应和企业之间资源重置效应。① 企业内部效应是指产业内企业自身的全要素生产率的提高；企业之间资源重置效应是指通过改变产业内部企业之间的资源配置状况，促使生产率增长率更高的企业增长更快，或者生产率增长率较高的企业取代原来在位的生产率增长率较低的企业，其实质是生产率增长率更高的企业份额相对提高。聂辉华和贾瑞雪对中国制造业产业全要素生产率增长率的分解结果表明，平均而言，中国制造业生产率增长几乎全部来自企业内部生产率的增长，企业之间的资源重置效应近似于零。因此，

① 本书用产业中企业加权平均的全要素生产率(*TFP*)度量产业生产率。

降低制造业的资源误置程度，提高产业生产率，关键在于提高产业内部企业之间的资源重置效应。在为数不多的关于产业政策效应评价的文献中，仅有阿吉翁等研究了中国产业政策对生产率的影响，但对企业之间的资源重置效应未作探讨。本章试图在这方面作些有益的尝试，以重点产业中生产率增长率更高的企业是否得到了更多政府补贴或税收优惠来衡量产业政策在产业内部企业之间的资源重置效应①，实证检验不同类型的重点产业内部的企业之间资源重置效应是否存在差异，并由此导致不同类型重点产业的生产率提高程度不同。②

具体而言，本章定量研究产业政策的生产率效应以及这种效应是否存在产业间差异，并进一步探讨造成产业政策生产率效应产业间差异的可能原因。首先，本章构造了中国各省区市制造业二位码产业全要素生产率与重点产业相匹配的面板数据，研究产业政策在总体上对产业生产率的影响以及这种影响是否存在产业间差异。结果发现，地方政府的产业政策总体上显著提高了地方产业的生产率；产业政策的生产率效应因产业类型而异。然后，为了对产业政策生产率效应的产业间差异提供一种可能的解释，进一步利用企业微观数据实证检验了地方政府将资源导向生产率增长率更高企业的程度在不同产业类型上是否具有显著差异。我们发现，将资源导向生产率增长率更高企业的程度在不同产业类型上存在显著差异，产业政策的资源重置效应差异是造成产业政策生产率效应产业间差异的可能原因之一。

在实证分析中，本章识别了产业政策与产业生产率之间的相关关系。为了验证这种相关关系是稳健的，本章采用了工具变量法、控制期初生产率水平以及弱内生性子样本三种策略降低重点产业样本可能存在的内生性后，我们的基本结论依然成立，表示本章的发现具有稳健性。本章的研究过程体现了以微观基础与政治经济互动的视角研究产业政策有效性的思路。本章的实证发现意味着，政府可以通过合理的产业政策优化资源配置，提高产业效率，从而促进产业优化升级和经济发展，在此过程中应该注意因“产业”制宜，以最大限度地提升产业政策效果。

本章第一节在理论分析的基础上提出待检验的理论假说；第二节实证

① 政府通过产业政策配置资源的方式有很多种，政府补贴和税收优惠是其中较为常用的两种手段。

② 为了表述简便，下文中在必要时将产业政策对产业生产率总的影响称为产业政策的生产率效应，将产业政策通过将资源导向产业内部生产率增长率更高企业而对产业生产率产生的影响称为产业政策的资源重置效应。

分析部分,呈现基本实证结果和稳健性回归结果;第三节检验产业政策的生产率效应是否存在产业间差异;第四节进一步识别产业政策的资源重置效应在不同产业类型上的差别,为产业政策生产率效应的产业间差异提供一种可能的解释;最后是小结。

第一节　理论假说

产业政策是一系列对产业发展有重大影响的制度和安排的总和,许多国家的政府均倾向于通过实施产业政策推动产业经济发展。于是,产业政策是否促进了产业发展和提高了产业效率,就成为经济学界关注的一个实证话题。

关于产业政策生产率效应评价,最早的实证研究来自克鲁格(A.O. Kruger)和通杰尔(B.Tuncer)。他们以土耳其 20 世纪 60 年代的贸易保护政策为例,对保护幼稚产业理论进行了实证检验。数据分析表明,受到更多保护的企业或产业的单位投入产出并不比受到更少保护的企业或产业多,意味着产业政策并没有提高受保护产业的生产率,研究结果并不支持保护幼稚产业理论。比森(R.Beason)和温斯坦(D.Weinstein)采用日本 13 个产业部门 1955～1990 年的数据,研究发现产业优惠政策(比如税收优惠、补贴和产业保护)既没有提高目标部门的规模收益,也没有提高目标部门的资本积累率或全要素生产率增长率。由此可见,较早时期关于产业政策效应的研究并未发现产业政策显著提高产业生产率。

近年来,国外学者对产业政策效果进行了更加规范的实证研究。克里斯库奥洛等利用一个泛欧洲区域选择性企业支助项目构建是否参与项目的工具变量,研究该项目对企业各经济变量的影响,结果发现,参与该项目显著提高了企业的就业人数、投资额和净收入,但对企业生产率没有显著影响。阿吉翁等通过构建一个两产品模型说明,如果产业政策手段能够增进企业间竞争,则能够促进企业增长。他们进一步采用中国工业企业数据库 1998～2007 年的企业层面数据,考察了政府补贴和税收优惠等产业政策手段对企业全要素生产率的影响,结果发现如果这些政策手段能够促进竞争,则能够显著提高企业全要素生产率。

以上文献表明,产业政策生产率效应因时因地因条件而异,这才使得产业政策生产率效应评估及作用条件识别工作变得更为必要和重要。以上研究中与本章最为接近的是阿吉翁等的研究，二者均是研究中国产业政策对生产率的影响。但是本章在以下几个方面与其有显著不同：第一，阿吉翁等人以具体的产业政策手段度量产业政策，本章则以政府“五年规划”中确定的重点产业度量产业政策。第二，阿吉翁等人仅考察了产业政策对产业内部企业全要素生产率的影响，即产业生产率增长的企业内部效应，本章在检验了产业政策对产业总体全要素生产率的影响后，特别考察了它对企业之间资源重置效应的影响，并揭示了产业政策资源重置效应的产业间差异可能是导致产业政策生产率效应产业间差异的原因之一。第三，阿吉翁等人采用的是企业层面数据，本章同时采用了产业和企业层面数据。

财政、金融、外贸等间接产业政策手段已经成为地方政府推动产业政策目标实现的主要抓手，这些政策手段的实施必然改变重点产业与非重点产业之间以及重点产业内部企业之间的资源配置状况。首先，从产业层面来看，地方政府会有意识地将资源导向重点产业或降低这些产业的资源使用成本，绝对或相对地提高重点产业的资源占有量，以扶持这些产业优先发展。其次，从重点产业内部企业层面来看，给定其他条件不变，地方政府会选择重点产业中生产率增长率更高的企业进行扶持。本章中我们用全要素生产率来衡量产业生产效率。全要素生产率是指“生产活动在一定时间内的效率”，它等同于一定时间内国民经济中产出与各种资源要素总投入的比值。虽然地方政府的决策函数可能包含多元目标，但是在目前的政绩考核的激励下，短期内快速拉动地方经济增长仍然是地方政府的首要目标。给定这一目标，地方政府在作出最优化决策时，追求的必然是产出投入比的最大化，也就是生产效率的最大化。因此，面对重点产业中生产率增长水平各异的企业，给定其他条件不变，地方政府的理性选择是将资源投向生产率增长率更高的企业，对这些高成长性的企业进行重点扶持，以使政策效果最大化。① 综上可知，产业政策实施可能使得重点产业相对于非重点产业得到更多资源，尤其是重点产业中生产率增长率更高的企业。

产业政策实施带来的这种资源再配置可能提高产业生产率。产业政策对产业生产率的影响本质上是通过影响微观企业个体实现的，这种影响至少存在企业内部效应与企业之间资源重置效应两种机制。首先，产业政策通过研发活动补贴、创新活动税收优惠等政策措施对重点产业内的企业进行扶持，使得重点产业中的企业相对于非重点产业中的企业获得了更多资源，可能诱导企业增加生产率增进型投资，提高企业自身的生产率，产生企

① 企业的高生产率增长率意味着高的企业成长性，政府对这类企业实施扶持的回报率较高。

业内部效应,从而提高整个产业的生产率。其次,产业政策通过财政补贴和税收优惠等形式有意识地将资源导向重点产业中生产率增长率更高的企业,同时采取措施限制生产率增长率过低企业的发展,甚至促使其退出市场,从而优化产业内部企业之间的资源配置状况,促使生产率增长率更高的企业增长更快,产业份额相对上升,产生企业之间的资源重置效应。产业政策在企业微观层面产生的这种企业内部效应和企业之间资源重置效应,加总到产业层面上,就表现为重点产业总体生产率水平的提高。

体制和制度约束是影响政策绩效的重要因素。地方政府通过产业政策改变产业之间以及产业内部企业之间的资源配置状况而影响产业生产率,它对生产率的影响程度必然受到宏观政治体制和微观产业特征的影响。体制和制度特征对资源配置状况的影响会随着产业类型变化,在不同类型产业中产生不等的企业内部效应和企业之间资源重置效应,从而使得产业政策的生产率效应因产业类型而异。为了探讨产业政策对不同类型重点产业的生产率的影响程度差异,本章按两个标准对重点产业进行分类。第一种,根据地方“五年规划”确定的重点产业是否与国家规划确定的重点产业相同,将其划分为与国家规划相同与相异的两类重点产业;第二种,根据重点产业自身的特征差异,将重点产业细分为重点支柱产业、重点传统产业和重点新兴产业三类。

首先,体制和制度特征的影响使得地方政府将资源导向重点产业中生产率增长率更高企业的能力因产业类型而异,导致产业政策的资源重置效应在不同产业类型上存在差异。

一般来讲,地方政府具有扶持高生产率增长率企业的动机,但它能否实施这一策略,很大程度上取决于其正确识别企业生产率增长率的能力,而这种识别能力归根结底又取决于政府所掌握的产业信息。在理论上,新结构经济学指出了信息在政府引领产业结构转型升级中的重要作用。在实证上,宋凌云等提供了信息重要性的经验证据。他们发现,地方官员只能够短期内引领辖区产业变动,而无法实现长期引领,是因为一旦地方官员开始引导辖区产业结构变动,他们相对于企业的总量信息优势将很快失去。地方政府在不同类型重点产业中的信息完备程度并不相同,决定了其将资源导向生产率增长率更高企业的能力在不同产业类型中有明显差异。

我国的宏观政治体制特征决定了地方政府对与国家规划相同与相异的重点产业的信息掌握的完备程度不同。地方官员既受到较短的任期限制,又受到本地经济条件的约束,其在制定地方产业政策时会更多考虑产业政策是否能在有限任期内显著拉动本地经济增长。中国地大物博，各地区经济发展水平和发展优势参差不齐，国家制定的宏观产业政策很难与本地经济发展条件完全匹配，或者具有较强的前瞻性，在短期内难以显著拉动本地经济增长。正因如此，地方政府在制定地方产业政策时采取了因地制宜的策略。此外，同级地方政府之间的横向竞争，也会促使各地在产业政策制定上采取差异化策略，选择本地特色产业作为重点产业。由此可见，与国家规划相异的重点产业往往是地方政府出于政治激励主动选择的结果，更符合本地实际，地方政府对此类产业信息掌握的完备程度更高，企业的生产率增长率更容易被识别；与国家规划相同的重点产业则往往是地方政府响应上级号召而被动选择的结果，可能并不符合当地经济发展条件，或者缺乏相应的发展基础，地方政府对该类产业的信息较为缺乏，其中企业的生产率增长率较难被识别。综上可知，宏观政治体制特征的影响使得地方政府将资源导向产业内生产率增长率更高企业的能力在与国家规划相同与相异两类重点产业间具有显著差异。

另外，微观产业特征决定了地方政府对重点支柱产业、传统产业与新兴产业三类重点产业的信息完备程度有显著差异。支柱产业最为成熟，政府对该类产业的信息掌握得最为完备，其中企业的生产率增长率最容易被识别；传统产业由于改造提升的需要，可能会陷入短暂的衰退或波动之中，导致政府对该类产业的发展具有一定的不确定性，其中企业的生产率增长率相对较难被识别；新兴产业处于培育发展阶段，政府对该类产业的信息掌握得最为匮乏，其中企业的生产率增长率最难被识别。可见，地方政府对于重点支柱产业、传统产业与新兴产业的信息完备程度显著不同，在三类产业中识别生产率增长率更高企业的能力有显著差异。

以上分析表明，尽管地方政府在产业内部配置资源的策略是将资源导向生产率增长率更高的企业，但在策略实施过程中，由于它对不同类型产业的信息完备程度不同，会导致它对不同类型产业的生产率增长率识别能力有差别，从而使得它将资源导向生产率增长率更高的企业的能力在不同产业类型上表现出显著差异。这种能力差异使得地方政府将资源导向生产率增长率更高企业的程度不等，产生了不同程度的资源重置效应和生产率效应。

其次，体制和制度特征的影响也可能导致地方政府对不同类型重点产业的扶持力度有区别。这种扶持力度不均等可能会改变产业之间的资源配置状况，使得产业政策的生产率效应在不同产业类型上表现出差异。由于扶持力度差异不在本章考察范围之内,在此不予赘述。

因此,产业政策能够改变不同类型重点产业之间以及重点产业内部不同企业之间的资源配置状况,宏观政治体制特征和微观产业特征的综合作用使得产业政策对产业之间及产业内部企业之间的资源配置状况的影响因产业类型而异,在不同类型产业中产生不同的企业内部效应和企业之间资源重置效应,使得产业政策的生产率效应表现出产业间差异。

综上所述,我们提出本章有待检验的三个理论假说:

理论假说 1:地方政府的产业政策总体上显著提高了地方产业的生产率。

理论假说 2:产业政策对产业生产率的影响程度在不同产业类型上具有显著差异。

理论假说 3:产业政策对产业生产率的影响程度因产业类型而异的可能原因之一:地方政府在不同类型产业中将资源导向生产率增长率更高企业的程度差异所产生的资源重置效应差异。

我们通过实证分析,对上述理论假说分别进行检验。

第二节　产业政策对产业生产率的影响

为了验证理论假说 1,本节将构造中国各省区市制造业二位码产业全要素生产率与重点产业变量相匹配的面板数据。

为了识别产业政策总体上对产业生产率的影响,验证理论假说 1,本节设定如下实证模型:

$$TFP_{i,j,t}=\alpha_0+\alpha_1 IMPIND_{i,j,t}+\Theta X_{i,j,t}+\mu_{i,j,t} \tag{10-1}$$

其中下标 i、j、t 分别代表二位码产业、省区市和年份。TFP 为各省区市制造业二位码产业的全要素生产率,其测算方法是:首先用 OP 方法估算出企业的全要素生产率,并分别用企业增加值、就业人数、总产值和销售额作为权重进行加权,求出加权平均的各省区市二位码产业的全要素生产率。

$IMPIND$ 是重点产业虚拟变量,是本章的核心解释变量,它的赋值方法是将各省区市“五年规划”中提到的二位码产业均视为重点产业,对应省区市和规划期年份;产业若属于重点产业,则 $IMPIND$ 取 1,否则取 0。它的系数 α_1 是本章关注的核心系数,该系数显著为正,表明政府对重点产业进行扶持,总体上显著提高了这些产业的生产率。根据前文的数据描述和研究需要，另外构造了三个分类重点产业虚拟变量，分别是重点支柱产业、重点传统产业以及重点新兴产业虚拟变量 *IMPINDP*、*IMPINDT*、*IMPINDN*。它们的赋值方法与 *IMPIND* 类似，对应省区市和规划期年份。产业若属于重点产业，则相应的虚拟变量取 1，否则取 0。

X 是控制变量向量，Θ 是其系数向量。根据现有文献的研究进展，X 是影响产业生产率的一系列经济变量，具体包括投资率 *INVEST*（产业固定资产投资额除以产业工业总产值）、人力资本 *COLLEGE*（省区市在校大学生人数的对数）①、出口额占比 *EXPORT*（全省出品额占工业总产值的比例）、专业化程度 *HHI*（各产业就业份额平方的累加和）、企业平均规模 *ASIZE*（产业内企业总就业人数除以企业个数）、国有资本占比 *SOE*（国有和集体资本金占企业实收资本的比例），以及产业、省区市和年份虚拟变量。

一、基本结果

表 10-1 报告了基于实证模型(10-1)的回归结果。无论是以增加值、就业人数、总产值还是销售额为权重加权的产业生产率作为被解释变量，我们关注的重点产业虚拟变量 *IMPIND* 的系数始终显著为正，且均能通过 1% 显著性水平的统计检验。这表明，给定其他条件不变，相对于非重点产业，重点产业总体上显著提高了全要素生产率。具体而言，当以增加值加权的产业全要素生产率作为被解释变量时，我们关注的核心解释变量 *IMPIND* 的系数 $\alpha_1=0.05$，这表明，给定其他条件不变，重点产业的全要素生产率值平均比非重点产业高出 0.05。而以就业人数、总产值和销售额加权的产业全要素生产率作为被解释变量时，我们关注的核心系数 $\alpha_1=0.04$，这表明，给定其他条件不变，重点产业的全要素生产率值平均比非重点产业高出 0.04。以上结果表明，整体而言，无论以哪种指标度量产业生产率，重点产业均显著提高了生产率，即地方政府的产业政策总体上显著提高了地方产业的生产率，初步验证了本章的理论假说 1。

本小节发现，地方政府的产业政策总体上显著提高了地方产业的生产率，而第六章和第七章却发现产业结构变动是短期的、不可持续的。这些看似矛盾的结论恰恰印证了产业政策效果。考察产业结构变动时没有区分重点和非重点产业，仅发现政府及其补贴手段只能在短期影响产业结构变动。而当政府对重点产业加以扶持，资源向重点产业内部生产率更高的企业配置，显著提高了重点产业总体的生产率时，重点产业份额显著提升才是可持

① 在校大学生人数来自中经网。

续的(见第八章结论)。因此,产业结构变动是否可持续和产业生产率相关,只有产业生产率提高带动其竞争力提升,产业结构才能按照既定的方向持续稳定发展。

表 10-1 产业政策与产业生产率:基本及稳健性回归结果

面板 A:基本回归结果

	TFP_VAL	*TFP_EMP*	*TFP_OUTPUT*	*TFP_SALES*
IMPIND	0.05***	0.04***	0.04***	0.04***
	(0.01)	(0.01)	(0.01)	(0.01)
Obs.	6631	6631	6631	6631
R^2	0.63	0.66	0.63	0.63

面板 B:采用工具变量法

	TFP_VAL	*TFP_EMP*	*TFP_OUTPUT*	*TFP_SALES*
IMPIND	0.76***	0.18***	0.66***	0.65***
	(0.07)	(0.06)	(0.07)	(0.07)
Obs.	6631	6631	6631	6631
R^2	0.41	0.65	0.45	0.46
工具变量第一阶段回归 F 统计量	73.79	73.32	73.33	73.19
不可识别检验:AR 典则相关 LM 统计量	249.74	231.17	231.59	226.25
弱识别检验:Cragg-Donald F 统计量	256.62	236.85	237.30	231.63
SY 弱识别检验临界值:最大显著性检验水平扭曲程度 10%	16.38	16.38	16.38	16.38

面板 C:控制样本期初产业全要素生产率水平

	TFP_VAL	*TFP_EMP*	*TFP_OUTPUT*	*TFP_SALES*
IMPIND	0.03***	0.02**	0.02**	0.02**
	(0.01)	(0.01)	(0.01)	(0.01)
*TFP_VAL*0	0.40***			
	(0.01)			

续表

面板 C:控制样本期初产业全要素生产率水平				
	TFP_VAL	*TFP_EMP*	*TFP_OUTPUT*	*TFP_SALES*
*TFP_EMP*0		0.41***		
		(0.01)		
*TFP_OUTPUT*0			0.42***	
			(0.01)	
*TFP_SALES*0				0.42***
				(0.01)
Obs.	6463	6463	6463	6463
R^2	0.70	0.73	0.70	0.70
面板 D:采用弱内生性子样本				
	TFP_VAL	*TFP_EMP*	*TFP_OUTPUT*	*TFP_SALES*
IMPIND	0.04***	0.03**	0.02*	0.03*
	(0.01)	(0.01)	(0.01)	(0.01)
Obs.	3315	3315	3315	3315
R^2	0.49	0.44	0.46	0.45

说明:(1)回归方法为混合回归;括号中是回归系数标准差;***、**、*分别表示 1%、5%、10% 的显著性水平。

(2)所有回归中均控制方程(10-1)中所有控制变量。

二、稳健性分析

以上基本回归结果的可信性依赖于核心解释变量——重点产业虚拟变量是外生变量。但是,这一假定在现实中可能并不成立,从而影响基本结果的可信性。现实中,由于高利润与高增长的产业能迅速提升地区经济总量、就业和税收份额,各级各地政府都有强烈的动机将地区产业和经济发展的方向导向这些产业,从而越有可能将这些产业选作重点产业。这使得产业政策和产业生产率之间可能存在双向因果关系,各省区市的产业成为重点产业可能存在自选择问题。当产业政策具有内生性的时候,采用传统计量实证方法考察产业政策对产业生产率的影响难以得到一致的结果。因此,为了克服重点产业的选择性偏误,以下我们采用三种策略尝试降低重点产业样本可能存在的内生性。

（一）采用工具变量法

我们先采用工具变量法来降低重点产业虚拟变量可能存在的内生性。由于内生变量——重点产业本身是个虚拟变量，而影响产业成为重点产业的因素众多，因而直接使用这些影响因素变量作为工具变量可能会造成弱工具变量性。现有文献已经给出这一问题的解决方法。参考伍德尔里奇(Wooldridge)的做法，我们采用以下的处理方法：(1)用 Probit 模型量化地方政府的重点产业选择行为，估计出产业被选择为重点产业的概率；(2)将该 Probit 模型估计的拟合值作为工具变量。

由于地方政府选择重点产业可能具有一定的目的性，因而我们设定重点产业的 Probit 选择模型如下：

$$prob\{IMPIND=1\}=\delta_0+\delta_1 INDSHARE_{i,j,t}+\delta_2 X_{i,j,t}+v_{i,j,t} \tag{10-2}$$

其中，X 表示模型(10-2)中的控制变量，*INDSHARE* 为产业的份额，对应相应权重的产业生产率指标，分别为产业的增加值、就业人数、总产值和销售额份额。我们认为地方政府选择重点产业的重要依据之一是产业对地区经济的相对重要性，而产业占全省的份额可以作为产业重要性的合理代理变量。产业份额既能够显著影响一个产业成为重点产业的概率，对产业全要素生产率水平又不会产生直接影响，因此，选择它作为重点产业的重要影响因素变量是合理的。我们用 Probit 模型估计得到拟合值，并以 Probit 估计拟合值作为工具变量对模型(10-1)进行了估计。

采用工具变量法的回归结果见表 10-1 的面板 B。其中重点产业虚拟变量的系数在以增加值、就业人数、总产值和销售额加权的产业全要素生产率值作为被解释变量时均显著为正，且均能通过显著性水平为 1%的统计检验，系数相对于面板 A 的基本结果而言也显著增大。同时，回归结果通过了所有关于工具变量的计量统计检验。① 因此采用工具变量法降低重点产业样本可能存在的内生性后，我们的基本结论仍然成立。

有意思的是，在面板 A 的基本结果中，采用不同的权重时，重点产业变量的系数无显著差异，但是采用工具变量法降低重点产业样本可能存在的内生性后，以产值(包括增加值、总产值和销售额)加权的全要素生产率作为

---

① 表 10-1 的面板 B 中报告的工具变量不可识别和弱识别的检验统计量均显著大于相应检验的临界值，表明我们的回归结果完全通过了工具变量的不可识别和弱识别检验。由于我们以方程(10-2)Probit 回归的拟合值作为重点产业内生变量的工具变量，工具变量个数恰好等于内生变量个数，所以不必作工具变量的过度识别检验。

被解释变量时重点产业虚拟变量的系数显著大于以就业人数加权的全要素生产率作为被解释变量时的系数。该结果一定程度上反映了地方政府产业政策采取的是产值导向而非就业导向，这与现行干部管理体制下GDP政绩考核产生的政治激励相吻合。

（二）控制样本期初产业全要素生产率水平

在实证模型(10-1)中引入样本期初的产业全要素生产率水平作为额外的控制变量。如果重点产业变量和产业生产率之间存在反向因果关系，即政府是有意识地选择生产率高的产业作为重点产业，那么控制了样本期初的产业全要素生产率水平后，可能无法观察到产业政策显著提高产业的全要素生产率。控制样本期初的产业全要素生产率水平后，如果实证结果没有发生本质改变，则表明这种反向因果关系并不严重，未曾影响我们结论的可靠性。相应的结果见表10-1的面板C。不难发现，控制了样本期初的产业全要素生产率水平后，重点产业虚拟变量的系数与面板A中的基本结果相比，无论是显著性水平还是系数大小均有所下降，但是无论是采用哪一种权重的产业全要素生产率作为被解释变量，我们关注的核心解释变量*IMPIND*的系数仍然显著为正，且至少能通过5%显著性水平的统计检验。这表明，控制样本期初的产业全要素生产率水平降低重点产业样本可能存在的内生性后，产业政策仍然显著提高了相应产业的全要素生产率水平，再次验证了本章的基本结果。

（三）采用弱内生性子样本

如果重点产业变量与产业生产率之间存在反向因果关系，即政府是有意识地选择生产率高的产业作为重点产业，那么会使得重点产业样本具有内生性，这种内生性在生产率更高的产业中更为严重。因此，低生产率水平的重点产业样本可能具有较弱的内生性。为此，我们计算产业全要素生产率的中位数值，并以此中位数为界，剔除高于此中位数的样本，构造了低全要素生产率水平的弱内生性子样本进行回归。表10-1的面板D报告了相应的回归结果。回归结果中，核心解释变量*IMPIND*的系数仍然显著为正，且至少能通过10%显著性水平的统计检验。弱内生性子样本的回归结果，再次验证了本章的基本结果。

以上稳健性回归结果一致验证了本章的基本结果——地方政府的产业政策总体上显著提高了地方产业的生产率。

第三节　产业政策的生产率效应差异

我们已经发现,地方政府的产业政策总体上显著提高了重点产业的生产率。体制和制度特征对产业政策在产业间与产业内部企业之间的资源配置状况的影响在不同产业类型之间具有显著差异,因此可能导致产业政策的生产率效应在不同产业类型之间存在差异。本节按照三个不同的标准对重点产业进行分类,构造重点产业虚拟变量并引入方程(10-1),考察产业政策的生产率效应是否存在产业间差异,以验证理论假说 2。

一、重点支柱产业、重点传统产业和重点新兴产业政策的生产率效应差异

本小节将重点产业细分为重点支柱产业、重点传统产业和重点新兴产业三类,考察这三类产业政策的生产率效应是否具有显著差异。为此,我们在回归方程(10-1)中同时引入重点支柱产业、传统产业和新兴产业虚拟变量 $IMPINDP$、$IMPINDT$、$IMPINDN$,设定实证模型如下:

$$TFP_{i,j,t} = \alpha_0 + \alpha_1 IMPINDP_{i,j,t} + \alpha_2 IMPINDT_{i,j,t} + \alpha_3 IMPINDN_{i,j,t} + \Theta X_{i,j,t} + \mu_{i,j,t} \tag{10-3}$$

虚拟变量的系数 α_1,α_2,α_3 是本小节关注的核心系数,分别代表重点支柱产业、重点传统产业和重点新兴产业政策的生产率效应。其他变量含义同方程(10-1)。

分别以增加值、就业、总产值和销售额加权的产业全要素生产率值作为被解释变量对方程(10-3)进行回归,结果报告见表 10-2 的面板 A。回归结果中,重点支柱产业虚拟变量 $IMPINDP$ 的系数均显著为正,且都能通过 1%显著性水平的统计检验,与表 10-1 的基本结果对比,系数大小保持不变或略有增加。重点传统产业虚拟变量 $IMPINDT$ 的系数也显著为正,但无论是显著性水平还是系数大小与基本结果相比均有明显下降。重点新兴产业虚拟变量 $IMPINDN$ 的系数全部不显著。以上结果表明,重点支柱产业政策的生产率效应最高,重点传统产业政策次之,而重点新兴产业政策对产业生产率没有产生显著影响。该结果似乎与我们的常识不符:在国家发展战略性新兴产业的规划蓝图指导下,地方政府也积极响应,纷纷采取措施积极发展战略性新兴产业,而且提高产业生产率也是地方政府发展新兴产业的题中之义,为何反而新兴产业的生产率没有得到显著提高呢? 我们将在后文深入分析导致本小节结论的背后机制。

因此,重点支柱产业、重点传统产业和重点新兴产业政策对产业生产率的影响程度具有显著差异,初步验证了本章的理论假说 2。

表 10-2　产业政策的生产率效应差异

面板 A:重点支柱产业、传统产业及新兴产业				
	TFP_VAL	*TFP_EMP*	*TFP_OUTPUT*	*TFP_SALES*
IMPINDP	0.06***	0.05***	0.04***	0.04***
	(0.01)	(0.01)	(0.01)	(0.01)
IMPINDT	0.03**	0.04***	0.03**	0.03**
	(0.01)	(0.01)	(0.01)	(0.01)
IMPINDN	−0.01	−0.01	−0.01	−0.01
	(0.02)	(0.02)	(0.02)	(0.02)
Obs.	6631	6631	6631	6631
R^2	0.63	0.66	0.63	0.63
面板 B:与国家规划相同与相异的重点产业				
	TFP_VAL	*TFP_EMP*	*TFP_OUTPUT*	*TFP_SALES*
IMPINDGJ	0.01	0.03*	0.01	0.01
	(0.01)	(0.01)	(0.01)	(0.01)
IMPINDBS	0.08***	0.05***	0.07***	0.07***
	(0.02)	(0.01)	(0.02)	(0.02)
Obs.	6631	6631	6631	6631
R^2	0.63	0.66	0.63	0.63
面板 C:与国家规划相同与相异的支柱产业、传统产业与新兴产业				
	TFP_VAL	*TFP_EMP*	*TFP_OUTPUT*	*TFP_SALES*
IMPINDGJP	0.03**	0.04***	0.03	0.02
	(0.02)	(0.02)	(0.02)	(0.02)
IMPINDGJT	−0.01	0.03*	−0.01	−0.01
	(0.02)	(0.02)	(0.02)	(0.02)
IMPINDGJN	−0.01	−0.02	−0.00	−0.00
	(0.03)	(0.02)	(0.03)	(0.03)
IMPINDBSP	0.08***	0.06***	0.06***	0.06***
	(0.02)	(0.02)	(0.02)	(0.02)

续表

面板 C:与国家规划相同与相异的支柱产业、传统产业与新兴产业				
	TFP_VAL	*TFP_EMP*	*TFP_OUTPUT*	*TFP_SALES*
IMPINDBST	0.08***	0.05**	0.09***	0.09***
	(0.02)	(0.02)	(0.02)	(0.02)
IMPINDBSN	0.02	0.00	−0.01	−0.01
	(0.05)	(0.05)	(0.05)	(0.05)
Obs.	6631	6631	6631	6631
R^2	0.64	0.66	0.63	0.63

说明:(1)回归方法为混合回归;括号中是回归系数标准差;***、**、*分别表示1%、5%、10%的显著性水平。

(2)所有回归中均控制方程(10-1)中所有控制变量。

二、与国家规划相同与相异产业政策的生产率效应差异

本小节我们按照“是否与国家五年规划相同”这一标准,将地方重点产业划分为与国家规划相同与相异两个部分,考察这两类产业政策对生产率的影响程度是否显著不同。为此,本小节设定如下实证模型:

$$TFP_{i,j,t} = \alpha_0 + \alpha_1 IMPINDGJ_{i,j,t} + \alpha_2 IMPINDBS_{i,j,t} + \Theta X_{i,j,t} + \mu_{i,j,t} \tag{10-4}$$

模型中 *IMPINDGJ* 和 *IMPINDBS* 是两个虚拟变量,分别表示地方规划的重点产业与国家规划的重点产业的相同与相异部分。*IMPINDGJ* 的赋值方法是:当一个产业既是地方重点产业又是国家重点产业,该变量取1,否则取0。相反地,当一个产业是地方重点产业,但不属于国家规划的重点产业时,虚拟变量 *IMPINDBS* 取1,否则取0。这两个变量的系数 α_1、α_2 是本小节关注的核心系数,分别代表与国家规划相同与相异的产业政策的生产率效应。其他变量的含义与(10-1)相同。

方程(10-4)的回归结果见表10-2的面板B。结果表明,与国家“五年规划”相异的重点产业虚拟变量 *IMPINDBS* 的系数在以企业增加值、就业、总产值、销售额加权的产业全要素生产率作为被解释变量时均显著为正,且均能通过1%显著性水平的统计检验,而与国家“五年规划”相同的重点产业虚拟变量 *IMPINDGJ* 的系数仅在以就业人数加权的产业全要素生产率作为被解释变量时显著,且仅能通过10%显著性水平的统计检验。以上结

果表明，给定其他条件不变，相对于非重点产业，各省区市异于国家规划的产业政策具有显著的生产率效应，而与国家规划相同的产业政策的生产率效应几乎不显著。这表明各省区市虽然把国家“五年规划”确定的重点产业写进了规划，但是这些产业的生产率提高程度与非重点产业几乎没有差异。对此结论，我们将在后面考察其产生机制。

因此，与国家规划相同与相异的产业政策对产业生产率产生了显著不同的影响，再次验证了理论假说 2。

三、六类细分产业政策的生产率效应差异

前两小节我们按照两个不同的标准划分重点产业，分别考察了分类产业政策对生产率影响的差异，本小节按照双重标准将重点产业划分为与国家规划相同和相异的重点支柱产业、重点传统产业和重点新兴产业共六类，来实证检验六类细分产业政策对生产率影响的差异。

首先分别构造相应的虚拟变量 *IMPINDGJP*、*IMPINDGJT*、*IMPINDGJN*、*IMPINDBSP*、*IMPINDBST*、*IMPINDBSN*。具体赋值方法为：当一个产业是与国家“五年规划”相同的重点产业，且又属于该省区市重点发展的支柱产业时，变量 *IMPINDGJP* 取 1，否则取 0。其他变量的赋值方法以此类推。然后将上述六个虚拟变量同时放进方程(10-4)，代替原来的虚拟变量 *IMPINDGJ* 和 *IMPINDBS* 进行回归，结果报告见表10-2的面板 C。回归结果显示，与国家规划相同的重点支柱产业和传统产业政策产生了轻微的生产率效应，而与国家规划相同的重点新兴产业政策的生产率效应不显著。与国家规划相异的重点支柱产业和传统产业政策具有显著的生产率效应，而与国家规划相异的重点新兴产业政策的生产率效应仍然不显著。因此，将重点产业细分为六类，各分类产业政策对产业生产率的影响程度也具有显著差异，且其差异性与本部分第一、第二小节的结论保持一致。后面我们将进一步探讨产生以上结果的微观机制。

综上所述，我们按照三个不同的标准将重点产业分类，发现产业政策对产业生产率的影响程度在不同产业类型上具有显著差异，验证了本章的理论假说 2。

第四节　产业政策的资源重置效应差异

我们已经发现，地方政府通过产业政策总体上显著提高了重点产业的

生产率，但是产业政策对产业生产率的影响程度因产业类型而异。本部分通过考察地方政府将资源导向生产率增长率更高企业的程度在不同产业类型上是否显著不同，验证考察产业政策的资源重置效应是否因产业类型而异，为产业政策生产率效应的产业间差异提供一种可能的解释。具体地，为了验证理论假说 3，我们将经过原始处理的中国工业企业数据库中政府补贴或税收优惠小于等于零的观测值删除，构造企业层面的政府补贴或税收优惠与企业全要素生产率增长率相匹配的非平衡面板数据，检验地方政府对重点产业中全要素生产率增长率更高企业的扶持是否显著高于非重点产业中的企业，以及生产率增长率对政府扶持力度的影响是否因产业类型而异。本节设定的实证模型如下：

$$\mathrm{LN}SUBSIDY_{i,t} = \beta_0 + \beta_1 \mathrm{LN}LTFPG_{i,t} \times IMPIND + \beta_2 \mathrm{LN}LTFPG_{i,t} \times (1 - IMPIND) + \Lambda Z_{i,t} + \lambda_s + \eta_r + \gamma_t + \varepsilon_{i,t} \quad (10\text{-}5)$$

$$\mathrm{LN}TAXHOLIDAY_{i,t} = \beta_0 + \beta_1 \mathrm{LN}LTFPG_{i,t} \times IMPIND + \beta_2 \mathrm{LN}LTFPG_{i,t} \times (1 - IMPIND) + \Lambda Z_{i,t} + \lambda_s + \eta_r + \gamma_t + \varepsilon_{i,t} \quad (10\text{-}6)$$

其中下标 i、t 分别代表企业和年份。变量 LN*SUBSIDY* 是企业获得的政府补贴的对数，用企业数据库中企业的原始政府补贴数据取对数得到。变量 LN*TAXHOLIDAY* 是企业获得的税收优惠的对数。本章讨论的税收优惠（*TAXHOLIDAY*）指企业所得税优惠，其计算方法为：在本章样本期内，国家法定企业所得税率没有发生过变化，内资企业统一法定税率为 33%，外资企业统一法定税率为 15%。根据企业数据库里企业国有控股情况变量分类，将国有控股、集体控股、私人控股和其他四种情况统一视为内资企业，将港澳台商控股和外商控股视为外资企业，分别适用不同的法定税率计算其税收优惠。参考阿吉翁的做法，税收优惠的计算方法为：税收优惠＝企业法定适用税率×利润总额－实际应交所得税。针对内外资企业分别采用 33%及 15%两种税率，计算出各个企业的税收优惠额。

变量 LN*LTFPG* 代表企业滞后一期全要素生产率增长率的对数（以下简称企业全要素生产率增长率），其计算方法是：先采用 OP 方法估算企业的全要素生产率值，计算企业的全要素生产率增长率并取其滞后一期，最后取对数。本部分我们关注的核心系数是企业全要素生产率增长率和重点产业虚拟变量（*IMPIND*）的交叉项的系数 β_1 以及它和非重点产业虚拟变量（1－*IMPIND*）的交叉项的系数 β_2。β_1 的含义是重点产业中企业前一期的全要素生产率增长率每提高 1%，会使得企业当期得到的政府补贴或税收优惠提高 β_1%。β_1 越大，重点产业中生产率增长率更高的企业得到的扶持力度越大，重点产业的资源重置效应越高。而 β_2 则代表非重点产业中企业前一期的全要素生产率增长率每提高 1%，会使得企业当期得到的政府补贴或税收优惠提高 β_2%。β_2 越大，非重点产业中生产率增长率更高的企业得到的扶持力度越大，非重点产业的资源重置效应越高。如果系数 β_1 大于 β_2，则表明重点产业中全要素生产率增长率更高的企业受到的扶持力度更大，重点产业的资源重置效应大于非重点产业，产业政策通过优化重点产业内部企业之间的资源配置状况而提高了产业生产率。

Z 是控制变量向量，Λ 是其系数向量。Z 包括影响地方政府补贴或税收优惠决策的重要产业或省区市特征变量，具体为产业劳动生产率 YL（产业工业总产值除以就业人数）、产业利税率 $PTRV$（产业利润总额与应交所得税之和除以产业工业总产值）、产业资本密集度 KL（产业固定资产总额除以产业就业人数）、产业增加值 VZP（产业内企业增加值之和）和省区市市场化程度 MAR（来自樊纲等的市场化指数）。λ_s、η_r、γ_t 分别代表产业、省区市和年份虚拟变量。

一、重点与非重点产业政策的资源重置效应差异

首先，我们直接对方程（10-5）和（10-6）回归，从总体上考察产业政策的资源重置效应，相应的回归结果报告见表 10-3 的面板 A。我们关注的企业全要素生产率增长率与重点和非重点产业虚拟变量交叉项的系数均显著为正，表明重点和非重点产业中生产率增长率更高的企业均得到了更多的政府补贴和税收优惠。但是，无论以政府补贴还是税收优惠作为被解释变量，重点产业虚拟变量和企业全要素生产率增长率的交叉项的系数均大于非重点产业虚拟变量和企业全要素生产率增长率的交叉项的相应回归系数。也就是说，重点产业的资源重置效应高于非重点产业。该结果表明，政府提高重点产业生产率的一种可能途径是更大程度地将资源导向重点产业中生产率增长率更高的企业，在重点产业中通过优化企业之间的资源配置而产生更高的资源重置效应。

表 10-3　产业政策的资源重置效应差异

面板 A：重点与非重点产业		
	LN*SUBSIDY*	LN*TAXHOLIDAY*
LN*LTFPG*×*IMPIND*	0.03***	0.10***
	(0.01)	(0.02)
LN*LTFPG* ×(1−*IMPIND*)	0.02**	0.06***

续表

面板 A:重点与非重点产业		
	LNSUBSIDY	LNTAXHOLIDAY
	(0.01)	(0.02)
Obs.	29038	29038
R^2	0.12	0.07
面板 B:重点支柱产业、重点传统产业与重点新兴产业		
	LNSUBSIDY	LNTAXHOLIDAY
LNLTFPG×IMPINDP	0.05***	0.08***
	(0.02)	(0.02)
LNLTFPG×IMPINDT	0.00	0.09***
	(0.02)	(0.02)
LNLTFPG×IMPINDN	−0.04	0.00
	(0.03)	(0.05)
LNLTFPG×(1−IMPIND)	0.02*	0.06***
	(0.01)	(0.02)
Obs.	29038	29038
R^2	0.12	0.07
面板 C:与国家规划相同与相异的产业		
	LNSUBSIDY	LNTAXHOLIDAY
LNLTFPG×IMPINDGJ	0.02*	0.08***
	(0.0137)	(0.02)
LNLTFPG×IMPINDBS	0.05***	0.13***
	(0.02)	(0.03)
LNLTFPG×(1−IMPIND)	0.02**	0.06***
	(0.01)	(0.02)
Obs.	29038	29038
R^2	0.12	0.07

续表

面板 D:与国家规划相同与相异的重点支柱产业、传统产业与新兴产业		
	LN*SUBSIDY*	LN*TAXHOLIDAY*
LN*LTFPG*×*IMPINDGJP*	0.04**	0.06**
	(0.02)	(0.03)
LN*LTFPG*×*IMPINDGJT*	−0.01	0.06**
	(0.02)	(0.03)
LN*LTFPG*×*IMPINDGJN*	−0.03	0.02
	(0.03)	(0.05)
LN*LTFPG*×*IMPINDBSP*	0.06**	0.11***
	(0.02)	(0.04)
LN*LTFPG*×*IMPINDBST*	0.04	0.15***
	(0.03)	(0.05)
LN*LTFPG*×*IMPINDBSN*	−0.38	−0.15
	(0.23)	(0.35)
LN*LTFPG*×(1−*IMPIND*)	0.02*	0.06***
	(0.01)	(0.02)
Obs.	29038	29038
R^2	0.12	0.07

说明:(1)回归方法为混合回归;括号中是回归系数标准差;***、**、* 分别表示 1%、5%、10% 的显著性水平。

(2)所有回归中均控制方程(10-5)或(10-6)中所有控制变量。

二、重点支柱产业、重点传统产业和重点新兴产业政策的资源重置效应差异

我们已经发现,重点支柱产业、重点传统产业和重点新兴产业政策对产业生产率的影响程度具有显著差异。为了验证这种差异是否可能由政府将资源导向产业中生产率增长率更高企业的程度不等所致,本小节我们将企业全要素生产率增长率分别与重点支柱产业、重点传统产业以及重点新兴产业虚拟变量相乘,同时将三个交叉项引入实证模型(10-5)和(10-6)中,代替原来的企业全要素生产率增长率与重点产业虚拟变量的交叉项进行回归,以检验三类产业政策的资源重置效应是否具有显著差异。结果报告见表 10-3 的面板 B。可以看出,无论是以政府补贴还是税收优惠作为被解释变量,企业全要素生产率增长率与重点支柱产业虚拟变量交叉项的系数均显著为正,而且系数绝对值均大于企业全要素生产率增长率与重点传统产业或重点新兴产业虚拟变量的交叉项的系数。企业全要素生产率增长率与

重点传统产业虚拟变量的交叉项的系数仅在以税收优惠变量作为被解释变量时显著为正，而企业全要素生产率增长率与重点新兴产业虚拟变量交叉项的系数则完全不显著。因此，企业的全要素生产率增长率提高相同幅度，重点支柱产业中企业得到的政府补贴和税收优惠提高的幅度最大，重点传统产业次之，重点新兴产业无显著提高。这表明，重点支柱产业政策的资源重置效应最高，重点传统产业政策次之，重点新兴产业政策没有显著的资源重置效应。

本小节的结论与之前的实证结果是互相印证的。本小节结果表明，重点支柱产业和重点传统产业政策的资源重置效应均显著为正，重点新兴产业政策的资源重置效应不显著，而之前我们则验证了重点支柱产业和重点传统产业的全要素生产率水平显著高于非重点产业，重点新兴产业的全要素生产率与非重点产业无显著差异。因此，通过将重点产业细分为三类进行实证分析，验证了地方政府将资源导向生产率增长率更高的企业的程度在不同类型重点产业中存在显著差异，在不同类型重点产业中产生了显著不同的企业之间资源重置效应，为产业政策生产率效应的产业间差异提供了一种可能的解释，初步验证了理论假说3。

对于新兴产业而言，地方政府短期内靠投资拉动GDP增长，长期目标则是产业生产率提高和产业可持续发展，因此它有更强的动机将资源导向生产率增长率更高的企业，实现更高的资源重置效应。但是正如理论述评指出的，政府对于新兴产业拥有的信息有限，比较难以判断哪些企业的生产率具有较高的成长性，这种信息的不完备限制了地方政府将资源导向生产率增长率更高企业的能力，导致地方政府很难实现其提高新兴产业生产率的长期目标。地方政府对重点支柱产业和重点传统产业的目标更多的是短期内产出最大化，而并不一定将提高生产率作为重要目标，但是由于地方政府对这些产业的生产率信息掌握得比较完备，相对容易识别出哪些企业的生产率增长率更高，结果是对这些产业中生产率增长率更高的企业实施了更大力度的扶持，导致这些产业的生产率显著提高。这说明政府的短期目标不是完全没用的，那些没有信息基础的长期目标反而更容易失败。

三、与国家规划相同与相异的产业政策的资源重置效应差异

本小节我们将检验与国家规划相同与相异两类重点产业中全要素生产率增长率更高的企业受到的扶持力度是否有显著差异，即两类产业政策的资源重置效应是否不同，试图为两类产业政策对生产率影响程度的显著差异提供一种可能的解释。为此，将与国家规划相同与相异的重点产业虚拟

变量分别与企业全要素生产率增长率相乘，将两个交叉项引入实证方程(10-5)和(10-6)中，代替原来的重点产业虚拟变量与企业全要素生产率增长率的交叉项进行回归。表 10-3 的面板 C 报告了相应的回归结果。与国家规划相同和相异的重点产业虚拟变量与企业全要素生产率增长率的交叉项的系数均显著为正，但是与国家规划相异的重点产业虚拟变量和全要素生产率增长率的交叉项系数的显著性水平及绝对值均高于与国家规划相同的重点产业虚拟变量和全要素生产率增长率的交叉项。这表明与国家规划相异的产业政策的资源重置效应更高。

表 10-2 中面板 B 的结果表明，与国家规划相异的重点产业的全要素生产率水平显著高于非重点产业，而与国家规划相同的重点产业的全要素生产率水平与非重点产业几乎无显著差异。综合上述结果，地方政府可能通过给予与国家规划相异的重点产业中生产率增长率更高的企业更多扶持，提高了这些产业的资源重置效应，从而显著提高了这些产业的生产率，再次验证了本章的理论假说 3。

地方政府在制定产业政策时，具有一定的能动性。事实上，地方政府对于国家“五年规划”确定的产业政策并非照搬照抄，而是根据其是否符合当地经济的实际情况，是否契合地方政府短期内快速拉动地方经济增长的目标，因地制宜，灵活制定地方产业政策。与国家规划相同的重点产业可能并不符合当地实际，地方政府在此类产业上的信息基础较差，比较难以正确识别其中高生产率增长率的企业并予以政策扶持，因此在这些产业中的资源重置效应较低。而与国家规划相异的重点产业则是地方政府出于政治激励而能动选择的结果，这些产业很多是能够快速拉动地方经济增长的支柱产业，地方政府在这些产业上信息比较完备，能够正确识别出其中生产率增长率高的企业并予以实质性扶持，政府在这些产业中的资源重置效应较高。由此可见，同样是信息基础的差异决定了地方政府产业政策的资源重置效应差异。

四、六类细分产业政策的资源重置效应差异

之前我们已识别出与国家规划相同和相异的重点支柱产业、重点传统产业和重点新兴产业六类产业政策对生产率影响程度有显著差异，本小节我们进一步分析导致这种差异性的可能原因。为此，将与国家规划相同和相异的重点支柱产业、重点传统产业和重点新兴产业六类重点产业虚拟变量分别和企业全要素生产率增长率相乘，同时放进实证方程(10-5)和(10-6)中代替原来的重点产业虚拟变量和全要素生产率增长率的交叉项进

行回归。

回归结果报告见表 10-3 的面板 D。与国家规划相同和相异的支柱产业和 LN$LTFPG$ 的交叉项的系数均显著为正，与国家规划相异的支柱产业和 LN$LTFPG$ 的交叉项的系数的显著性水平和绝对值更大。与国家规划相同和相异的传统产业和 LN$LTFPG$ 交叉项的系数仅当税收优惠作为被解释变量时显著为正，与国家规划相异的传统产业和 LN$LTFPG$ 的交叉项的系数显著性水平和系数绝对值更大。与国家规划相同和相异的新兴产业和 LN$LTFPG$ 的交叉项的系数均不显著。以上结果表明，企业全要素生产率增长率提高相同幅度，与国家规划相异的支柱产业获得的补贴或税收优惠提高的幅度最大，与国家规划相同的支柱产业次之；与国家规划相异的传统产业排第三，与国家规划相同的传统产业排第四；而新兴产业，无论是与国家规划相同还是相异，均无显著提高。因此，六类细分的产业政策的资源重置效应也具有显著差异。

表 10-2 的面板 C 中回归结果表明，与国家规划相异的支柱产业政策对生产率的影响程度最显著，与国家规划相异的传统产业政策对生产率的影响程度次之，与国家规划相同的支柱产业和传统产业政策也有微小的生产率效应。对照本小节的回归结果，六类细分产业政策的生产率效应排序与其资源重置效应排序是基本吻合的。地方政府将资源导向不同类型重点产业中生产率增长率更高的企业的程度不同所产生的资源重置效应差异可能也是导致六类细分产业对生产率的影响程度差异的原因之一，进一步验证了本章的理论假说 3。

表 10-3 各面板的回归结果中，在以税收优惠变量作为被解释变量时，核心解释变量的系数始终大于以政府补贴作为被解释变量时的核心解释变量系数，这表明地方政府采用税收优惠产业政策手段实现的资源重置效应高于政府补贴。

综上，地方政府将资源导向生产率增长率更高企业的程度在不同产业类型上具有明显差异，在不同类型重点产业中产生了显著不同的资源重置效应，为产业政策对生产率的影响程度在不同产业类型上的差异性提供了一种可能的解释，由此验证了本章的理论假说 3。

本章小结

产业政策效应评估是当前中国结构转型和经济发展中有重要实践意义

的实证问题。本章通过构造各省区市二位码产业全要素生产率与地方政府产业政策相匹配的面板数据，识别地方政府的产业政策对产业生产率的影响以及这种影响在不同产业类型上的差异。同时，本章进一步利用企业层面数据考察产业政策对生产率影响程度因产业类型而异的微观机制。

实证发现：第一，地方政府的产业政策总体上显著提高了产业生产率。第二，产业政策对生产率的影响程度在不同产业类型上具有显著差异。第三，地方政府将资源导向产业内部生产率增长率更高企业的程度在不同类型重点产业上具有显著差异，从而揭示了产业政策对产业生产率影响程度因产业类型而异的一个可能原因：产业政策的资源重置效应差异。本章发现，产业政策的生产率效应因产业类型而异，这种差异性可能源于地方政府在不同类型产业中的信息完备程度不同。这在一定程度上为信息在政府引领产业结构变动中的重要性提供了相应的经验证据。

本章的实证发现具有重要的政策含义。第一，地方政府通过产业政策总体上显著提高了产业生产率，促进了地方产业转型升级，产业政策具有现实的可行性。第二，本章的发现为提高产业政策的生产率效应提供了一种可行的途径：政府实施产业政策，通过在产业内部企业之间进行资源重置，使得生产率增长率更高的企业获得更多资源，促使其份额增长更快，提高产业政策的资源重置效应。第三，产业政策对产业生产率的影响程度因产业类型而异，与政府对产业自身特征与发展规律的把握程度密切相关。政府产业政策的目标选择应配合微观层面上的产业特征进行，不能脱离产业实际。顺应产业特征的政策目标可能事半功倍，取得显著效果，与产业特征相悖的政策目标往往事与愿违，难以取得预期的成效。因此，政府通过产业政策可以在产业结构转型升级中发挥积极作用，然而产业政策目标能否实现最终取决于市场。第四，良好的信息基础是政府正确选择产业政策导向的必要条件，在产业政策制定和实施过程中，政府应当充分占有和合理处理相关产业信息，以确保产业政策目标的合理性与产业政策手段的可行性，最大限度地提升产业政策效果。

这些启示与中国的整体产业政策取向相一致，为中国完善高质量产业政策体系提供了佐证。《国民经济和社会发展第十四个五年规划和2035年远景目标纲要》对产业经济发展的论述清晰地体现了系统性和区分度，特别是对制造业、服务业和数字产业的发展都给予了有针对性的规划，体现了政府对不同类型的产业发展规律有着不同的认识，并且力图做到科学精准地制定和实施产业政策，从而推动整个国民经济高质量发展。当然，更加值得关注的是地方政府及具体的政策制定部门在制定和执行产业政策的过程中，能否真正做到充分获取相关的产业信息，遵循市场运行规律，因产业和地区而异，以弥补市场失灵和提升资源配置效率为思路，从而真正实现产业政策执行的有效性。

本章的研究揭示了地方政府可通过产业政策实现产业内部企业之间的资源配置优化，从而提高产业生产率，但是这种资源再配置到底在多大程度上影响了制造业产业内部的资源误置，是一个值得进一步研究的方向。

第十一章　结语:以合理的产业政策促进结构转型

发展现代产业体系,实现创新驱动发展,是当前中国各级政府工作的重中之重。改革开放后,中国经济由高度集中的计划经济体制向社会主义市场经济转轨,逐步摒弃了原来用行政手段配置资源的方式,转而以各种经济手段代之。在此过程中,产业政策的作用日益凸显。提升产业政策效果有赖于对现有产业政策效应的合理评估。产业政策取得理想效果的先决条件是产业政策确定的发展目标和方向必须符合产业发展的内在规律。因此,产业政策的实施对产业发展带来了怎样的影响,是否促进了产业增长、产业结构优化和产业生产率提升,是产业政策研究中最为基础与核心的问题。

第一节　边际贡献

本书并非第一本研究中国产业政策效应的专著,然而却是较早从理论方面厘清产业政策选择机制并从实证方面严谨定量分析产业政策及政策手段对产业结构变动和产业生产率的影响,为我国产业政策的制定和实施提供了科学系统的经验依据。

在理论上,本书假定政府目标是总产出折现的最大化,通过建立一个序贯博弈模型,探讨政府选择产业政策的机制。模型中博弈的主体是厂商和政府。当经济体外部出现新兴产业时,政府根据产出折现和最大化标准,决定是否投资于新兴产业所需的公共产品,扶持该产业发展。马尔科夫完美均衡求解的结果表明,政府的产业结构调整决策由经济体中新兴产业和传统产业特征内生决定。政府的公共产品投资对一个产业发展越重要,政府越应该扶持该产业。另外,政府的干预力度因产业而异,一个产业中厂商隐瞒产出的成本越大,政府越应该设定较高的税率。

在经验上,本书首先实证检验了作为产业政策制定主体的政府是否对产业结构变动产生了显著影响。通过构造中国省级官员与四位码制造业产业结构变动指数相匹配的面板数据，系统分析省级政府（官员）对辖区产业结构变动的影响。结果发现，在1998～2007年，平均而言，省委书记、省长在短期内能引领辖区产业结构变动，其引领效应随任期增加而下降，从而揭示了产业结构变动在短期内可以靠政府引领，在长期主要靠市场。对官员产业结构引领效应短期性的一个可能解释是，地方官员引领辖区产业结构调整根植于其相对于企业具有总量信息优势。但问题是，一旦地方官员开始引导辖区产业结构变动，企业和市场也就逐渐知道了地方官员所掌握的信息，并对地方官员的引领行为作出反应。因此，地方官员只能够短期内引领辖区产业变动，而无法长期引领，这种引领受制于市场环境。

在实证分析了作为产业政策制定主体的政府对产业结构变动的影响之后，本书进一步考察产业政策的政府补贴手段如何影响产业结构变动。地方政府推动产业结构变动，是通过制定产业政策并选择和实施一定的产业政策手段而实现的。政府补贴手段就是一种常用的产业政策手段。本书实证检验了政府补贴手段对产业结构变动的影响。结果发现，政府补贴显著地加快了产业结构变动，但政府补贴的产业结构变动效应具有短期性；随着时间推移，补贴对产业结构变动的正向作用逐渐减弱甚至转为阻碍作用。这表明政府运用补贴手段可能存在目标急功近利性和措施逆市场规律性，未能很好地顺应市场规律，从而未能发挥出长期效应。

作为产业政策制定主体的政府能够显著影响产业结构变动，同样值得探讨的是产业政策及政策手段是否促进了受扶持产业增长。本书实证考察了产业政策对产业增长的影响。结果发现，地方产业政策总体上能够显著促进产业增长；产业政策的增长效应因产业类型而异，政策效应的异质性可能是由政府在不同类型产业中的信息完备程度差异造成的。

接着，本书实证检验了产业政策如何通过财政手段推动产业增长，结果发现，财政手段能够通过资源补充机制和资源重置机制改变产业间和产业内资源配置，有效推动重点产业增长；政府信息完备性和产业竞争充分性对财政手段的资源配置效应具有显著的调节作用。政府信息越完备，产业竞争程度越高，财政手段的资源配置效应越显著。

产业政策及政策手段显著促进了产业增长并影响了产业结构变动，然而产业政策是否促进了产业生产率提升，是一个难以直接回答却有着重要意义的问题。因此，本书最后考察了产业政策对产业生产率的影响。实证发现：第一，地方政府的产业政策总体上显著提高了产业生产率。第二，产业政策对生产率的影响程度在不同产业类型上具有显著差异。第三，地方政府将资源导向产业内部生产率增长率更高企业的程度在不同类型重点产业上具有显著差异,从而揭示了产业政策对产业生产率影响程度因产业类型而异的一个可能原因:产业政策的资源重置效应在不同产业类型间存在差异。本书发现产业政策的生产率效应因产业类型而异,这种差异性可能源于地方政府在不同类型产业中的信息完备程度不同。本书的发现在一定程度上为信息在政府引领产业结构变动中的重要性提供了相应的经验证据。

体制和制度特征对政策效应具有显著影响。在系统分析产业政策基本效应的同时,本书进一步考察了中国宏观政治体制特征对政策效应的影响,结果发现:第一,地方官员影响地方产业结构的动机源自其背后的政治激励,政治激励越强,地方官员的产业结构变动效应越显著。第二,为了实现其短期内快速拉动地方经济增长的目标,地方政府采取因地制宜策略制定和实施地方产业政策:对于适合本地实际情况、能够迅速拉动地方经济增长的产业予以实质性扶持;而对于不适合本地实际情况,或者短期内仅有投入没有产出的产业,更多的是形式上纳入地方规划,并没有作出实质性的举措。其结果是显著提高了与国家规划相异的重点产业份额。地方政府的这种行为很大程度上源于中国现行的干部管理激励机制。第三,政府补贴的产业结构变动效应具有短期性特征,表明政府更多关注的是短期效应和产值效应,忽视了长期效应和效率效应。之所以导致这种结果,一方面是因为政府官员面临单一的强力激励,即“唯 GDP 至上”,另一方面是现行干部管理体制的有限任期制度。第四,对政府补贴手段的累计产业结构变动效应的考察结果表明,政府补贴的累计增加值结构变动效应显著为正,而累计就业结构变动效应却显著为负,这表明地方政府在运用补贴手段促进产业结构调整时,关注的是产值结构效应,而忽视了就业结构效应。导致这种结果的根源同样是中国现行干部管理体制中的单一指标考核体系。第五,宏观政治体制特征决定了政府在与国家规划相同和相异的重点产业中的信息完备程度不同,使得地方政府将资源导向生产率更高企业的程度在这两种类型产业上有所差异,产生了不同的资源重置效应,从而导致产业政策的生产率效应因产业类型而异。

此外,本书还考察了产业层面微观体制特征对产业政策效应的影响,结果发现:第一,政府补贴的产业结构变动效应同样与产业特征具有密切关系。产业的外部融资依赖度、资本密集度和国有化程度越高,政府补贴的产业结构变动效应越大。第二,微观产业特征决定了地方政府在重点支柱产业、重点传统产业与重点新兴产业中的信息完备程度不同,导致其识别并扶持符合本地禀赋结构产业的能力不同,进而使得产业政策的增长效应在不同产业类型间存在显著差异。第三,财政手段资源补充与资源重置效应受到政府信息完备程度差异的影响而呈现显著的异质性:在信息完备程度较高的重点支柱产业和重点传统产业中效应更显著,在信息完备程度低的重点新兴产业中没有正向效应。第四,地方政府在重点支柱产业、重点传统产业和重点新兴产业中的信息完备程度不同,使其将资源导向生产率更高企业的程度在这三种类型产业上有所差异,产生了不同的资源重置效应,从而导致产业政策的生产率效应因产业类型而异。

综上所述,本书实证检验了中国产业政策效应及改革开放后转轨体制特征对产业政策效应的影响,为政府产业政策的制定及政策手段的选择提供了有益的启示和科学依据。本书的研究得到一些有趣的结论,每个结论都包含了若干有意义或重要的发现,各结论间互相衔接、彼此印证,在严谨评估产业政策效应方面迈出了微小但重要的一步。

本书的研究过程在以下几方面可能有所创新:

第一,研究内容的创新。本书首次将政府在产业结构变动中的作用模型化,通过构建政府和厂商之间的序贯博弈模型,将政府的产业结构调整决策内生化,丰富了政府在产业结构变动中作用的研究。

第二,研究方法的创新。以往国内关于产业政策的研究基本上限于理论评述,鲜有定量研究。本书通过比较规范的实证研究,定量识别出产业政策对产业结构、产业增长和产业生产率的影响。在实证过程中,充分考虑到产业政策及政策手段自身可能存在的内生性,并采取了多种策略降低这种可能存在的内生性,以保证实证结果的稳健性。

第三,研究视角的创新。本书在研究政府在多大程度上影响了产业结构变动时,将省级官员更替情况与四位码产业结构变动指标相匹配,从而识别出官员变更会引起产业结构变动幅度的显著增大。与以往国内产业结构研究着眼于跨省区横向比较,从而强调不同地区间产业同构不同,本书从纵向时间维度揭示不同地区产业结构变动异质性的根源之一是不同的政府官员自身偏好不同,从而选择不同的重点产业,引起结构变动加剧。

第四,研究设计的创新。本书以地方政府"五年规划"中鼓励发展的产业度量产业政策,并将地方"五年规划"中确定的重点产业细分为重点支柱产业、重点传统产业和重点新兴产业,定量识别出地方政府倾斜式产业政策的总体效应,考察了产业政策各种效应的异质性,在研究设计上具有一定的创新性。

第五,理论观点的创新。本书首次将产业政策促进产业增长的两种机制归纳为资源补充机制和资源重置机制,在理论观点上具有一定的创新性。

第二节 政策含义

党的十九大报告对我国的经济发展阶段和特征的判断是:我国经济已由高速增长阶段转向高质量发展阶段,正处在转变发展方式、优化经济结构、转换增长动力的攻关期,建设现代化经济体系是跨越关口的迫切要求和新时期发展的战略目标。为了实现战略发展目标,必须坚持质量第一、效益优先,以供给侧结构性改革为主线,推动经济发展质量变革、效率变革、动力变革,提高全要素生产率,着力加快建设实体经济、科技创新、现代金融、人力资源协同发展的产业体系,着力构建市场机制有效、微观主体有活力、宏观调控有度的经济体制,不断增强我国经济创新力和竞争力。本书研究制造业产业政策和产业发展,恰是瞄准了其中最为关键的产业体系。在探讨产业政策作用机制的过程中,本书通过考察财政等工具,有效论证了市场、政府和企业之间的互动,为构建"市场机制有效、微观主体有活力、宏观调控有度的经济体制"提供了理论支持。本书在考察产业政策的生产率效应过程中,将全要素生产率作为度量质量和效益的关键指标,并且深入剖析了提高全要素生产率的条件和机制,为政策方向提供理论支持,也为政策的具体实施提供有益指引。下面我们将对本书的政策含义进行详细解释。

本书最为核心的政策启示是:产业政策的制定和实施必须建立在尊重市场机制的基础之上。《国民经济和社会发展第十四个五年规划和2035年远景目标纲要》对社会主义市场经济体制的解读是"充分发挥市场在资源配置中的决定性作用,更好发挥政府作用,推动有效市场和有为政府更好结合"。本书用严格的数学推导证明政府的产业结构调整决策是内生决定于经济体自身特征的,政府制定产业政策不能任意为之,而必须尊重产业结构演变的内在规律。顺应产业结构发展规律的产业政策,才能起到促进产业结构优化和缩短工业化进程的目的;违背产业结构发展内在规律的产业政策,只能事倍功半,白白造成人、财、物的浪费。因此,产业政策的制定和实施必须以市场机制为基础,尊重市场机制对资源配置的决定性作用。产业政策的干预范围本质上是政府和市场边界的界定问题。新结构经济学指出,政府在产业结构调整中的主要作用是收集和提供新产业信息、提供或协调基础设施投资、补偿先驱企业的外部性。由此可见,政府在产业结构升级中的作用主要表现为提供市场供给不足的、具有正外部性的公共产品,也就是弥补市场失灵,而对于市场机制完全能够有效进行资源配置的领域,政府就不应过多干预。

政府能够通过产业政策影响产业结构变动，促进产业增长和产业生产率提升，产业政策具有现实的可行性。本书发现，地方政府的产业政策显著促进了地方产业结构变动并提高了产业份额和产业生产率，这为地方政府通过制定和实施产业政策影响辖区产业结构变动和促进产业增长及结构优化升级提供了科学依据。

地方政府在产业政策手段运用中应努力提高资源利用效率。地方政府能够通过资源补充机制和资源重置机制促进产业增长。日益强化的资源和环境约束要求我们必须提高资源的利用效率，因此地方政府运用产业政策手段促进产业增长时应该充分发挥资源重置机制的作用，合理配置存量资源，提高资源配置效率。

地方政府提升产业生产率的一个有效途径是提高产业内部企业之间资源配置效率。本书发现，产业政策对重点产业生产率的影响程度因产业类型而异，这种产业间差异可能是由产业政策在不同类型产业中产生的资源重置效应不同所致，为政府通过实施产业政策提升产业生产率提供了一种可行的途径。

通过研究我们认为，应当努力延长产业政策的作用时间，改变其政策效果短期性特征。本书发现，地方官员只能在短期内影响产业结构变动，政府补贴手段的政策效应也具有短期性特点。这种短期性限制了产业政策效果的充分发挥。因此，有必要充分探究造成这种短期性特征的根源，使政策效果长期有效。

必须进一步深化干部管理体制改革。本书发现，政府补贴手段的累计增加值结构变动效应为正，累计就业结构变动效应为负。这表明，现行干部考核指标的单一化使得政府工作一切让位于经济增长，有必要将就业和环境保护等关乎民生的指标纳入干部考核体系，使得这些目标也成为地方官员的理性选择，而不仅仅是喊喊口号。

应提高产业政策手段选择的科学性与合理性。本书的研究显示，中国的产业政策以及政策手段的产业结构变动效应、增长效应和生产率效应均与受扶持的微观产业特征密切相关。因此，在具体的产业政策手段选择上，不能“一刀切”，采取一成不变的模式，而应该根据产业特征和政策手段自身特征，因产业制宜，灵活选择最适宜的政策手段，这样才能做到事半功倍，实现政策效果最大化。

第三节　研究展望

尽管本书对中国产业政策的产业结构变动效应、增长效应和生产率效应进行了较为系统的研究,但是还有很大拓展空间。在现有研究的基础上,本书在以下几个方面值得进一步探讨。

本书仅考察了两种产业政策手段——政府补贴和税收优惠的影响效应,对其他产业政策手段,比如低息贷款、关税优惠等未作探讨。进一步实证分析其他产业政策手段的影响效应,是未来值得深入的工作。

本书考察了中国产业政策对产业结构变动、产业增长和产业生产率的影响,开展了产业政策效应研究的基础性工作,但是产业结构的调整也必然会直接或间接引起各行业的资源配置发生变化。虽然已有经济学者开始采用微观数据对中国的微观资源配置效率进行探讨,但是迄今为止尚未有研究从微观层面探讨中国产业政策的资源配置效率。提高微观资源配置效率是挖掘经济增长动力的重要途径,而寻找提高微观资源配置效率的机制和渠道显得尤为重要。因此,系统深入研究中国政府产业政策的资源配置效率,实证检验产业政策及手段对资源误置的影响,是一项非常有实践意义和发展前景的研究。

由于篇幅和研究范围所限,本书对产业政策可能带来的负面影响未作深入研究。产业政策存在的前提条件是市场失灵。而若产业政策运用不当,不但不能纠正市场失灵,还可能导致“政府失灵”。因此,进一步探讨产业政策可能产生的负面影响,比如对产能过剩、产业同构的影响,识别负面影响的产生条件,正确处理政府和市场的关系,是未来产业政策研究的一个重点方向。

本书主要考察产业政策的总体效应,对影响效应的区域异质性未作涉及。为了提高产业政策制定和实施的区域精准性和有效性,有必要从区域异质性角度识别产业政策的有效性条件,进行政策精准设计。识别产业政策效应的区域异质性,是未来具有理论和实践意义的研究方向。

本书在考察中国地方政府产业政策效应时,仅识别了政策与效应之间的相关关系,未能识别出二者之间的因果关系。这是由于目前尚缺乏相关的数据和可以识别因果关系的必要情境所致。因此,进一步收集相关的数据和挖掘合适的情境,识别出我国产业政策与政策效应之间的因果关系,是未来一个很有意义的研究方向。

此外，本书的经济计量模型设定建立在理论假说基础上，实证分析部分的每一个理论假说主要是通过文献的梳理、运用归纳法而得到的，这在一定程度上会导致经济计量分析沦为经济统计分析。因此，未来一个很有挑战性的研究方向是：增加基于一定前提并通过演绎法而成的数理模型，使计量模型的设定和检验在逻辑上更加严密。

总之，产业转型升级是新时代中国高质量发展的重要维度，产业政策在中国经济发展和产业升级过程中发挥愈加重要的作用。基于细致的现实数据分析、严谨的数理模型推导和科学的计量方法识别的中国产业政策效应研究，将带来更有价值的研究成果。

参考文献

一、中文文献

[1]陈瑾玫:《中国产业政策效应研究》，北京，北京师范大学出版社，2011年。

[2]黄群慧、贺俊等:《真实的产业政策——发达国家促进工业发展的历史经验与最新实践》,北京,经济管理出版社,2015年。

[3]李扬:《财政补贴经济分析》，上海,上海三联书店,1990年。

[4]林毅夫:《新结构经济学》,北京,北京大学出版社,2012年。

[5]林毅夫、张军、王勇、寇宗来:《产业政策：总结、反思与展望》,北京,北京大学出版社,2018年。

[6]刘伟:《工业化进程中的产业结构研究》,北京,中国人民大学出版社,1995年。

[7]马晓河等:《中国产业结构变动与产业政策演变》,北京,中国计划出版社,2009年。

[8]倪家铸、严英龙:《地方政府投资行为研究》,北京,中国经济出版社,1993年。

[9]芮明杰:《产业经济学》,上海,上海财经大学出版社,2005年。

[10]汪同三、齐建国:《产业政策与经济增长》,北京,社会科学文献出版社,1996年。

[11]徐现祥、王贤彬:《中国地方官员治理的增长绩效》，北京,科学出版社,2011年。

[12]张五常:《中国的经济制度》,北京,中信出版社,2009年。

[13]张泽一:《产业政策与产业竞争力研究》,北京,冶金工业出版社,2009年。

[14]赵嘉辉:《产业政策的理论分析和效应评价》,北京,中国经济出版社,2013年。

[15]赵英、倪月菊:《中国产业政策变动趋势实证研究》,北京,经济管理出版社,2012 年。

[16]周黎安:《转型中的地方政府:官员激励与治理》,上海,上海人民出版社,2008 年。

[17]〔英〕亚当・斯密:《国富论》,唐日松等译,北京,华夏出版社,2005 年。

[18]安苑、王珺:《财政政策周期性、外部融资依赖与产业成长》,广东外语外贸大学工作论文,2012 年。

[19]蔡庆丰、田霖:《产业政策与企业跨行业并购:市场导向还是政策套利》,《中国工业经济》2019 年第 1 期。

[20]陈冬华:《地方政府、公司治理与补贴收入——来自我国证券市场的经验证据》,《财经研究》2003 年第 9 期。

[21]陈冬华、姚振晔:《政府行为必然会提高股价同步性吗?——基于我国产业政策的实证研究》,《经济研究》2018 年第 12 期。

[22]陈体标:《经济结构变化和经济增长》,《经济学(季刊)》2007 年第 6 期。

[23]陈体标:《技术增长率的部门差异和经济增长率的"驼峰形"变化》,《经济研究》2008 年第 11 期。

[24]陈晓、李静:《地方政府财政行为在提升上市公司业绩中的作用探析》,《会计研究》2001 年第 12 期。

[25]陈晓光、龚六堂:《经济结构变动与经济增长》,《经济学(季刊)》2005 年第 4 期。

[26]陈钊、熊瑞祥:《比较优势与产业政策效果:来自出口加工区准实验的证据》,《管理世界》2015 年第 12 期。

[27]程俊杰:《中国转型时期产业政策与产能过剩——基于制造业面板数据的实证研究》,《财经研究》2015 年第 8 期。

[28]戴小勇、成力为:《产业政策如何更有效:中国制造业生产率与加成率的证据》,《世界经济》2019 年第 3 期。

[29]方金淼:《关于对产业政策的研究》,《新西部》2008 年第 8 期。

[30]郭剑花、桂新强:《政治联系、预算软约束与政府补助的配置效率》,《金融研究》2011 年第 2 期。

[31]韩永辉、黄亮雄、王贤彬:《产业政策推动地方产业结构升级了吗?——基于发展型地方政府的理论解释与实证检验》,《经济研究》2017 年第 8 期。

[32]黄先海、宋学印、褚竹君:《中国产业政策的最优实施空间界定——补贴效应、兼容竞争与过剩破解》,《中国工业经济》2015 年第 4 期。

[33]侯方宇、杨瑞龙:《新型政商关系、产业政策与投资“潮涌现象”治理》,《中国工业经济》2018 年第 5 期。

[34]韩乾、洪永淼:《国家产业政策、资产价格与投资者行为》,《经济研究》2014 年第 12 期。

[35]江小涓:《论中国产业政策的实效和调整机制的转变》,《经济研究》1991 年第 2 期。

[36]江飞涛、李晓萍:《直接干预市场与限制竞争:中国产业政策的取向与根本缺陷》,《中国工业经济》2010 年第 9 期。

[37]江飞涛、李晓萍:《改革开放四十年中国产业政策演进与发展——兼论中国产业政策体系的转型》,《管理世界》2018 年第 10 期。

[38]简泽:《企业间的生产率差异、资源再配置与制造业部门的生产率》,《管理世界》2011 年第 5 期。

[39]简泽:《从国家垄断到竞争:中国工业的生产率增长与转轨特征》,《中国工业经济》2011 年第 11 期。

[40]孔东民、刘莎莎、王亚男:《市场竞争、产权与政府补贴》,《经济研究》2013 年第 2 期。

[41]李猛、沈坤荣:《地方政府行为对中国经济波动的影响》,《经济研究》 2010 年第 12 期。

[42]李文溥、陈永杰:《经济全球化下的产业结构演进趋势与政策》,《经济学家》 2003 年第 1 期。

[43]黎文靖、郑曼妮:《实质性创新还是策略性创新?——宏观产业政策对微观企业创新的影响》,《经济研究》2016 年第 4 期。

[44]梁东黎:《产业政策的宏观效应》,《江苏社会科学》2005 年第 4 期。

[45]林挺进:《中国地级市市长职位升迁的经济逻辑分析》,《公共管理研究》2008 年第 5 期。

[46]林毅夫:《潮涌现象与发展中国家宏观经济理论的重新构建》,《经济研究》2007 年第 1 期。

[47]林毅夫:《新结构经济学——重构发展经济学的框架》,《经济学(季刊)》2010 年第 10 期。

[48]林毅夫、向为、余淼杰:《区域型产业政策与企业生产率》,《经济学(季刊)》2018 年第 2 期。

[49]刘冰、马宇:《产业政策演变、政策效力与产业发展——基于中国煤

炭产业的实证分析》,《产业经济研究》2008 年第 5 期。

[50]刘霞辉:《为什么中国经济不是过冷就是过热?》,《经济研究》2004 年第 11 期。

[51]刘小玄:《中国工业企业的所有制结构对效率差异的影响》,《经济研究》2000 年第 2 期。

[52]刘毓芸、宋凌云:《产业政策选择机制》,中山大学岭南学院工作论文,2013 年。

[53]刘毓芸、程宇玮:《重点产业政策与人才需求——来自企业招聘面试的微观证据》,《管理世界》2020 年第 6 期。

[54]聂辉华、贾瑞雪:《中国制造业企业生产率与资源误置》,《世界经济》2011 年第 7 期。

[55]潘士远、金戈:《发展战略、产业政策与产业结构变迁——中国的经验》,《世界经济文汇》2008 年第 1 期。

[56]钱学锋、张洁、毛海涛:《垂直结构、资源误置与产业政策》,《经济研究》2019 年第 2 期。

[57]钱雪松、康瑾、唐英伦、曹夏平:《产业政策、资本配置效率与企业全要素生产率——基于中国 2009 年十大产业振兴规划自然实验的经验研究》,《中国工业经济》2018 年第 8 期。

[58]邱兆林:《中国产业政策有效性的实证分析——基于工业行业的面板数据》,《软科学》2015 年第 2 期。

[59]瞿宛文:《超赶共识监督下的中国产业政策模式——以汽车产业为例》,《经济学(季刊)》2009 年第 2 期。

[60]邵敏、包群:《地方政府补贴企业行为分析:扶持强者还是保护弱者?》,《世界经济文汇》2011 年第 1 期。

[61]邵敏、包群:《政府补贴与企业生产率》,《中国工业经济》2012 年第 7 期。

[62]宋凌云、王贤彬、徐现祥:《地方官员引领产业结构变动》,《经济学(季刊)》2012 年第 1 期。

[63]宋凌云、王贤彬:《政府补贴与产业结构变动》,《中国工业经济》2013 年第 4 期。

[64]宋凌云、王贤彬:《重点产业政策、资源重置与产业生产率》,《管理世界》2013 年第 12 期。

[65]宋凌云、王贤彬:《产业政策的增长效应:存在性与异质性》,《南开经济研究》2016 年第 6 期。

[66]宋凌云、王贤彬:《产业政策如何推动产业增长:财政手段效应及信息与竞争的调节作用》,《财贸研究》2017 年第 3 期。

[67]舒锐:《产业政策一定有效吗?——基于工业数据的实证分析》,《产业经济研究》2013 年第 3 期。

[68]孙早、席建成:《中国式产业政策的实施效果:产业升级还是短期经济增长》,《中国工业经济》2015 年第 7 期。

[69]孙早、席建成:《市场化水平的门槛效应与差异化的产业政策》,《经济与管理研究》2016 年第 8 期。

[70]唐清泉、罗党论:《政府补贴动机及其效果的实证研究:来自中国上市公司的经验证据》,《金融研究》2007 年第 6 期。

[71]陶然、陆曦、苏福兵、汪晖:《地区竞争格局演变下的中国转轨:财政激励和发展模式反思》,《经济研究》2009 年第 7 期。

[72]王凤翔、陈柳钦:《中国地方政府对本地竞争性企业财政补贴行为研究》,南开大学工作论文,2005 年。

[73]王克敏、刘静、李晓溪:《产业政策、政府支持与公司投资效率研究》,《管理世界》2017 年第 3 期。

[74]王贤彬、徐现祥:《地方官员来源、任期、去向与经济增长》,《管理世界》2008 年第 3 期。

[75]王贤彬、徐现祥、李郇:《地方官员更替与经济增长》,《经济学(季刊)》2009 年第 4 期。

[76]王贤彬、徐现祥、张莉:《地方官员与经济发展:事实与发现》,广东外语外贸大学工作论文,2011 年。

[77]王贤彬、张莉、徐现祥:《辖区经济增长绩效与省长省委书记晋升》,《经济社会体制比较》2011 年第 1 期。

[78]王文、孙早、牛泽东:《产业政策、市场竞争与资源错配》,《经济学家》2014 年第 9 期。

[79]吴意云、朱希伟:《中国为何过早进入再分散:产业政策与经济地理》,《世界经济》2015 年第 2 期。

[80]席建成、孙早:《从替代到共容:一个关于产业政策的文献综述》,《华东经济管理》2017 年第 5 期。

[81]夏锦文、章仁俊:《美日两国产业政策比较》,《现代日本经济》2006 年第 1 期。

[82]徐士兵:《对国家政权属性的若干问题的思考》,《辽宁行政学院学报》2012 年第 1 期。

[83]徐现祥、王贤彬、舒元:《地方官员与经济增长:来自中国省委书记、省长交流的证据》,《经济研究》2007 年第 9 期。

[84]徐现祥、王贤彬:《晋升激励与经济增长:来自中国省级官员的证据》,《世界经济》2010 年第 2 期。

[85]徐现祥、王贤彬:《任命制下的官员经济增长行为》,《经济学(季刊)》2010 年第 4 期。

[86]徐朝阳:《工业化与后工业化:"倒 U 型"产业结构变迁》,《世界经济》2010 年第 12 期。

[87]徐朝阳、周念利:《市场结构内生变迁与产能过剩治理》,《经济研究》2015 年第 2 期。

[88]严成栋、龚六堂:《财政支出、税收与长期经济增长》,《经济研究》2009 年第 6 期。

[89]杨其静、杨继东:《政治联系、市场力量与工资差异——基于政府补贴的视角》,《中国人民大学学报》2010 年第 2 期。

[90]杨兴全、尹兴强、孟庆玺:《谁更趋多元化经营:产业政策扶持企业抑或非扶持企业?》,《经济研究》2018 年第 9 期。

[91]余明桂、回雅甫、潘红波:《政治联系、寻租与地方政府财政补贴有效性》,《经济研究》2010 年第 3 期。

[92]余明桂、范蕊、钟慧洁:《中国产业政策与企业技术创新》,《中国工业经济》2016 年第 12 期。

[93]余淼杰:《中国的贸易自由化与制造业企业生产率》,《经济研究》2010 年第 12 期。

[94]于则:《中国货币政策的区域效应分析》,《管理世界》2006 年第 2 期。

[95]余东华、吕逸楠:《政府不当干预与战略性新兴产业产能过剩——以中国光伏产业为例》,《中国工业经济》2015 年第 10 期。

[96]杨海生、罗党论:《资源禀赋、官员交流与经济增长》,《管理世界》2010 年第 5 期。

[97]杨继东、罗路宝:《产业政策、地区竞争与资源空间配置扭曲》,《中国工业经济》2018 年第 12 期。

[98]杨瑞龙、侯方宇:《产业政策的有效性边界——基于不完全契约的视角》,《管理世界》2019 年第 10 期。

[99]姚洋、章奇:《中国工业企业技术效率分析》,《经济研究》2001 年第 10 期。

[100]张尔升:《地方官员的企业背景与经济增长——来自中国省委书记、省长的证据》,《中国工业经济》2010年第3期。

[101]张海峰、姚先国:《经济集聚、外部性和企业劳动生产率》,《管理世界》2010年第12期。

[102]张杰、李勇、刘志彪:《出口与中国本土企业生产率》,《管理世界》2008年第11期。

[103]张军、高远:《官员任期、异地流动与经济增长》,《经济研究》2007年第11期。

[104]张莉、朱光顺、李夏洋、王贤彬:《重点产业政策与地方政府的资源配置》,《中国工业经济》2017年第8期。

[105]张莉、朱光顺、李世刚、李夏洋:《市场环境、重点产业政策与企业生产率差异》,《管理世界》2019年第3期。

[106]张同斌、高铁梅:《财税政策激励、高新技术产业发展与产业结构调整》,《经济研究》2012年第5期。

[107]张馨、康锋莉:《中国相机抉择型财政政策时间一致性分析》,《管理世界》2007年第9期。

[108]张晏:《标尺竞争在中国存在吗?——对中国地方政府公共支出相关性的研究》,复旦大学中国社会主义市场经济研究中心工作论文,2005年。

[109]张泽一:《产业政策有效性问题的研究》,北京交通大学博士学位论文,2010年。

[110]赵婷、陈钊:《比较优势与中央、地方的产业政策》,《世界经济》2019年第4期。

[111]赵婷、陈钊:《比较优势与产业政策效果:区域差异及制度成因》,《经济学(季刊)》2020年第3期。

[112]周亚虹、贺小丹、沈瑶:《中国工业企业自主创新的影响因素和产出绩效研究》,《经济研究》2012年第5期。

[113]周亚虹、蒲余路、陈诗一、方芳:《政府扶持与新型产业发展——以新能源为例》,《经济研究》2015年第6期。

[114]周黎安:《中国地方官员的晋升锦标赛模式研究》,《经济研究》2007年第7期。

[115]周燕、潘遥:《财政补贴与税收减免 ——交易费用视角下的新能源汽车产业政策分析》,《管理世界》2019年第10期。

[116]周振华:《产业政策的选择基准:一个新的假说》,《经济研究》1989年第3期。

[117]周振华:《产业政策分析的基本框架》,《当代经济科学》1990 年第 6 期。

[118]祝继高、陆峣、岳衡:《银行关联董事能有效发挥监督职能吗?——基于产业政策的分析视角》,《管理世界》2015 年第 7 期。

二、外文文献

[1]Acemoglu,D.,2005:"Politics and Economics in Weak and Strong States", *Journal of Monetary Economics*,Vol. 52, pp.1199-1226.

[2] Acemoglu, D. and Guerrieri, V., 2008: "Capital Deepening and Non-Balanced Economic Growth", *Journal of Political Economy*, Vol.116, No. 3, pp. 467-498.

[3]Acemoglu, D.,2009: *Introduction to Modern Economic Growth*, Princeton,NJ,Princeton University Press.

[4] Acemoglu, D., Autor, D., Dorn, D., Hanson, G. H., Price, B., 2014:"Return of the Solow Paradox? IT,Productivity,and Employment in U.S. Manufacturing",NBER Working Paper, No. 19837.

[5]Aghion, P., Dewatripont, M., Du,L. S., Harrison, A. and Legros, P., 2015: "Industrial Policy and Competition", *American Economic Journal: Macroeconomics*,Vol. 7, No. 4,October,pp.1-32.

[6]Bardhan, P.K., 1971:"On Optimal Subsidy to a Learning Industry: An Aspect of the Theory of Infant-industry Protection", *International Economic Review*,Vol.12, No.1, pp.54-70.

[7]Baily,N.,Hulten, C. and Campbell, D.,1992:"Productivity Dynamics in Manufacturing Establishments",*Brookings Papers on Economic Activity: Microeconomics*,Vol.1,pp.187-249.

[8]Barro, R. and Sala-i-Martin, X., 2004: *Economic Growth*,Cambridge,MA,MIT Press,pp.78-82.

[9]Bartelsman, E. J. and Mark, D. E., 2000: "Understanding Productivity: Lessons from Longitudinal Microdata", *Journal of Economic Literature*,Vol. 38, No. 3, pp.569-594.

[10]Bartelsman, E. J., Haltiwanger, J. C. and Scarpetta, S., 2009: "Cross-country Differences in Productivity: The Role of Selection and Allocation", NBER Working Paper, No. 15490.

[11] Baumol, W.,1967: "Macroeconomics of Unbalanced Growth:

The Anatomy of Urban Crisis",*American Economic Review*,Vol. 57, No. 3, pp.415-426.

[12]Besley, T. and Case,A. ,1995:"Does Electoral Accountability Affect Economic Policy Choices? Evidence from Gubernatorial Term Limits",*Quarterly Journal of Economics*,Vol. 110, No. 3, pp.769-798.

[13]Blonigen, B.,2013:"Industrial Policy and Downstream Export Performance", NBER Working Paper, No. 18694 .

[14]Bo, Z. Y.,2002:*Chinese Provincial Leaders: Economic Performance and Political Mobility since* 1949,Armonk, NY, M. E. Sharpe.

[15]Brandt,L.,Biesebroeck, J. and Zhang, Y. ,2009:"Creative Accounting or Creative Destruction? Firm-level Productivity Growth in Chinese Manufacturing ", NBER Working Paper, No.15152.

[16]Brender, A. and Drazen, A. ,2009:"Do Leaders Affect Government Spending Priorities?", NBER Working Paper, No. 15368.

[17]Cai, H. and Treisman, D., 2005:"Does Competition for Capital Discipline Governments? Decentralization, Globalization and Public Policy",*American Economic Review*,Vol. 95. No. 3, pp.817-830.

[18]Caselli, F. and Coleman, W.,2001:"The U.S. Structural Transformation and Regional Convergence: A Reinterpretation", *Journal of Political Economy*, Vol. 109, No. 3, pp.584-616.

[19]Chang, P.,1949: *Agriculture and Industrialization*,Cambridge, MA, Harvard University Press.

[20]Chenery, H., 1960:"Patterns of Industrial Growth",*American Economic Review*, Vol. 5, No. 3, pp. 624-654.

[21] Chong, A. and Gradstein, M., 2009: " Volatility and Firm Growth",*Journal of Economic Growth*,Vol. 14, No.1.

[22]Clark, C.,1941:"The Conditions of Economic Progress",*The Economic Journal*,Vol. 51,pp. 120-124.

[23]Coase,R.,1937:"The Nature of the Firm", *Economica*,Vol. 4, No.16, pp. 386-405.

[24]Criscuolo, C., Martin, R. ,Overman, H. , Reenen,J. V. ,2012: " The Causal Effects of An Industrial Policy ", NBER Working Paper, No. 17842.

[25]Duranton, G., 2007:"The Fast, the Slow and the Still",*Ameri-*

can Economic Review, Vol. 97, No.1.

[26]Echevarria, C., 1997: "Changes in Sectoral Composition Associated with Economic Growth", *International Economic Review*, Vol. 38, No.2, pp. 431-452.

[27]Faggio, G., Salvanes, K. and Reenen, J., 2010: "The Evolution of Inequality in Productivity and Wages: Panel Data Evidence", *Industrial and Corporate Change*, Vol.19, pp.191-195.

[28]Foellmi, R. and Zweimuller, J., 2002: "Structural Change and Kaldor's Facts of Economic Growth", CEPR Discussion Paper, No. 3300.

[29] Foster, L. S., Haltiwanger, J. C. and Krizan, C. J., 2006: "Market Selection, Reallocation and Restructuring in the US Retail Trade Sector in the 1990s", *Review of Economics and Statistics*, Vol. 88, No. 4, pp. 748-758.

[30]Gollin, D., Parente, S. L. and Rogerson, R., 2002: "Structural Transformation and Cross-country Income Differences", Arizona State University Working Paper.

[31]Greenwald, B. and Stiglitz, J. E., 2006: "Helping Infant Economies Grow: Foundations of Trade Policies for Developing Countries", *American Economic Review*, Vol. 96, No. 2, pp.141-146.

[32]Guo, G., 2009: "China's Local Political Budget Cycles", *American Journal of Political Science*, Vol. 53, No. 3, pp. 621-632.

[33]Hausmann, R. and Rodrik, D., 2003: "Economic Development as Self-discovery", *Journal of Development Economics*, Vol. 72, December.

[34]Hirschman, A., 1958: *The Strategy of Economic Development*, New Haven, Conn., Yale University Press.

[35]Howitt, P., 1999: "Steady Endogenous Growth with Population and R & D Input Growing", *Journal of Political Economy*, Vol. 107, No. 4.

[36]Hsieh, C. T. and Klenow, P. J., 2009: "Misallocation and Manufacturing TFP in China and India", *Quarterly Journal of Economics*, Vol. 124, No. 4, pp. 1403-1448.

[37]Kongsamut, P., Sergio, R. and Xie, D. Y., 2001: "Beyond Balanced Growth", *Review of Economic Studies*, Vol. 68, pp.869-882.

[38]Kruger, A. O. and Tuncer, B., 1982: "Growth of Factor Productivity in Turkish Manufacturing Industries", *Journal of Development E-*

conomics, Vol.11, December, pp.307-325.

[39] Krueger, A. O. and Tuncer, B. , 1982: "An Empirical Test of the Infant Industry Argument", *American Economic Review*, Vol. 72, No. 5.

[40]Kuznets, S., 1973: "Modern Economic Growth: Findings and Reflections", *American Economic Review*, Vol. 63, No. 3, pp. 829-846.

[41]Laitner, J., 2000: "Structural Change and Economic Growth", *The Review of Economic Studies*, Vol. 67, No. 3, pp. 545-561.

[42]Landry, F., 2005 : "The Political Management of Mayors in Post-Deng China", *The Copenhagen Journal of Asian Studies*, Vol. 17, pp.31-58.

[43]Li, H. B. and Zhou, L. A., 2005: "Political Turnover and Economic Performance: The Incentive Role of Personnel Control in China", *Journal of Public Economics*, Vol. 89, pp.1743-1762.

[44] Lin, J., 2009: *Economic Development and Transition: Thought, Strategy, and Viability*, Cambridge, Cambridge University Press.

[45] Lin, J. and Chang, H. , 2009: "DPR Debate: Should Industrial Policy in Developing Countries Conform to Comparative Advantage or Defy It?", *Development Policy Review*, Vol. 27, No. 5, pp. 483-502.

[46] Lin, J. L. and Monga, C., 2011: "Growth Identification and Facilitation: The Role of the State in the Dynamics of Structural Change", The World Bank, Policy Research Working Paper , No. 5313.

[47]Lucas, E. R., 2004: "Life Earnings and Rural-urban Migration", *Journal of Political Economy*, Vol. 112, No. 1.

[48]Matsuyama, K., 1992: "Agricultural Productivity, Comparative Advantage and Economic Growth", *Journal of Economic Theory*, Vol. 58, pp. 317-334.

[49]Matsuyama, K., 2002: "The Rise of Mass Consumption Society", *Journal of Political Economy*, Vol. 110, No. 5, pp. 1035-1070.

[50]Murphy, K. M., Shleifer, A. and Vishny, R. , 1989 : "Income Distribution, Market Size and Industrialisation", *The Quarterly Journal of Economics*, Vol.104, No. 3, pp. 537-564.

[51]Myrdal, G., 1957 : *Economic Theory and Underdeveloped Regions*, London, Duckworth.

[52]Ngai, L. R. and Passarides, C. A. ,2007:"Structural Change in a Multi-sector Model of Growth", *American Economic Review*, Vol. 97, No. 1, pp.429-443.

[53] North, D. C., 1981: *Structure and Change in Economic History*, New York, W.W. Norton & Co.

[54]Nurkse, R., 1953:*Problems of Capital Formation in Underdeveloped Countries*, New York, Oxford University Press.

[55]Opper, S. and Brehm, S. ,2007:"Networks versus Performance: Political Leadership Promotion in China", Lund University Working Paper.

[56]Qian, Y. and Weingast, B.,1997:"Federalism as a Commitment to Preserving Market Incentives", *Journal of Economic Perspectives*, Vol. 11, pp. 83-92.

[57] Romer, P. M., 1990: "Endogenous Technological Change", *Journal of Political Economy*, Vol. 98, No.5.

[58] Rosenstein-Rodan, P. N., 1943: "Problems of Industrialisation of Eastern and South-Eastern Europe", *The Economic Journal*, Vol. 53, No. 210/211.

[59]Shleifer, A., 1985:"A Theory of Yardstick Competition", *Rand Journal of Economics*, Vol. 16, No. 3, pp.319-327.

[60]Syverson, C., 2004:"Market Structure and Productivity: A Concrete Example", *Journal of Political Economy*, Vol.70, pp.1181-1222.

[61]Syverson, C., 2011:"What Determines Productivity?", *Journal of Economic Literature*, Vol. 49. No. 2, pp.326-365.

[62]Tiebout, C., 1956: "A Pure Theory of Local Expenditures", *Journal of Political Economy*, Vol. 64, No. 5.

[63]Wooldridge, J. M., 2002: *Econometric Analysis of Cross Section and Panel Data*, MIT Press.

[64]Xu, C. G., 2011:"The Fundamental Institutions of China's Reforms and Development", *Journal of Economic Literature*, Vol. 49, No. 4, pp. 1076-1151.